论语今注

潘重规 著

山西出版传媒集团 山西人民出版社

图书在版编目（CIP）数据

论语今注 / 潘重规著. -- 太原：山西人民出版社，2020.5
ISBN 978-7-203-11350-8

Ⅰ.①论… Ⅱ.①潘… Ⅲ.①儒家②《论语》—注释
Ⅳ.① B222.22

中国版本图书馆 CIP 数据核字（2020）第 055355 号

论语今注

著　　者	潘重规
责任编辑	张志杰
复　　审	刘小玲
终　　审	张文颖
出 版 者	山西出版传媒集团·山西人民出版社
地　　址	太原市建设南路 21 号
邮　　编	030012
发行营销	010-62142290
	0351-4922220　4955996　4956039
	0351-4922127（传真）　4956038（邮购）
天猫官网	http://sxrmcbs.tmall.com　电话：0351-4922159
E-mail	sxskcb@163.com（发行部）
	sxskcb@163.com（总编室）
网　　址	www.sxskcb.com
经 销 商	山西出版传媒集团·山西人民出版社
承 印 厂	北京汇林印务有限公司
开　　本	635mm×965mm　1/32
印　　张	14.5
字　　数	266 千字
版　　次	2020 年 5 月　第 1 版
印　　次	2020 年 10 月　第 2 次印刷
书　　号	ISBN 978-7-203-11350-8
定　　价	78.00 元

如有印装质量问题请与本社联系调换

出版说明

潘重规先生（1908–2003），本名崇奎，江西婺源人。读大学时，章太炎以唐代史学家兼诗人李百药之字，为其易名"重规"。业师乃辛亥革命先驱、国学大师黄侃，潘重规随其研习文字、声韵、训诂之学，深得赏识。后成为学界公认的当代国学大师，是著名的红学家、敦煌学家，造诣精深，著述丰硕。

《论语今注》是潘重规先生在台湾长年钻研并讲授四书的成果，脱稿后搁置数十年，直至2000年始由台湾里仁书局刊行。书中注释详尽而简明，博大精深又通俗晓畅，是难得的有深厚学术功底为保障的普及注本。

又时隔二十年之久，此书的简体字版终于面世。读者不仅得以认识这位被忽视的国学大师，也得以捧读这部上乘的心血之作，理解《论语》的真义。

值此之际，要特别感谢美国格林纳尔学院历史系谢正光教授，台湾南华大学郑阿财教授、嘉义大学朱凤玉教授为联络潘先生家人付出的努力，作为潘先生的弟子，郑阿财教授也代为解答了书稿中的个别疑问。

编者

序

1950年，潘师石禅来台，任教于省立师范学院（即现在的台湾师范大学）。当时，社会上有一批人大骂读经是开倒车，是现代化的绊脚石，先生深不以为然，特撰写《一个严正的表示》一文，宣达传统文化的重要。并利用课余，免费为民众讲解四书。由于讲解精辟且深入浅出，因此听众与日俱增；为因应蜂拥而至的听众群，师范学院人文学社索性请先生改在大礼堂讲授。每星期日上午八时至十时，风雨无阻，直至先生前往南洋任教，其间数年，未曾间断。既不用刊登广告，也不需发布消息，然而听众却是人山人海，有学生、小贩、军公教人员、"立法委员"、"国大代表"，大家不避炎暑寒冬，不辞路程崎岖，只为前来吸取中国文化的精髓。

此外，先生更大力倡导孔孟学说，建议在培养师资的师范学院正式开设四书课程。此一建议旋即深得当时院长刘真的赞助，并获政府批准，对于培养民族文化思想，端正学风，功不可没。

不久，"中华文化复兴总会"成立，为推动文化复兴，倡导阅读古籍，拟订古籍今注出版计划，分别委请学者撰写。

其中《论语》一书的今注工作即敦请潘先生担任。是时正值先生教学、研究与公事、杂务纷乘的繁忙时刻，然仍焚膏继晷，奋力撰写，致积稿盈尺。时催稿甚急，为不影响出版期限，先生乃将预支稿费璧还，并请总会另请高明。其后先生更致力于红楼梦与敦煌学的研究，创办《红楼梦研究专刊》《敦煌学》期刊，积极培育人才，大力推动研究工作，以致《论语今注》一书完稿后，尘封书箧数十年，而鲜为人知。

去年二月底，先生乔迁，从台北市东区最热闹的敦化南路旧居搬到仁爱路四段的新居。由于新居空间有限且为六楼，因此先生要我将一时用不到的书运到嘉义代为处理。在征得先生同意下，我将一些期刊与博硕士论文，捐赠给中正大学中文系图书馆，供研究生参考之需。其他书籍与杂稿则另辟专室安置，以便课余分批整理，进行编目保管，以供必要者之参考。《论语今注》的书稿就是在整理中发现的。我有幸先行拜读，深觉此书批注既清楚又明白。例如"子"字，是大家所熟知的，而有关"子"字种种称谓，非但在《论语》一书，即在其他经书也很常见。有称"子"，有称"夫子"，有称"孔子""曾子"，也有称"子沈子"，等等。各种称谓意思为何？有何差别？一般注释，大多不注；或语焉不详；或局部解释，无法使人获致全面而系统的理解。先生在《学而篇》中，一开头便对"子"字进行解释：

子，指孔子。子的本义是婴儿，引申为男子的通称。古代诸侯爵位分公侯伯子男五等，子是国君称呼的一种。

又因为列国卿大夫的地位相当于小国的国君,所以到了春秋时代,大夫彼此间,或大夫的下属,都称大夫为夫子。叫夫子等于称子,亦等于称君。孔子曾经做过鲁国的司寇(地位是大夫),因此他的弟子称他为"子"或"夫子"。后来习惯渐渐地把"子"或"夫子"用做师长的通称。一般人称师,大抵在子上冠以姓氏,如曾子、闵子等是;有的称自己业师,在姓氏上再加子字,如《公羊传》称"子沈子、子公羊子"等是。《论语》一书出自孔子门人之手,所以单称孔子为子;正如《春秋》是鲁国的史书,所以单称鲁公为公。如果对外人谈话,那就得称为孔子了。《论语》邢疏说孔子"圣德著闻,师范来世,不须言其氏,人尽知之故也",那是由于后代推崇孔子而形成的事实,却未必符合撰写《论语》时的真相。

这段批注,对于"子"字称谓的来龙去脉,真可谓原原本本,让人读后对"子"的称谓与用法能有一全盘且彻底的了解。

《论语》一书古今批注不下数百家,像这样鞭辟入里且深入浅出的实在难得。尤其能循序渐进,巨细靡遗且深及骨髓的更是罕见。我欣喜捧读,如获至宝。当下觉得,有将之整理印行公之于世之必要,以便各级学校教师之参考,并利于学生与民众之自修阅读;乃请研究生帮忙输入计算机,细为校对。

整理完成,适值里仁书局徐秀荣先生南来嘉义中正大学,我以里仁为美，出版此书自是再好不过，徐先生也慨然答应。今排版完成，付印在即。特说明此书出版经过，并感谢洪艺芳、梁丽玲、周西波等同学的输入与校对，更感谢里仁书局徐先生及全体同仁的鼎力支持。希望新的一年，能尽快将潘师其他杂稿陆续整理印行，尤其期盼能编好先生著作全集以为先生九五华诞寿。

1999 年 12 月
郑阿财谨序于嘉义民雄寓居

论语今注

目录

001 / 学而篇第一

019 / 为政篇第二

039 / 八佾篇第三

063 / 里仁篇第四

081 / 公冶长篇第五

105 / 雍也篇第六

129 / 述而篇第七

157 / 泰伯篇第八

177 / 子罕篇第九

203 / 乡党篇第十

225 / 先进篇第十一

251 / 颜渊篇第十二

273 / 子路篇第十三

299 / 宪问篇第十四

337 / 卫灵公篇第十五

365 / 季氏篇第十六

383 / 阳货篇第十七

411 / 微子篇第十八

427 / 子张篇第十九

447 / 尧曰篇第二十

学而篇第一

第一章

子①曰:"学②而时习③之,不亦说乎④?有朋自远方来⑤,不亦乐乎?人不知而不愠⑥,不亦君子⑦乎?"

① 子,指孔子。子的本义是婴儿,引申为男子的通称。古代诸侯爵位分公侯伯子男五等,子是国君称呼的一种。又因为列国卿大夫的地位相当于小国的国君,所以到了春秋时代,大夫彼此间,或大夫的下属,都称大夫为夫子。叫夫子等于称子,亦等于称君。孔子曾经做过鲁国的司寇(地位是大夫),因此他的弟子称他为"子"或"夫子"。后来习惯渐渐地把"子"或"夫子"用做师长的通称。一般人称师,大抵在子上冠以姓氏,如曾子、闵子等是;有的称自己业师,在姓氏上再加子字,如《公羊传》称"子沈子、子公羊子"等是。《论语》一书出自孔子门人之手,所以单称孔子为子;正如《春秋》是鲁国的史书,所以单称鲁公为公。如果对外人谈话,那就得称为孔子了。《论语》邢疏说孔子"圣德著闻,师范来世,不须言其氏,人尽知之故也",那是由于后代推崇孔子而形成的事实,却未必符合撰写《论语》时的真相。

② 朱熹《集注》曰:"学之为言效也。人性皆善,而觉有先后;后觉者必效先觉之所为,乃可以明善而复其初也。""学"字,《说文》解为"觉悟",《尚书大传》解为"效";觉是学的成果,效是学的方法,两意相待,不

可偏废。学者读书修身,知行并进,才能符合孔子的教学宗旨。

③时习,随时学习。《说文》:"习,鸟数飞也。"鸟雏稍长,欲飞未能,大鸟带到低矮的树枝间,引导小鸟上下左右频频地练习飞行,这样就叫做习。学者读书明理,随时随地将所学的研究实行,这样就是时习。

④说,同"悦"。古时喜悦、论说都同作"说"字,后人增造心旁的"悦"字,专用为喜悦的意思,以示区别。悦与乐对用,意义微有不同,悦是中心欣畅,自得于内;乐是喜见颜色,发扬于外。乎,语尾助词,表示语气委婉,不一定是疑问的意思。不亦说乎,是孔子循循善诱,劝人向学之辞,意谓天下没有不求快乐的人,而读书求学,不亦是人生有趣味的乐事吗!

⑤凡同学共事的人都可叫做朋。志同道合的朋友从远方而来,可以互相讨论切磋,自然是人生的至乐。

⑥愠,音酝(yùn),含怒抱怨的意思。一个人学业德行都已成就而不为人了解,不被社会重视,但是他仍然能够自得其乐,毫不牢骚怨怼,这是学养深沉的效验。

⑦君子有两义:古来国君卿大夫都叫做君子;道德学业有成就的人亦叫做君子。此处君子指的是后一义。

按:此《论语》首章,劝人为学。人能终身治学,便终身能够享受自得的至乐。

第二章

有子①曰:"其为人也孝弟②,而好犯上者③,鲜矣④。不好犯上,而好作乱者⑤,未之有也⑥。君子务本⑦,本立而道生⑧。孝弟也者,其为仁之本与⑨?"

① 有子,名若,鲁人,孔子弟子,少孔子十三岁,一说少三十三岁。
② 孝,字从老省,从子,善事父母的意思。弟,同"悌",音tì,作善事兄长解。
③ 好,读去声hào,爱好。犯,侵犯、冒犯。上,在上的人,指君上、长上。
④ 鲜,音藓(xiǎn),寡少。
⑤ 作乱,指争斗悖逆,大恶不道的行为。
⑥ 未有,无有、没有。之,此处是没有意义的语气词。或说"未有之也"的倒装形式。
⑦ 务,尽力去做。本,根本。
⑧ 立,站住。道,善道。生,发生。此以树木作譬喻。谓根本培得稳固,枝叶自然会发生;犹如孝弟之行成立,一切善道自然由此而生。
⑨ 与,本字当作"欤",音鱼(yú),语气词,表示不十分肯定的口气。仁是一切美德的总称。仁德之发现,最切近而真实,莫先于孝弟。故孝弟可谓为仁之根本。譬如仁是树,树的根就是孝弟,树的枝叶就是仁民爱物等

美德，根本既立，一切美德自然发生。此章是着重治人方面，故特提出犯上作乱等语，犹孟子所谓"人人亲其亲长其长而天下平"的意思。

按：此章言孝弟为修身治人的根本。

第三章

子曰："巧言令色①，鲜矣仁②。"

① 巧，是好；巧言，是话说得好听。令，是善；令色，是颜色装得好看。这种人为了从中取利，便用一派虚伪的言辞和面孔，去讨人欢喜。
② 鲜，音藓（xiǎn），少有的意思。仁是本心诚意的流行，才涉虚伪，就没有仁。鲜矣仁，是说难得有仁了。

按：此章教人笃实诚恳，培养仁德。

第四章

曾子①曰："吾日三省②吾身，为人谋而不忠乎③？与朋友交而不信乎？传不习乎④？"

① 曾子，孔子学生，名参（音 shēn），字子舆，南武城（故城在今山东费县西南九十里）人，比孔子小四十六岁。

他的父亲曾点也是孔子的学生。

② 省,音醒(xǐng),检讨审查的意思。三省,反复多次的检察。三乃虚数,古人举三以见其多,不必实指三次或三数。三思、三复、三仕、三已皆同此例。下文所举反省的三件事,只是偶合。因为所省察自己的行事,并不限于三件事;而每件事反复自己检点,也不必限定省察三次。

③ 为,读去声wèi。忠是竭尽自己的心力。

④ 传,读平声chuán,动词作名词用,指老师的传授。传谓所受于师,习谓熟之于己。

按:此章言进德修业,要切实做反省的功夫。

第五章

子曰:"道千乘之国①,敬事而信②,节用而爱人③,使民以时④。"

① 道,音导(dǎo),治理。乘,音剩(shèng),古代用四匹马拉着的兵车。春秋时代,打仗用兵车,所以国家的大小强弱都视兵车的多寡而定。诸侯之国地方百里,可出兵车千辆,所以称为千乘之国。

② 敬,是专心致志的意思。敬事,是专心治理政事,不敢疏忽。信,是对百姓诚信不虚伪。

③节用，用财有节度，不奢侈浪费。爱人，爱护百姓。
④使民，是说国家遇有筑城修路等项工程，派遣百姓服劳役。以时，是说要利用百姓农事闲空的适当时间，不可妨害百姓的生计。

按：此章言治国的要务。

第六章

子曰："弟子入则孝①，出则弟②，谨而信③，泛爱众④，而亲仁⑤；行有余力⑥，则以学文⑦。"

①弟子，犹言子弟。入，指回到家庭之内。则，接续语词。入就要善事父母尽孝道。
②出，指处宗族乡党之间。出就要善事宗族乡党的长者，以尽弟道。弟同悌。
③谨，谓行为谨慎。信，谓言语诚信。而，接续语词，且的意思。
④泛，浮貌，引申为普遍之义。泛爱，普遍的爱。众，普通人。
⑤亲，亲近。仁，谓仁贤的人。
⑥行，指上孝、弟、谨、信、爱众、亲仁诸种行为。余力，有余的功夫。凡每日间奉事父兄，与人交际之外，都是余力。

⑦ 以，用。文，诗书六艺之文。

按：此章言弟子先德行而后文艺。

第七章

子夏①曰："贤贤易色②；事父母能竭其力③；事君能致其身④；与朋友交⑤，言而有信：虽曰未学，吾必谓之学矣⑥！"

① 子夏，姓卜，名商，孔子学生，少孔子四十四岁。
② 贤贤，上"贤"字是动词，爱好之意。易，轻略之意。此句指夫妇之伦。夫妇为人伦之始，故叙于事亲事君之前，言夫妇之伦，重贤德而轻姿色（说本陈祖范、管同、宋翔凤）。旧说：易，替换之意，谓把重贤的心替换重色，说亦可通。
③ 竭，尽。事奉父母，能尽力孝养。
④ 致，委致、贡献。致身，以生命贡献给国家。
⑤ 交，交接。
⑥ 虽，假设之词。谓，说。人能克尽做人之道，纵有人说他未尝从事学问，我亦必断言其已学了！极言学之实在做人。

按：此章言学在克尽人伦。

第八章

子曰:"君子不重,则不威①;学则不固②。主忠信③。无友不如己者④。过则勿惮改⑤。"

① 重,庄重、厚重。威,威严的意思。
② 固,《说文》:"固,四塞也。"本义是四周没有洞漏,引伸为坚固、稳固的意思。学则不固,是说所学不能稳固。
③ 主忠信,是说要以忠和信两种道德为主。忠是忠诚,信是信实,二者都是做人最重要的道德。
④ 无,通"毋",禁止之辞。友是动词,结交的意思。不如己者,是指那些言行不主忠信的人。
⑤ 过,过错。惮,音但(dàn),害怕。过则勿惮改,是说犯了过错,就要不怕改正。《左传》宣公二年曰:"人谁无过?过而能改,善莫大焉。"也是教人要知过改过,人能改过,才能做到至善的境地。

按:此章言做人要庄重忠信,慎交游而能改过。

第九章

曾子曰:"慎终①追远②,民德归厚矣③。"

① 慎终，慎，是谨慎、敬慎。终是老死，这里是指父母的死亡。慎终，是说办理父母的丧事，要尽其礼，要极谨慎，而没有一点遗憾。

② 追远，追，是追思、怀念。远，是指死者。追远就要诚心诚意地祭祀，来表达对死者追思、怀念的心情。

③ 民德，犹云民心。归，是归往、趋向。厚，是笃厚、敦厚。儒家注重上行下效，化民成俗，所以国家社会一切良好的德行，都要在上位者以身作则。《孝经·纪孝行章》说："丧则致其哀，祭则致其严。"如果在位者对于父母丧祭的事，都能够依照这样做，则影响所及，民心风俗自然归于淳厚了。

按： 此章言谨慎丧祭，则人心自趋敦厚。

第十章

子禽①问于子贡②曰："夫子③至于是邦也④，必闻其政⑤，求之与⑥？抑与之⑦与？"子贡曰："夫子温、良、恭、俭、让以得之⑧。夫子之求之也，其诸异乎人之求之与⑨？"

① 子禽，姓陈，名亢。《史记·仲尼弟子列传》不载。从《论语·子张篇》所载的事看来，不像是孔子的学生。但郑玄注《论语》和《礼记·檀弓篇》，都说他是孔子弟子。朱熹注《论语》，说他是孔子弟子，又引或说以为他

是子贡弟子。

②子贡，古书中又作子赣，姓端木，名赐，卫人，少孔子三十一岁。

③夫子，指孔子。

④至，到达。是，当"此""这"解。邦，国家。古时称中国为天下，犹今语所谓世界，统治天下的是天子，其外是四海。四海之内，如鲁国、齐国等诸侯之国，都是国家。是邦，是泛指某一个国家。也，是句子中间的语气词。

⑤其政，指所至国家的政事。

⑥求之与，求是干求，与，是疑问词。

⑦抑，是表示抉择用的连词，当"还是"解。与，犹言给与、授与。抑与之与，是说还是人君自动请教他呢？

⑧温，温和。良，善良。恭，敬慎。俭，节约。让，谦逊。夫子温良恭俭让以得之，是说孔子凭着这些良好的做人态度，以得闻其政治。

⑨其诸，犹言或者、可能，是表示不肯定的语气。此二句是说，孔子获得与闻政治的方法，可能和别人的不相同吧？

按：此章言孔子对待各国君臣的态度。

第十一章

子曰："父在，观其志①；父没，观其行②。三年无改于父之道③，可谓孝矣。"

① 志，意志。父在时，人子受教于父，行为虽善，或非发自内心，故必须观察他的意志，然后才可断定他的善行是否出于诚意。
② 行，去声 xìng，行为。父死亡以后，人子可以自专，所以只须观察他的行为，就可断定他的善恶。
③ 三年，是说时间长久。父之道，意指善道。父没已久，为人子者仍能守父之教诲，不改变良好的行为，这样的人，可以算是孝了。

按：此章言孝子敦行善道，虽父没不变。

第十二章

有子曰："礼之用，和为贵①。先王之道，斯为美；小大由之②。有所不行③，知和而和，不以礼节之，亦不可行也④。"

① 用，作用。和，调和。礼是人们行为的规范，而其作用，在使人们处得很协调，这便是最难得的。
② 先王，古代的圣君明王。斯，指"和"讲。由，从。先王治理天下国家的方法，就以和协为最好，所以无论大事小事，都本着和协的原则去做。如尧之"协和万邦"，又如文王之治，使"耕者皆让畔，民俗皆让长"，都是最

好的说明。

③ 不行，不能通行。有所不行，是说有些不能通行的事。此句是"有所不行者"的省略，在古代的文法中，因为有这个"所"字，故将句末的"者"字省掉。

④ 我们既知道和协的可贵，凡事一味求其和协，若不用礼来加以节制，那也是不可行的。

按：此章言礼节与和协，要能相济。

第十三章

有子曰："信近于义①，言可复也②。恭近于礼，远耻辱也③。因不失其亲，亦可宗也④。"

① 信，信约、约言。近，接近、依据。义，正义。
② 言，说话。复，实践。这是说合于义的约言，才能够实践，不致失约。
③ 恭，敬慎。远，音愿（yuàn），动词。耻辱，侮辱。这是说对人恭敬有礼，就不致遭受侮辱。
④ 因，依。亲，名词，指"依靠亲近的人"。宗，尊崇、宗主。这是说如果依靠亲近的人是正人君子，那就可以长远尊崇他信赖他了。

按：此章言人之言行交际，当慎之于始。

第十四章

子曰:"君子食无求饱,居无求安①,敏于事而慎于言②,就有道而正焉③,可谓好学也已④。"

① 食求饱,居求安,是人之常情。立志向学的人,勇猛精进,无暇为食住营求安饱;可食就食,不必定要求饱,可住就住,不必定要求安。
② 敏,迅速。慎,谨慎小心。治学自修要敏疾迅速,发表议论要谨慎小心。
③ 就,接近、亲近。有道,有道德的人。正,辨正,判断是非的意思。精勤求学的人,不敢自以为是,还要向有道德学问的人请教,求他指正。
④ 好,去声hào,爱好。已,语尾助词。学者能照上四句话实行,可以叫做好学的人了。

按:此章指示好学者的心理行为。

第十五章

子贡曰:"贫而无谄,富而无骄,何如①?"子曰:"可也。未若贫而乐,富而好礼者也②。"子贡曰:"《诗》云:'如切如磋,如琢如磨。③'其斯之谓与④?"子曰:"赐也,始可与言《诗》已矣⑤,告诸往而知来者⑥。"

①二"而"字,均当"却"解。二"无"字,均当"不"解。谄,谄媚。子贡的意思是说,虽然贫穷,却不奉承巴结富人;虽然富有,却不骄傲而蔑视穷人。这种人怎么样呢?

②可,可以。未若,不及。"乐"字下,皇侃本有"道"字,《史记·仲尼弟子列传》引亦有"道"字,敦煌唐写本有"道"字。"贫而乐道",与"富而好礼"相对成文,有"道"字,义较长,似应据以补正。乐,音勒(lè);好,音号(hào),均当"喜爱"解。孔子的意思是说,也算可以了,但还比不上那种贫而乐道、富而好礼的人。

③此二语见《诗经·卫风·淇奥篇》。朱熹注云:"言治骨角者,既切之而复磋之;治玉石者,既琢之而复磨之。治之已精,而益求其精也。"

④其,乃,犹今言就是。与,同欤,是表示怀疑语气的句末助词。其斯之谓与,等于说就是这个意思吧?斯,指"贫而乐道,富而好礼"二语。就做人讲,做到"贫而无谄,富而无骄",更要做到"贫而乐道,富而好礼"。就治骨角和玉石讲,既要切截雕琢,更要把它磨砻光泽。二者的道理是一样的。

⑤赐,子贡名。始,才。已矣,句末语气词,和单用"已"字或"矣"字相同,犹今言"了"。赐也,始可与言《诗》已矣,等于说赐呀,现在可以和你讨论《诗经》了。

⑥诸,是、之,指子贡。往,是"往者"二字的省文。告诸往而知来者,是说告诉你以前的事,就能推知未来

的事。子贡生性聪敏，往往触类而旁通，他自评道："闻一以知二。"（见《公冶长篇》）今观孔子对他的称许，可知他真有自知之明了。

按：此章言孔门师生讨论做人与为学之道。

第十六章

子曰："不患人之不己知①，患不知人也②。"

① 患，害怕。不己知，是"不知己"的倒装用法，在文言中是常见的。不患人之不己知，是说不害怕别人不了解我。
② 患不知人也，是说害怕我不能了解别人。因为不了解别人，就不能辨别邪正是非，就不能知人善任。

按：此章言君子须有知人之明。

为政篇第二

第一章

子曰:"为政以德①,譬如北辰②,居其所而众星共之③。"

① 德,道德,用道德的力量来感化人民。
② 譬,喻,用他物以譬喻说明。北辰,北极五星的总名。古人认为北极居中不动,是天之枢纽。
③ 所,所在、位置。共,音拱(gǒng),亦作拱。共是环绕拱向。北极五星处在天的中央,众星都环绕拱向着北极来运行;犹如天子居中央修德正己,臣民都感德向化,趋于正道,天下自然平治。

按:此章言君施德于上,臣民感应于下。

第二章

子曰:"《诗》三百①,一言以蔽之②,曰:'思无邪。'③"

①《诗经》三百十一篇,其中六篇有目无诗,实得三百五篇。"三百"只是举其整数。
② 一言,一句话。蔽,包括。之,指《诗经》三百篇。
③ "思无邪"一语,本是《诗经·鲁颂·駉篇》之文,在《駉篇》中,"思"字是句首语助词,无义,孔子此处引用,"思"字却当"思想"解。这就是所谓"断章取义"。

邪,邪僻。

按:此章是孔子论《诗经》要旨,在乎思想纯正。

第三章

子曰:"道之以政①,齐之以刑②,民免而无耻③。道之以德,齐之以礼④,有耻且格⑤。"

① 道,音导(dǎo),领导。政,法制禁令。
② 齐,整齐划一。刑,刑罚。
③ 免,苟且避免刑罚。耻,羞愧。
④ 礼,礼节制度。
⑤ 格,正。用道德行为来引导人民,用礼制来齐一人民;人民受感化陶冶,自然都会知道羞耻,而且趋向正道。

按:此章言为政贵以德礼导民。

第四章

子曰:"吾十有五,而志于学①;三十而立②;四十而不惑③;五十而知天命④;六十而耳顺⑤;七十而从心所欲,不逾矩⑥。"

① 有,同"又"。十有五,十五岁。志,志向。古者八岁

入小学，十五岁入大学。朱子注云："此所谓学，即大学之道也。"

② 立，自立。在学问上，理明义精，而能卓然自立。

③ 惑，疑惑。对于事物的道理，都能完全明白，不致迷惑了。

④ 天命，朱子注云："天命即天道之流行而赋于物者，乃事物所以当然之故也。"古人以为天生万物，莫不有其定然之理，则宇宙间一切事物自然变化的道理，便是天命。

⑤ 耳顺，《集解》引郑玄说："耳闻其声，而知其微旨。"朱子注云："声入心通，无所违逆，知之至，不思而得也。"盖圣人对人，只要一闻其言，便已明白其真伪，判别其是非，这便是耳顺。

⑥ 从，随、顺。欲，愿望。逾，越过。矩，本是画方形所用的工具，此处引申为规矩法度。这是说，在七十岁时，凡所思虑、举动，不必注意，都无不合乎法度的。

按： 此章孔子自述进德修业的过程。

第五章

孟懿子问孝①。子曰："无违②。"樊迟御③，子告之曰："孟孙④问孝于我，我对曰：'无违。'"樊迟曰："何谓也⑤？"子曰："生，事之以礼。死，葬之以礼，祭之以礼⑥。"

① 孟懿子，鲁大夫，姓仲孙，名何忌。懿，是死后的谥号。孟懿子的父亲是孟僖子，僖子平生最佩服孔子知礼，临终时遗命他的儿要以孔子为师，向孔子学礼，所以孟懿子常和孔子来往。问孝，问孔子如何算是能尽孝道。

② 违，违背。无违，是不违背。孔子的意思是说善事父母应该不僭越礼制。孟懿子不加深问，可能误会为不违父志便算是孝。

③ 樊迟，名须，孔子弟子，少孔子三十六岁（一说少孔子四十六岁）。或云：齐人；或云：鲁人。御，是驾车。弟子为师驾车，是古来弟子事师之礼。有人说御是侍坐的意思。《仪礼·大射仪》："士御于大夫。"注："御，犹侍也。"即是侍坐的例证。此处说樊迟侍坐于孔子，义亦可通。

④ 孟孙，古代诸侯之子称公子，公子之子称公孙。公孙之子，各以其祖父之字为氏。此孟孙本出公子庆父之后，当称孟公孙。不言公，是省略。孟懿子，是记者称何忌死后之谥；孟孙，是孔子同时人口中的称呼。

⑤ 樊迟不明白孔子说无违是指的什么内容，所以发问。

⑥ 孝子事父母，生前供养，死后丧葬祭祀，一切都不可违背礼，这就是无违。礼是合理的行为，不违背合理的行为，才是真能不违背贤父的意志。

按：此章言孝子行不违礼，是针对三家僭礼的事实而发。

第六章

孟武伯①问孝。子曰:"父母唯其疾之忧②。"

① 孟武伯,懿子之子仲孙彘。武是谥号。伯是长,武伯于兄弟行次居长,故称伯。
② 唯是独。父母爱子之心,无所不至,唯恐子有疾病,心常为之忧虑。武伯贵族子弟,大概行为不谨而多病,孔子因材施教,故戒之慎疾。

按:此章言孝子当谨身慎疾。

第七章

子游①问孝。子曰:"今之孝者,是谓能养②。至于犬马,皆能有养③,不敬,何以别乎④?"

① 子游,姓言,名偃,吴国人,孔子弟子,少孔子四十五岁。
② 养,去声yàng,供养饮食。是,只、仅的意思。《孝经》说:"孝子之事亲也,居则致其敬,养则致其乐。"能敬爱供养父母的人才配称孝,孔子认为孝与养不同,现在通俗号称孝顺的人,其实只可叫做能养父母,不配称做能孝父母。
③ 犬能守门,马能驾车,都能替人服务,所以说"至于

犬马，皆能有养"。

④ 别，分别。人子只知供养父母，不知敬重父母，与犬马有什么分别呢？

按：此章言养亲不知敬父母，不足称孝。

第八章

子夏问孝。子曰："色难①。有事，弟子服其劳②；有酒食③，先生馔④；曾是以为孝乎⑤？"

① 色，指人流露在外面的颜色。孝子天性纯厚，从爱敬父母的真心，流露到颜面上纯是一团和气，父母看见，自然满心欢喜，这样才算养父母的心志。此由发于自然，无从摹仿造作，所以不容易。子夏性情谨严，或少温润之色，所以孔子告以色难。

② 弟子，指人子年幼者。服，服事。父母有劳苦的工作，弟子替他操作服务。

③ 食，音嗣（sì），饭。

④ 先生，指父母。馔，音撰（zhuàn），陈设餐具。先生馔，是说弟子为父母陈设餐具，亦是服事供养之意。上句说有事，弟子为父母服劳；此句说有酒食，弟子为父母陈设，蒙上文而省略。

⑤ 曾，则或乃的意思。则是以为孝，意谓服劳奉养不足

以为孝。

按：此章言孝贵养其心志。

第九章

子曰："吾与回言终日，不违，如愚①。退而省其私，亦足以发，回也不愚②。"

① 回，颜回，字子渊，鲁国人，是孔子最得意的学生，少孔子三十岁。终日，整天。违，违反。愚，鲁钝。孔子整天和颜回讲学，颜回没有一句话违反他，他说怎样，颜回也以为怎样。颜回对他所说的，心悦诚服，自己没有一点意见，好像蠢人一样。
② 退，回去。省，音醒（xǐng），省察。私，私人生活言论。发，发挥。等颜回回去以后，观察他的私人言论，也可以发挥孔子的道理。可见颜回并不是愚钝的。

按：此章言颜回能发挥实践所学。

第十章

子曰："视其所以，观其所由，察其所安①。人焉廋哉？人焉廋哉②？"

① 《说文》:"视,瞻也。"《穀梁传》隐公五年:"常事曰视,非常曰观。"《尔雅·释诂》:"察,审也。"则视、观、察三字虽同是看的意思,却有深浅粗细的不同。视是从大体看,观是从一节看,察是从细微处看。朱熹注云:"以,为也。"所以,是所做的事。由,从。所由,是做这件事的方法。安,是心之所安。三"其"字,都是下面"人"字的代词。此三句是说,从大体处看他所做的事,从小节处看他做这事的方法,从心理上看他情之所安。

② 焉,怎。廋,音搜(sōu),隐藏。人焉廋哉,等于说他怎能隐瞒得住呢?连说两句"人焉廋哉",是强调语气之意。

按: 此章言孔子观人之方。

第十一章

子曰:"温故而知新①,可以为师矣②。"

① 温,温习。故,旧,此处指旧的知识。新,新的发现,新的道理。

② 师,老师。《礼记·学记篇》:"记问之学,不足以为人师。"《荀子·致士篇》:"师术有四,而博习不与焉。"博习记问,只是强记;温故知新,才是通悟。为人师表,要能博闻强记,学问充实;更要通悟发明,才能启迪青年。故曰:"温故知新,可以为师。"

按：此章言为人师贵能创新。

第十二章

子曰："君子不器。"①

① 器，器皿。一般器皿，只有局限的用途，而不能转相为用。一般人能有一才一艺，亦限于一定之用，有其所长，亦有其所短，好像器皿一样。君子则不然，器量大，见识高，才艺富，体无不该，用无不适，故能统观全局，领导群伦，故曰："君子不器。"

按：此章言君子为学，贵能通贯，而不限于一才一艺之长。

第十三章

子贡问君子①。子曰："先行其言，而后从之②。"

① 君子，是成德之人。子贡不知道如何才能成为君子，故问于孔子。
② 行，实行、实践。之，指所做的事。孔子的意思是说，先做他所要说的事，然后依着所做的事去说。因为人们的毛病，是事情还没有做，便先大发议论，让别人知道。子贡"善为说辞"（见《孟子·公孙丑上篇》），孔子惟恐

他犯这种毛病,所以这样教导他。《礼记·坊记篇》:"君子约言,小人先言。"又《缁衣篇》:"君子寡言而行,以成其信。"都可与此章互相发明。

按:此章言君子要先行而后言。

第十四章

子曰:"君子周而不比,小人比而不周。"①

① 周,周遍。比,偏私勾结。君子贵义,故公平而周遍。小人尚利,故勾结而营私。人无贵贱,或为君子,或为小人,若从"周""比"方面去观察,则君子与小人,自无遁形了。

按:此章言君子小人德性之异。

第十五章

子曰:"学而不思则罔①,思而不学则殆②。"

① 罔,是蒙蔽不明白。读书治学而不反求于心,则昏罔而无所得。
② 殆,危疑不能决定。单靠自己用心空想而不读书治学,则事无证验,危疑不能辨择。

按：此章言学思不可偏废。

第十六章

子曰："攻乎异端①，斯害也已②。"

① 攻，专治、学习。乎，语气词，无意义。异端，异于正当的邪僻怪诞的主张。
② 斯，当"就"解。也已，犹今言"了"，是加强肯定的语气词。孔子的学说，最是平实可行，这便是孔子的伟大处。但有些人好玄虚，尚奇诡，学习那些荒谬邪僻的学说，其结果是非徒无益，而又害之。

按：此章教人不要学习怪诞的学说。

第十七章

子曰："由①！诲女知之乎②？知之为知之，不知为不知，是知也③。"

① 由，仲由，字子路，卞（故城在今山东泗水县东五十里）人，孔子弟子，小孔子九岁。
② 诲，教诲。女，音同汝。之，指所教的学问。诲女知之乎，等于说教你的学问都了解吗？

③ 此三句的意思是说，了解就说了解，不了解就说不了解，这样不自欺欺人，才是真了解。《荀子·子道篇》："故君子知之曰知之，不知曰不知，言之要也。"又《儒效篇》："知之曰知之，不知曰不知，内不以自诬，外不以自欺。"语意并与此同。朱熹注云："子路好勇，盖有强其所不知以为知者，故夫子告之"云云，殆亦是孔子因材施教之意。

按：此章言学贵真知。

第十八章

子张学干禄①。子曰："多闻阙疑②，慎言其余③，则寡尤④；多见阙殆⑤，慎行其余⑥，则寡悔⑦。言寡尤，行⑧寡悔，禄在其中矣⑨。"

① 子张，颛孙师，字子张，陈人，孔子弟子，小孔子四十八岁。干，求。禄，禄位。古人做官，才有禄位。子张欲学做官之道，故问于孔子。
② 阙，空阙。多多地倾听，有未明未安于心者，应当加以保留，暂不采用。
③ 其，指阙疑的事。慎言其余，是说不怀疑的事，要谨慎地说出。
④ 寡，少。尤，罪过。则寡尤，等于说这样就少有罪过。

⑤ 殆,危殆不安。
⑥ 其,指阙殆的事。慎行其余,是说不危殆的事,要谨慎地做。
⑦ 悔,懊悔。则寡悔,等于说这样行事就少有懊悔。
⑧ 行,音杏(xìng),行为,名词。
⑨ 在其中,是在"言寡尤,行寡悔"之中。谨言慎行,并不是为了求禄位,而求禄位之道自在其中。

按:此章言求禄之道,在于谨言慎行。

第十九章

哀公①问曰:"何为则民服②?"孔子对曰③:"举直错诸枉,则民服④;举枉错诸直,则民不服⑤。"

① 鲁君,姓姬,名蒋,定公之子,哀是谥号。
② 为,作为。何为,是说怎样的作为,怎样的作风。服,服从、心服。
③《论语》记事的文例,凡臣下对答国君的询问,一定要用"对曰"。
④ 举,举用。直,正直的人。枉,邪曲的人。错,放置、位置。诸,之于的合声。举直错诸枉,是说举用正直的人位置在邪曲的人之上。百姓有好善恶恶的公心,看见这样做法,自然心悦诚服。

⑤举枉错诸直，是说举用邪曲的人位置在正直的人之上。这样做法，百姓自然心抱不平，不服从君上。

按：此章言用人公正则百姓心服。

第二十章

季康子①问："使民敬、忠、以劝，如之何②？"子曰："临之以庄则敬③，孝慈则忠④，举善而教不能则劝⑤。"

① 季康子，鲁大夫，季孙氏，名肥，康是谥号。鲁哀公时最有权力的人物。
② 敬，是恭敬；忠，是尽心事上；劝，是劝勉。以，和"与"通用。季康子问百姓侮慢的如何可使他恭敬？百姓敷衍塞责的如何可使他尽心事上？百姓怠慢的，如何可使他劝勉？
③ 临是在上临下之名。接见百姓时能够容貌庄严，百姓自然恭敬。
④ 孝顺父母，慈爱民众，百姓自然尽心事上。
⑤ 劝，是劝勉。善的举用起来，不能的加以教诲，这样百姓自然兴奋劝勉。

按：此章言施政之要。

第二十一章

或谓孔子①曰:"子奚不为政②?"子曰:"《书》云③:'孝乎惟孝④!友于兄弟⑤。'施于有政⑥,是亦为政⑦,奚其为为政⑧?"

① 或,或人、有人。或谓孔子,有人对孔子说。
② 奚,何。为政,从事政治,谓出仕做官。
③ 《书》,《尚书》。下引二句,皆逸书文,东晋《古文尚书》采入《君陈篇》。
④ 孝乎惟孝,句法与《礼记·仲尼燕居篇》"礼乎礼",《尔雅》"微乎微",韩愈文"醇乎其醇"相同。孝乎惟孝,犹言"孝呀孝!"是赞美孝道的话。
⑤ 友于兄弟,是友爱兄弟。"于"字是无义的语气词。
⑥ 施,行。孝友为政治之本,行孝友之行,即有为政之道。
⑦ 是亦为政,言孝友于家,即为政于国,齐家亦即治国。
⑧ 为为政,上"为"字,是"是"的意思。奚其为为政,言孝友即是为政;还要怎样才是为政呢?定公时,阳虎用事,非可仕之时,孔子不愿意正面答复问者。

按: 此章言孝友为为政之本。

第二十二章

子曰:"人而无信①,不知其可也②。大车无輗,小车无轨③，其何以行之哉④？"

①而，当"如果"解。人而无信，是说人们如果不讲信实。
②其，是上句"人"字的代词。不知其可也，是说不知道他们如何可以生活下去。
③輗，音倪（ní）；軏，音月（yuè）。古代用牛驾的车叫大车，用马驾的车叫小车。车辕前面有一条横木，就是驾牛马的地方。大车上那条横木两头的关键叫做輗，小车上那条横木两头的关键叫做軏，没有輗和軏，就没法套住牲口。
④其，那。何以，何用，当"用什么"解。之，指大车和小车。大车和小车，如果没有輗和軏，就不能驾牛马，那怎能使车子行走呢？人若无信，正和车无輗軏一样。

按：此章言人贵有信。

第二十三章

子张问："十世可知也①？"子曰："殷因于夏礼②，所损益，可知也③；周因于殷礼，所损益，可知也。其或继周者④，虽百世，可知也⑤。"

①世，代。从下面孔子的答语看，子张是问十代的礼仪制度。也，耶。十世可知也，是说十代的礼仪制度，可

以预先知道吗?

② 殷本商朝,自盘庚迁都于殷(即今河南安阳之殷墟)后,才改称殷。因,承袭。殷因于夏礼,是说殷朝沿用夏朝的礼仪制度。

③ 损,减少。益,增加。所损益,可知也,等于说所废除的和所增加的礼仪制度,是可以知道的。

④ 其,那。或,有。其或继周者,是说那么如有继承周朝政权的。

⑤ 虽百世,可知也,等于说虽然经过一百代,也是可以预先知道的。

按:此章言礼制因革演变,皆有规律可循,可以因往而知来。

第二十四章

子曰:"非其鬼而祭之,谄也①。见义不为,无勇也②。"

① 古代人死叫做鬼,大都是指已死的祖先而言,但也有泛指一般鬼神的。祭,是祭祀。非其鬼而祭之,谄也,等于说不是我的祖先,而也去祭祀他,那是献媚求福。

② 义,是合理的事。眼见合理的事,就应该奋勇去做,如果不做,便是没有勇气。

按:此章言祭祀须合礼,赴义要勇敢。

八佾篇第三

第一章

孔子谓季氏①:"八佾舞于庭②,是可忍也,孰不可忍也③?"

① 谓,说、批评。季氏,据《左传》昭公二十五年的记载和《汉书·刘向传》,指的当是季平子,即季孙意如;据《韩诗外传》,当是季康子;而马融注则以为季桓子。疑不能定,故朱子注云:"季氏,鲁大夫季孙氏也。"
② 佾,音逸(yì),行列的意思。古代舞蹈奏乐,八人为一列,这叫做一佾。天子用八佾,共六十四人;诸侯用六佾,共四十八人;大夫用四佾,共三十二人。一说:天子八佾,八八六十四人;诸侯六佾,六六三十六人;大夫四佾,四四十六人。季氏是大夫,应该用四佾,但当时季氏大权在握,目无法纪,故敢僭用天子的礼乐。庭,家庙的庭。八佾舞于庭,是说他用六十四人在庙庭中奏乐舞蹈。
③ 忍,忍心。孰,何。这二句的意思是说,僭用天子礼乐的事,季氏都忍心去做,还有什么事他不忍心做的呢?

按:此章讥评季氏僭用天子的礼乐。

第二章

三家者以《雍》彻①。子曰:"'相维辟公,天子穆穆。'②

奚取于三家之堂③?"

① 三家,指鲁国当政的大夫仲孙、叔孙、季孙三家。者,文言句中的语气词,无义。《雍》又作《雝》,是《诗经·周颂》的一篇。彻,同"撤",祭祀以后撤除祭品叫做彻。三家者以《雍》彻,是说鲁国当政的三卿,当他们祭祀祖先时,都僭用天子之礼,歌唱着《雍》诗来撤除祭品。

② "相维辟公,天子穆穆",是《雍》诗中的两句。相,音向(xiàng),助祭的人。维,当"是"解。辟,音必(bì),君。辟公,谓夏商二王之后。都是指诸侯。穆穆,庄严肃穆的样子。此二句是说,助祭的人都是诸侯,天子庄严肃穆地在那里主祭。

③ 奚,何。奚取于三家之堂,是说《雍》诗中这两句话,说的都是事实,大夫家祭歌唱它,究竟采取它哪一点意义呢?

按:此章讥评三家僭用天子的祭礼。

第三章

子曰:"人而不仁,如礼何①?人而不仁,如乐何②?"

① 如礼何,犹言奈礼何。人若失去内心的仁,尽管礼

仪娴习，玉帛齐备，有何用处呢？此礼指外表形式和行礼的器具。

② 此乐指歌舞钟鼓。按礼乐虽是表面的形式，却全是从真心本性流出。自心中秩然有序处表现出来的便是礼；从心中谐和乐易处流露出来便是乐。所以《礼记·儒行篇》说："礼节者，仁之貌也；歌乐者，仁之和也。"这几句话说明了仁是礼乐的灵魂；礼乐是仁的体貌。一个人如果失去了灵魂，尽管体貌俨然，又有什么用处呢？

按：此章言人须有仁心，然后礼乐始得发挥其作用。

第四章

林放问礼之本①。子曰："大哉问②！礼，与其奢也，宁俭③；丧，与其易也，宁戚④。"

① 林放，鲁国人。本，根本。
② 大，重大。"大哉问"为称赞之词。因为礼由圣贤制定，等到约定俗成以后，一般人只是互相仿效，顺着行礼，没有人研究礼的根本问题，今见林放能从大处着想，发为此问，故孔子称赞他。
③ 奢，奢侈。俭，俭约。一般礼仪，贵得其中，奢侈则太过，俭约则不及，过与不及，都不合礼，但二者之中，与其奢侈，宁可俭约。

④ 易,治理,办理得周到完备。戚,中心哀戚。就丧礼言,与其礼文周备,宁可中心哀戚。《礼记·檀弓上篇》:"子路曰:'吾闻诸夫子,丧礼,与其哀不足而礼有余也,不若礼不足而哀有余也。'"《说苑·建本篇》:"孔子曰:处丧有礼矣,而哀为本。"都是说礼节仪文根于内心恻怛。

按:此章言礼之根本,在"质"而不在"文"。

第五章

子曰:"夷狄之有君,不如诸夏之亡也。"①

① 夷狄,指蛮夷戎狄等野蛮部落。诸夏,指中国。《说文》:"夏,中国之人也。"当时各国皆为高度文化的中国人,故称中国为诸夏。亡,同无。中国为礼仪之邦,虽然有时偶无君主,而礼义不废;夷狄虽有君主,而无礼义。孔子注重礼义教化,而严夷夏之防,所以说,夷狄虽有君主,还比不上中国没有君主。

按:此章言中国礼义之治,远非夷狄所能比。

第六章

季氏旅于泰山①。子谓冉有②曰:"女弗能救与③?"对曰:"不能④。"子曰:"呜呼!曾谓泰山不如林放乎⑤?"

① 旅，祭名，此处为动词。在古代，天子祭天下的名山大川，诸侯祭国内的山川，大夫只能祭家庙。季氏是鲁国的大夫，竟去祭泰山，显然是僭礼的行为。

② 子，孔子。冉有，冉求，字子有，鲁国人，孔子弟子，小孔子二十九岁。

③ 女，同"汝"。救，挽救、阻止。与，同"欤"。当时冉有做季氏的家臣，所以孔子对他说："你不能阻止季氏去祭泰山吗？"

④ 冉有答道："不能阻止他。"

⑤ 泰山，指泰山之神。林放，已见本篇第四章。曾谓泰山不如林放乎，是说难道泰山之神，还不如林放那样懂得礼，而要接受季氏这样僭越的祭祀吗？

按：此章批评季氏僭礼去祭泰山。

第七章

子曰："君子无所争①，必也射乎②！揖让而升，下而饮③，其争也君子④。"

① 君子讲道德，重礼让，凡事求其在己，故无所争。

② 射，此处是指比赛射箭。射箭是古代六艺之一，人们极其重视。但在比赛射箭时，就有胜负；有胜负，就不能无争。必也射乎！是说若有所争，必定是比箭吧！

③揖,作揖。让,谦让。升,是上堂。下,是下堂。古礼,在比赛射箭时,先须互相作揖谦让,然后走到堂上去射,故曰"揖让而升"。射箭完毕,走下堂来,又须互相作揖谦让,然后饮酒,故曰"下而饮"。

④其,那。其争也君子,是说君子所争的,那就是这种很有礼貌的射箭比赛了。

按:此章言君子无所争,惟射箭时有争。

第八章

子夏问曰:"'巧笑倩兮,美目盼兮①,素以为绚兮②。'何谓也③?"子曰:"绘事后素④。"曰:"礼后乎⑤?"子曰:"起予者商也!始可与言《诗》已矣⑥。"

①巧,美好。倩,音欠(qiàn),好口辅,是面颊长得好。盼,黑白分明。巧笑倩兮,美目盼兮,等于说脸上长着酒窝,笑起来真够美呀!眼睛黑白分明,目光流转,真够媚呀!此二语见《诗经·卫风·硕人篇》。

②朱熹注云:"素,粉地,画之质也;绚,采色,画之饰也。"素以为绚兮,等于说在洁白的底子上画着花卉呀!此句今本《毛诗》无,可能是逸诗,王先谦《诗三家义集疏》以为《鲁诗》有此一句。

③子夏不知道这几句诗是什么意思,故问于孔子。

④ 朱熹注云:"绘事,绘画之事也。后素,后于素也。《考工记》曰:'绘画之事后素功。'谓先以粉地为质,而后施五采;犹人有美质,然后可加文饰。"绘事后素,意思是说,先有白色的底子,然后才能画花卉。

⑤ 子夏的意思是说:"礼是后来才产生的吗?"究竟礼产生在什么之后,此处没有说明。根据《论语》的记载,可能是产生在仁义之后。

⑥ 起,启发。予,我,指孔子。商,是子夏名。子夏因讨论《诗》而联想到礼,所以孔子高兴地说:"卜商真是能启发我的人,现在可以和你讨论《诗经》了。"

按:此章赞子夏聪颖敏悟,能由《诗》而想及礼。

第九章

子曰:"夏礼,吾能言之,杞不足征也①;殷礼,吾能言之,宋②不足征也。文献不足故也③。足则吾能征之矣④。"

① 杞,音起(qǐ),国名。周武王为天子后,封夏朝的后代为杞国,其故城在今河南杞县。征,证。孔子的意思是说,夏朝的礼制,我能说出,但它的后代杞国,不能拿来作证。

② 宋,国名。周武王为天子后,封殷朝的后代为宋国,其故城在今河南邱县南,在战国时为齐、魏、楚三国所灭。

③ 文献，文是历史典册。献是贤人。文献不足故也，是说由于杞宋二国，既缺乏历史典册，又无秉礼的遗贤之故。
④ 足则吾能征之矣，是说杞宋二国若有充足的历史典册和秉礼的遗贤，我就可以用来证明夏殷二朝的礼制了。

按：此章言夏殷之礼不能详考。

第十章

子曰："禘自既灌而往者①，吾不欲观之矣②。"

① 禘，音帝（dì），是古代极为隆重的大祭之礼。灌，本作祼，是古代祭祀中的一种仪节。古人祭祀时，先把郁鬯之酒（是一种配合香料煮成的酒）倒在地上，以迎接鬼神，这叫做灌。而往，以后。禘自既灌而往者，是说禘祭自从献酒降神以后的礼节。
② 禘祭在古代，只有天子才能举行。但周公对周朝的功勋最大，周成王特准他举行禘祭。以后鲁国的君主，都沿此例，僭行禘祭，所以孔子不愿意看。

按：此章言鲁君不应僭行禘祭。

第十一章

或问禘之说①。子曰："不知也②；知其说者之于天下也，其如示诸斯乎③!"指其掌④。

① 或,或人、有人。说,道理。有人不懂得禘祭的道理,故问于孔子。
② 不知也,等于说我不知道。孔子圣人,深明于礼,并非真不知道禘祭的道理,但因鲁君僭礼举行禘祭,孔子不愿明言君之过,故曰"不知也"。
③ 示,同"视"。斯,指手掌。此二句是说,知道禘祭道理的人,对于治理整个天下,正如看这手掌一样容易吧!一说:"示"假借做"置"的意思,是说把对象放置在手掌中一样容易。
④ 指其掌,是记者之辞。是说孔子一面说话,一面指着他的手掌。

按:此章言禘祭之理深远难知。

第十二章

祭如在,祭神如神在①。子曰:"吾不与祭,如不祭②。"

① 祭,《说文》云:"祭祀也,从示以手持肉。""示"字之义,是指神事。人与神交通之道,则在于祭。祭祀时须有品物,故曰"以手持肉"。此处"祭如在",祭的是指祖先;"祭神如神在",祭的是指百神。此二

语是门人记述孔子祭祀时的诚敬。意思是说,孔子祭祖先时好像祖先真的在那里,祭神时好像所祭的神真的在那里。《礼记·玉藻篇》说:"凡祭,容貌颜色,如见所祭者。"盖祭者除品物外,尤须竭尽内心诚敬,然后才能和所祭的鬼神相接。鬼神冥漠,故曰"如在",但由此亦可以想见祭者是何等的诚且敬了。

② 与,音预(yù),参与。孔子有时因疾病事故,使人代祭,当时一般人祭祀,只是注重祭品与仪式,没有内心的诚敬,他感慨地说:"我不参加祭祀,便和不祭一样。"孔子觉得不能亲莅祭祀,致其诚意,内心感到无限欠缺。由此更显出孔子祭祀时之诚敬。

按:此章言祭必须诚敬。

第十三章

王孙贾①问曰:"'与其媚于奥,宁媚于灶②'何谓也?"子曰:"不然,获罪于天,无所祷也③。"

① 王孙贾,王孙复姓,名贾,卫灵公的大夫。
② "与其媚于奥,宁媚于灶"二句,是当时的俗语。奥,室中西南隅,凡室制以奥为尊,以喻君。灶,在外用事,以喻执政,王孙贾用来自比。孔子在卫,王孙贾以为他想做官,所以暗示孔子,与其谄媚国君;宁愿谄媚用事

权臣。这是王孙贾借用当时俗语来讽喻孔子之意。
③ 祷,《说文》云:"告事求福也。"犹今言祈祷。获罪于天,无所祷也,是说若己身不正,便是得罪于天,则虽求神赦罪,都无用处。这是孔子逊辞以拒绝王孙贾。

按:此章言孔子进退必以其道。

第十四章

子曰:"周监于二代①,郁郁乎文哉②!吾从周③。"

① 监,视,有比较改进之意。二代,指夏殷二朝。周监于二代,是说周朝的礼制比起夏殷二朝的礼制。
② 郁郁,文采貌。周朝根据夏殷二朝之礼,察其得失而制定之,于是周朝的礼制,更为丰富完备,多彩多姿。郁郁乎文哉,是说周朝的礼制,多么丰富多彩呀!
③ 从,依从。吾从周,是说我依从周朝的礼制。

按:此章言周代礼文之盛。

第十五章

子入大庙①,每事问②。或曰③:"孰谓鄹人之子知礼乎④!入大庙,每事问。"子闻之,曰:"是礼也⑤!"

① 子,指孔子。大,音泰(tài)。大庙,周公庙。诸侯始封的国君为太祖,周公是鲁始封的国君,故庙曰大庙。孔子初仕鲁时,因助祭执事,得入大庙。

② 每事,每一桩事,指祭祀所用牺牲祭品及礼仪诸事。孔子在行祭礼前一日入庙执事时,每一桩事都仔细请教人。

③ 或曰,有人说。

④ 鄹,音邹(zōu),春秋鲁邑,即今山东省曲阜县东南十里的西邹集。鄹邑字,《说文》作郰,《史记》作陬,《论语》作鄹。鄹人,指鄹邑大夫叔梁纥,是孔子的父亲。称孔子为鄹人之子,带有轻薄的口气。孔子少以知礼著名,或人认为知礼的人不应每事请问,所以说:"谁说孔子懂得礼呢!"

⑤ 行礼当恭敬谨慎,恭敬谨慎即当每事请问,所以孔子听见人讥讽他不知礼,他就加以解释道,说我知礼也罢,不知礼也罢,我都不必分辨;不过就事论事,助祭时每一桩事请问人,这就是礼呵!

按:此章言孔子执事敬慎。

第十六章

子曰:"'射不主皮'①,为力不同科,古之道也②。"

① 皮，代表箭靶子。古代箭靶子叫"侯"，有些用布做，有些用皮做。"侯"的中心叫"正"或"鹄"。所以《诗经·齐风·猗嗟篇》说："终日射侯，不出正兮。"主，专主。射不主皮，《仪礼·乡射礼》文。乡射是行射于乡，所以宾兴贤能，故以中不中为主，不以贯穿皮侯为主。
② 为，音谓（wèi），因为。力，气力。科，等级。为力不同科，是说因为各人的气力不一样。道，方法。古之道也，等于说这是古时练习射箭的规矩。孔子解释礼文的意义。古者射以观德，主于中的，不主于贯革。

按： 此章言射以观德，贵能中的。

第十七章

子贡欲去告朔之饩羊①。子曰："赐也②！尔爱其羊，我爱其礼③。"

① 去，音取（qǔ），废除不用之意，是及物动词。告，音梏（gù）。朔，是旧历每月的初一那天。饩，音系（xì），活的牲畜。告朔饩羊，是古代的一种制度。每年季冬的时候，周天子把第二年的历书颁给诸侯，在这些历书里，说明每月初一是哪一天，因此称为"颁告朔"。诸侯接受这些历书，藏于祖庙，每月的初一那天，便杀一只活羊去祭庙，然后回朝廷来听政。这祭庙称为"告朔"，听政称

为"视朔"或"听朔"。但到子贡时,鲁君不亲临祖庙告朔,也不视朔,只是照例杀一只活羊,虚应其事而已。子贡以为这只是一种形式,完全失去原来告朔的意义,因此主张把鲁国每月初一告祭祖庙的那一只活羊也废而不用。
② 赐,子贡名。赐也,等于说端木赐呀!
③ 尔,你,指子贡。孔子以为这虽是一种形式,但保留着总比不保留好些,所以对子贡说:"你爱惜那只羊,我却爱惜这种礼。"

按:此章言孔子注重礼制。

第十八章

子曰:"事君尽礼,人以为谄也。"①

① 奉事君主,要能尽礼。但当时君弱臣强,强臣对君主傲慢无礼,人们反以事君尽礼为谄媚,孔子为此深为愤慨,明白地说出来,可见其对于君臣之义与事君之礼,是何等重视了。

按:此章言事君当尽礼。

第十九章

定公①问:"君使臣,臣事君,如之何②?"孔子对曰:"君使臣以礼，臣事君以忠③。"

① 定公，鲁君，名宋，昭公之弟，哀公之父，继昭公而立，在位十五年。"定"是其谥号。
② 使，使用。事，服事。当时公室卑弱，臣子失礼，定公深以为患，故问于孔子，意思是说：君主使用臣子，臣子服事君主，应该怎样呢？
③ 孔子的意思是说，君主应该依礼来使用臣子，臣子应该忠心服事君主。

按： 此章言君臣相待之道。

第二十章

子曰："《关雎》乐而不淫①，哀而不伤②。"

① 雎，音居（jū）。《关雎》是《诗经》里的第一篇。乐，音勒（lè），快乐。淫，过分。《关雎》这篇诗，言乐得淑女以配君子，虽然快乐，却不至于毫无节制，所以说"乐而不淫"。
② 哀，悲哀。哀而不伤，是说《关雎》这篇诗，虽然有寤寐反侧之忧，但不至于伤害身心。

按： 此章言《关雎》诗之和平中正。

第二十一章

哀公问社于宰我①。宰我对曰:"夏后氏以松,殷人以柏,周人以栗②。曰:使民战栗③。"子闻之,曰:"成事不说④,遂事不谏⑤,既往不咎⑥。"

① 此章鲁论作"问主",古论作"问社"。(见皇氏《论语义疏》、刘氏《论语正义》。)社,土神。此处哀公所问的社,据宰予的答语,也似指社主而言。古代祭祀土神,要为他立一个木制的神牌。这神牌就叫做主。这木主便是神灵之所依凭。宰我,姓宰,名予,字子我,鲁国人,孔子弟子,哀公问社于宰我,是说鲁哀公问宰我道,用什么来做社主。
② 夏后氏,是指夏朝。三代都有社主,但做社主所用的木,各有不同。夏朝用松木做,殷朝用柏木做,周朝用栗木做。
③ 曰,是宰我加以说明之辞。栗,战惧貌。周朝用栗木来做社主,意思是使人民畏惧战栗。以上这些话都是宰我对鲁哀公的荒谬答复。
④ 说,解说。成事不说,是说已经做了的事不必加以解释。
⑤ 遂,行。谏,劝止。遂事不谏,是说正在做而不能停止的事,不必加以劝阻。
⑥ 咎,责备。既往不咎,是说已经过去的事,不必加

以追究。以上三句,是孔子责备宰我的答复,有失立社的本意,又恐启时君杀伐的念头,故儆惕他以后要谨慎言辞。

按:此章戒轻易发言。

第二十二章

子曰:"管仲之器小哉①!"或曰:"管仲俭乎②?"曰③:"管氏有三归,官事不摄,焉得俭④?""然则管仲知礼乎⑤?"曰:"邦君树塞门,管仲亦树塞门⑥;邦君为两君之好,有反坫,管氏亦有反坫⑦。管氏而知礼,孰不知礼⑧?"

① 管仲,名夷吾,字仲,谥敬,是春秋时齐桓公的宰相。器,器皿。以器喻人。管仲之器小哉,等于说管仲的器量小得很呀!
② 有人问道:"管仲节俭吗?"
③ 曰,孔子说。
④ 三归,桓公赐管仲甲第三区,管仲自朝归家有三处,故《韩非子·外储篇》说管仲有三归之家。摄,是兼职。孔子的意思是说,管仲的家臣,一人一职,并不兼差,这样浪费公帑,怎能说是节俭呢?
⑤ 然则管仲知礼乎?此句又是或人发问之辞,意思是说,那么管仲知道礼吗?

⑥ 邦君，国君。树，建立。塞门，屏墙，犹今之照壁，是用来间隔内外视线的，古代只有国君可用。若大夫家中，只能用帘子来间隔内外视线。此二句是说，国君在宫殿的门前，建立一个塞门，管仲的房子门前，也建立塞门。

⑦ 好，读去声 hào，当"友好"解。坫，音店（diàn）。反坫，是在堂上两楹之间，设置放器物的土堆。两国君主会晤设宴饮酒以后，把酒器放在坫上，故称为反坫。这也是只有国君才能设备的。此三句的意思是说，国君为了和外国君主友好，在堂上有招待国宾放置酒杯的设备，管仲家中也有这样放置酒杯的设备。

⑧ 而，如果。管仲家中既树塞门，又有反坫，按之礼典，实为僭越。所以说管仲如果知道礼节，谁不知道礼节呢？

按：此章言管仲器小易盈，奢侈僭礼。

第二十三章

子语鲁大师乐①，曰："乐其可知也②：始作，翕如也③；从之④，纯如也⑤，皦如也⑥，绎如也⑦，以成⑧。"

① 语，音遇（yù），告诉。大，音泰（tài）。大师，是乐官之长。乐，音岳（yuè），音乐。子语鲁大师乐，等于

说孔子把音乐的道理告诉鲁国的太师。

②其，那。乐其可知也，等于说音乐的道理，那是可以知道的。

③翕，音系（xì），合。翕如，等于翕然。古代音乐始作，先奏金，鼓钟，然后各乐器同时合奏，故曰"翕如"。始作，翕如也，是说开始演奏，众乐并作，翕合热烈。

④从，音纵（zòng）。从之，当"放纵继续"解。

⑤纯，和。纯如也，是说纯一和谐。

⑥皦，音狡（jiǎo），明白。皦如也，是说音节分明。

⑦绎，音亦（yì），继续不绝。绎如也，是说络绎不绝。

⑧以，而。成，完成。以成，是说这样才完成一套音乐。

按： 此章言乐理可知。

第二十四章

仪封人请见①，曰："君子之至于斯也，吾未尝不得见也②。"从者见之③。出曰④："二三子何患于丧乎⑤？天下之无道也久矣，天将以夫子为木铎⑥。"

①仪，卫国邑名。封人，掌封疆的官吏。见，音现（xiàn）。请见，是请求接见。仪邑的边防官向孔子的学生请求孔子接见他。

②君子，指有道德学问的人。斯，此，指仪也。此二句

是说，凡是来到此地有道德学问的人，我从没有不能和他见面的。

③从，音纵（zòng）。从者，是跟随孔子的学生。见，音现（xiàn）。见之，是请求孔子接见他。

④出，辞出。出曰，是仪封人辞出以后，便对孔子的弟子说。

⑤二三，多数之意。子，古时对人的尊称。二三子，犹言"诸位"，是指孔子诸弟子。丧，音 sàng，谓仕失位。二三子何患于丧乎，等于说你们为什么忧愁孔子没有官位呢？

⑥无道，指政治昏乱。夫子，指孔子。铎，音夺（duó）。木铎，是铜质木舌的摇铃。古代叫做道人的发布命令的官员，周行道路，摇动木铎来宣扬文教。此二句的意思是说，天下昏乱很久了，上天有意要使孔子失去官位，周流天下，来教化人民，做天下人民的导师。你们何必为孔子失位流离而难过呢！

按：此章言孔子失位，更能弘扬教化。

第二十五章

子谓《韶》①，"尽美矣，又尽善也②"。谓《武》③，"尽美矣，未尽善也④"。

① 谓，批评。韶，音sháo，是虞舜时的乐曲名。
② 美，指声音言。善，指内容言。舜为天子，是由四岳所推荐，而为唐尧所禅让，本着天意，深得民心，故舜时的乐曲，既能尽美又能尽善。
③ 武，是周武王时的乐曲名。
④ 武王是周朝的圣君，但他为天子，是由于讨伐商纣而得，故武王时乐曲，能尽美而不能尽善。

按：此章言舜与武王时乐曲之异同。

第二十六章

子曰："居上不宽①，为礼不敬②，临丧不哀③，吾何以观之哉④？"

① 居上，在上位的人。宽，宽大。在上位的人，若不宽宏大度，就不能领袖群伦，使人悦服。
② 为礼，行礼。礼主敬，若为礼不敬，那便失去礼的真正意义。
③ 临丧，办理丧事。丧主哀，故《礼记·曲礼上篇》云："临丧则必有哀色。"若临丧不哀，那便等于儿戏。
④ 以，由、用。之，指上述三事。吾何以观之哉，等于说这样我怎能看得下去呢？

按：此章言时君之失。

里仁篇第四

第一章

子曰:"里仁为美①。择不处仁②,焉得知③?"

① 里,当"居住"解,动词。仁,仁德之地,名词。里仁为美,是说居住在仁德的地方才好。
② 择,选择。处,音杵(chǔ),居处,动词。择不处仁,是说选择住所而不住在仁德的地方。
③ 知,同"智"。焉得知,等于说怎能算是聪明呢?

按: 此章言居必择乡。

第二章

子曰:"不仁者不可以久处约①,不可以长处乐②。仁者安仁③,知者利仁④。"

① 不仁者,没有仁德的人。约,穷困。不仁的人不可以长久处在穷困的境地,否则必定为非作歹。
② 乐,安乐。不仁的人不可以长久处在安乐的境地,否则必定骄奢淫佚,做出坏事来。
③ 安,安乐,动词。仁人以仁德为安乐,故能素位而行,随遇而安,久处约而不为贫贱所移,长处乐而不为富贵所淫。

④ 知，同"智"。利，当"利用"解，动词。智者利用仁德，因为仁德对他有远大的利益，所以推行仁德。

按：此章言仁之重要。

第三章

子曰："唯仁者能好人，能恶人。"①

① 好，音号（hào），爱好。恶，音误（wù），厌恶。爱和恶都是心理作用，平常说某人可爱，或某人可恶，都是由于我们主观的感觉而异，都是出于一己之私，故爱恶不得其正。只有仁人大公无私，其爱恶是发于至诚，本于至当，而能成为客观的标准。所以孔子说：只有仁人才能够爱好别人，厌恶别人。

按：此章言仁者无私心，故爱恶得其正。

第四章

子曰："苟志于仁矣，无恶也。"①

① 志，立志，动词。恶，音è，坏。凡人为善，必由于仁，为恶则由于不仁，所以善恶的关键，就在于仁与不仁。如果人能立志以为仁，自可以存善而去恶，而至于

有善而无恶，终能达到至善之境。所以孔子说：如果立志去行仁德，总是没有坏处的。

按： 此章教人要立志为仁。

第五章

子曰："富与贵，是人之所欲也；不以其道得之，不处也①。贫与贱，是人之所恶也；不以其道得之，不去也②。君子去仁，恶乎成名③？君子无终食之间违仁④，造次必于是，颠沛必于是⑤。"

① 道，正道，犹今言正当的方法。处，居处，犹言接受。孔子的意思是，发大财和做大官，这都是人人所愿望的；但如不用正当的方法得到富贵，君子不会接受它。
② 去，离去，犹言逃避。贫穷和卑贱，这都是人人所厌恶的，但时运有顺逆，命运有否泰，若循规蹈矩，正己而行，不反其道，而使得自身贫贱，则君子安贫而乐道，不会改变行为来逃避贫贱。
③ 恶，音乌（wū），恶乎，当"怎么"解。成名，成就好的声名。君子之所以成为君子，端在他修养仁德，若抛弃仁德，怎能成就君子的美好声名呢？
④ 终食之间，是吃一顿饭的时间，极言其时间之短暂。违，离开。君子无终食之间违仁，是说君子时时都在

修养仁德，虽然是吃一顿饭那样短暂的时间，也不会离开它。

⑤ 造次，仓卒匆忙的时候。颠沛，颠沛流离的时候。二"是"字，并指"仁"。此二句是说，君子在仓卒匆忙的时候，必定修养仁德；在颠沛流离的时候，也必定修养仁德。

按：此章言君子为仁，无时或已。

第六章

子曰："我未见好仁者，恶不仁者①。好仁者，无以尚之②。恶不仁者，其为仁矣，不使不仁者加乎其身③。有能一日用其力于仁矣乎？我未见力不足者④。盖有之矣，我未之见也⑤。"

① 好，音号（hào），爱好。恶，音误（wù），厌恶。孔子的意思是说，我不曾见过爱好仁德的人，也不曾见过厌恶不仁德的人。

② 尚，当"超过"解，动词。之，指所好的"仁德"。因为能爱好仁德，天下便没有胜过仁德的东西。

③ 矣，是语气词，此处的用法和"也"字相同。厌恶不仁德的人，他修养仁德的方法，就是不使那些不仁德的事加在自己身上。

④矣乎，是疑问语气词。此二句的意思是说，有能够一天用力来行仁的人吗？如果有的话，求仁而得仁，我从不曾见过他的力量不够的。

⑤盖，犹言大概。之，指"力不足者"。此二句是说，大概也有那种行仁而力量不够的人罢，只是我不曾见过而已。语气抑扬，反复咏叹，勉励人只要肯用力于仁，断没有力量不够的。

按：此章勉人行仁。

第七章

子曰："人之过也，各于其党①。观过，斯知仁矣②。"

①过，过错。党，犹言类型。凡人各有其类型，或为君子，或为小人，类型不同，绝不能互相逾越。凡人都有过错，君子失于厚，小人失于薄；君子过于爱，小人过于忍。过失不同，绝不能有丝毫粉饰。所以说，人的过错，各于其党。

②观过，观察过错。观察人的过错，就知道人是仁或不仁。一说：仁，同"人"，《后汉书·吴祐传》引此文正作"人"。这是说，观察他的过错，就可以知道他的为人了。

按：此章言观人之方。

第八章

子曰:"朝闻道,夕死可矣①。"

① 朝,音招(zhāo),早晨。道,仁道,犹今言真理。夕,音细(xì),晚上。由早晨到晚上,时间极为短暂,早晨得知真理,当晚可以死去。人若能悟得真理,就能在生命中发出无限的光辉,这样才不枉生,才不枉死,旦夕之暂,胜过万年,所以说,早晨得知真理,就是当晚死去,都可以了。

按:此章勉人求道。

第九章

子曰:"士志于道,而耻恶衣恶食者①,未足与议也②。"

① 耻,动词。恶,音鄂(è),坏。
② 孔子的意思是说,读书人既然志在真理,则须专心致志,研求真理,其余一切,都不计较。如颜渊之箪食瓢饮,不改其乐;如子路之衣敝缊袍与衣狐貉者立而不耻,这样才真是志道笃学。若说读书人志在真理,却以穿坏衣裳吃坏粮食为耻辱的,则是但注意其口体之养,而不能专注其心志。这种人,是不能和他论道的。

按：此章教人须专心求道。

第十章

子曰："君子之于天下也①，无适也②，无莫也③，义之与比④。"

① 天下，天下的人与事。君子之于天下也，等于说君子对于天下的人物和事情。
② 适，音敌（dí），专主执着之意，犹今言一定依从。无适也，是说没有一定依从的。一说：适通敌，敌对仇视的意思。
③ 莫，坚决不肯之意，犹今言一定反对。无莫也，是说没有一定反对的。一说：莫通慕，无慕，是无所贪慕。
④ 与，是。比，音币（bì），从。义之与比，是说审情度理，唯义是从。

按：此章言处事应以义为依归。

第十一章

子曰："君子怀德①，小人怀土②；君子怀刑③，小人怀惠④。"

① 怀，怀念。德，道德。
② 土，田土。
③ 刑，刑法。君子想念刑法，故能谨守本分。
④ 惠，恩惠。小人惟图私利，故想得到恩惠。

按：此章言君子与小人思想之歧异。

第十二章

子曰："放①于利而行，多怨。"

① 放，音仿（fǎng），依据。凡人皆有好利之心，若完全依据个人的利益去做事，一定会妨害他人的利益，故往往招致人家的怨恨。

按：此章言趋利之害。

第十三章

子曰："能以礼让为国乎①？何有②？不能以礼让为国，如礼何③？"

① 礼，礼文。让，逊让。礼让是一体的两面，就其文言，是礼；就其质言，是让。故有礼者必能让，能让者必有礼。此处礼让，是统称之词。为国，治国。治国之道，

在于能和，和就必须先讲礼让。从知礼让为治国施政的根本。能以礼让为国乎？等于说能够用礼让来治理国家吗？

② 何有，何难之有，犹言"有何困难呢？"

③ 如礼何，犹言奈礼何。这是说，如不能用礼让来治国，则礼之实质已亡，暴乱攘夺，必将因之而起，而所谓礼者，只不过是一种虚伪形式而已，又有什么用处呢？

按：此章言礼让为治国之本。

第十四章

子曰："不患无位，患所以立①。不患莫己知，求为可知也②。"

① 位，职位。立，自立。所以立，是指自立的才能。不患无位，患所以立，是说不要忧愁没有职位，只忧愁自己没有自立的才能。

② 为，当"使"解。"为"字下，省去"人"字。不患莫己知，求为可知也，是说不忧愁没有人知道自己，应该要求自己成为值得被人家知道的人。凡人求职位，求利禄，都是求之于人；求才能，求德业，都须求之于己。求于人者终日惶惶，结果不可必得；求于己者专心致志，结果必能有成，及其有成而能自立，则才能日富，德业

日进，声望亦日隆，而职位利禄，自可不求而自至了。

按： 此章勉人求其在己。

第十五章

子曰："参乎①！吾道一以贯之②。"曾子曰："唯③。"子出④。门人问曰⑤："何谓也⑥？"曾子曰："夫子之道，忠恕而已矣⑦。"

① 参，曾子名。参乎，等于说"参呀！"
② 道，仁道。《礼记·中庸篇》云："仁者，人也。"仁道即人所以为人之道。一，是同一种原则，同一种精神。贯，贯通。之，指道。为人之道，万端纷歧，孔子则用一种原则来贯通它。
③ 唯，应辞，等于说"是"。
④ 子出，孔子出去以后。
⑤ 门人，受业于门曰门人。此指孔子的别的学生。
⑥ 何谓也，等于说"这是什么意思呢？"
⑦ 夫子，指孔子。夫子之道，即仁道，亦即为人之道。为人之道，一方面是对己，要忠；他方面是对人，要恕。忠是尽己之心，恕是推己及人。忠恕是做人之道一贯原则一体的两面。《雍也篇》云："夫仁者，己欲立而立人，己欲达而达人。"己立、己达就是忠，立人、达人就是恕。

忠恕二者，必须兼营并顾，然后才可以言道。所以《礼记·中庸篇》云："忠恕违道不远。"夫子之道，忠恕而已矣，等于说孔子之道，只有忠恕两个字而已。

按：此章言忠恕为道之本。

第十六章

子曰："君子喻①于义，小人喻于利。"

① 喻，了解。人之所喻，由于所习。君子所习的是道义，凡事必辨别其是非；小人所求的是财利，凡事专计较其利害。用心不同，所喻也异，君子与小人自然也趣向各异了。

按：此章言君子与小人用心不同。

第十七章

子曰："见贤思齐焉①；见不贤而内自省也②。"

① 贤，贤德的人。齐，等齐，当"同样"解。这是说，看到贤人便想和他一样。
② 不贤，不贤的人。省，音醒（xǐng），省察。内自省，内心自己反省。这是说，看到不贤的人，便要自己反省，

是否有他那样的毛病。见贤思齐焉,是积极的,要向好的方面着想;见不贤而内自省,是消极的,要向坏的方面悔过,人能这样做,则日进于德而不自觉了。

按:此章是孔子教人进德之方。

第十八章

子曰:"事父母几谏①,见志不从②,又敬不违③,劳而不怨④。"

① 几,是微。谏,是劝阻。几谏,不用直言谏诤,而是委婉进言,不着痕迹地劝阻。
② 志,是意旨。父母虽未明白拒绝,而子女窥测父母内心无接受的意思。
③ 不违,不敢拂父母之意。
④ 子女千方百计,形劳心苦,欲匡正父母过失,而不敢抱怨父母,必使父母改过而后已。

按:此章言孝子谏父母之道。

第十九章

子曰:"父母在,不远游①。游,必有方②。"

① 游，出行。远离父母，就不能奉事父母，又恐父母忧悬。
② 方，方所，一定的处所。无论离开父母远近，必须有一定处所，使得父母放心，不致呼召不得而失望忧虑。

按：此章言孝子心不忘亲。

第二十章

子曰："三年无改于父之道，可谓孝矣。"

按：此章已见《学而篇》第十一章，但缺少"父在，观其志；父没，观其行"二语。或弟子各记所闻，或编者复出又逸其半。

第二十一章

子曰："父母之年①，不可不知②也；一则以喜③，一则以惧④。"

① 年，年纪，岁数。
② 知，是记在心里，常常提醒。
③ 喜，喜父母之康强。
④ 惧，惧父母之衰老。

按：此章言孝子事亲的心情。

第二十二章

子曰："古者言之不出①，耻躬之不逮也②。"

① 古者，犹言古时的人。古之君子，言语不轻易出口。
② 耻，动词。躬，自身，此处当"行为"解。逮，音代（dài），及。耻躬之不逮也，等于说恐怕自己做不到。

按：此章教人言须顾行。

第二十三章

子曰："以约失之者鲜矣。"①

① 约，约束收敛的意思。失，过失。鲜，音藓（xiǎn），少。凡人过失，多因放纵。若遇事有节制，虽不能全无过失，但过失也就很少了。

按：此章教人寡过之道。

第二十四章

子曰："君子欲讷于言而敏于行。"①

① 讷，音 nè，言语迟钝。敏，敏捷。孔子的意思是说，君子对于说话，要谨慎迟钝；对于做事，要勤劳敏捷。《学而篇》云："敏于事而慎于言。"意思与此章相同。

按：此章教人要慎言力行。

第二十五章

子曰："德不孤，必有邻。"①

① 德，道德，此处指"有道德的人"。邻，当"亲近"解。孔子的意思是说，有道德的人，无论在任何时代、任何环境，都不会自己孤立，一定有志同道合的人和他亲近。

按：此章教人要修德。

第二十六章

子游曰："事君数，斯辱矣①。朋友数，斯疏矣②。"

① 数，音朔（shuò），烦数，屡屡之意。斯，则，犹今言"就"。事君数，斯辱矣，是说奉事君主，常常进谏，就会使君主生反感，而招致侮辱。
② 朋友倘有过失，亦当加以劝导，使之改过迁善。但应

斟酌情理，可劝则劝，不可则止。若是一味劝导，烦数太甚，也会引起朋友反感，日渐疏远。

按：此章言事君交友谏诤之道。

公冶长篇第五

第一章

子谓公冶长①:"可妻也②。虽在缧绁之中,非其罪也③。"以其子妻之④。子谓南容⑤:"邦有道,不废⑥;邦无道,免于刑戮⑦。"以其兄之子妻之⑧。

① 谓,批评。公冶长,姓公冶,名长,字子长,齐国人,一云鲁国人,孔子弟子。
② 妻,音气(qì),把女儿嫁给人叫妻,动词。可妻也,是说可以把女儿嫁给他。
③ 缧,音雷(léi),黑索。绁,音谢(xiè),唐石经避讳作"绁",绑系。缧绁,是绑系罪人的绳索,此处指代牢狱。孔子的意思是说,公冶长的人品很好,他虽曾下过牢狱,也不是他的罪过。
④ 子,女儿。孔子便把自己的女儿嫁给他。
⑤ 南容,姓南宫,名括(亦作适),字子容,鲁国人,孔子弟子。
⑥ 有道,政治清明。废,废弃。孔子的意思是说,国家政治清明的时候,必起用他。
⑦ 免,避免。刑戮,犹言"刑罚"。邦无道,免于刑戮,是说国家政治昏乱的时候,也不致受到刑罚。
⑧ 孔子便把自己的侄女嫁给他。

按:此章赞公冶长与南容之品德。

第二章

子谓子贱①:"君子哉若人②!鲁无君子者,斯焉取斯③?"

① 子贱,宓不齐,字子贱,鲁国人,孔子弟子,小孔子四十九岁。
② 若,此。若人,指子贱。这是"若人君子哉"的倒装句,等于说"这人真是君子呀!"
③ 上"斯"字,指子贱。下"斯"字,指君子的品德。大凡君子必有好的品德,这种好品德,虽由于先天生成,最重要的,还是由于后天的学习。学习就要有好的师友,好的榜样。《韩诗外传》卷八载子贱治单父(鲁邑)时,"所父事者三人,所兄事者五人,所友者十有二人,所师者一人。"(又见《说苑·政理篇》《孔子家语·辩政篇》)可见鲁国的君子之多。鲁无君子者,斯焉取斯,是说鲁国若没有君子,他怎能得到这样好的品德呢?

按:此章美子贱亲师取友,以成其德。

第三章

子贡问曰:"赐也何如①?"子曰:"女,器也②。"曰:"何器也③?"曰:"瑚琏也④。"

① 古礼，弟子对师，自称其名。子贡欲知孔子对他的品评，故为此问。赐也何如，等于说"我是怎样的人呢？"
② 女，同"汝"。器，器皿。孔子说："你是一个器皿。"
③ 子贡不知道自己好比什么器皿，故又问于孔子。
④ 瑚，音胡（hú），琏，音连（lián）。瑚琏，即簠簋。古代宗庙祭祀时盛黍稷的器皿，方形的叫簠，圆形的叫簋。瑚琏竹器，以玉为饰，相当贵重。

按： 此章美子贡为贵重有用之才。

第四章

或①曰："雍也，仁而不佞②。"子曰："焉用佞③？御人以口给，屡憎于人④。不知其⑤仁，焉用佞！"

① 或，有人。
② 雍，冉雍，字仲弓，鲁国人，孔子弟子。佞，音泞（nìng），有口才。仲弓为人简默，而时人以辩说为贤，因此或人深惜之，所以说："冉雍这个人，很有仁德，却没有口才。"
③ 焉，音yān。焉用佞，等于说何必要有口才呢？
④ 御，对付之意。给，富足。口给，是言辞敏捷，应对不穷。憎，音曾（zēng），厌恶。此二句的意思是说，若逞其口辩，来对付别人，往往能胜人之口，而不能服

人之心，故常常被人厌恶。

⑤其，指冉雍。因为仁德不易企及，孔子不肯轻易用来许给冉雍，所以说，不知道他的仁德如何。孔子说不知，实在是委婉温和的否定。

按：此章教人要重德行而轻口辩。

第五章

子使漆雕开仕①。对曰："吾斯之未能信②。"子说③。

①漆雕开，复姓漆雕，名开，字子开，鲁国人，孔子弟子。按《汉书·艺文志》班固自注："孔子弟子漆雕启。"古人名字必相应，似是名启，《史记》避景帝讳，故改作开。子使漆雕开仕，是说孔子使漆雕开去做官。

②斯，指做官。信，信心，犹言"把握"。漆雕开答道："我对做官还没有信心。"

③说，同"悦"。子说，是说孔子听了，知道他笃志向学，自与流俗不同，故很喜悦。

按：此章言漆雕开笃志向学，不慕富贵。

第六章

子曰："道不行，乘桴浮于海①。从我者，其由与②？"

子路闻之喜③。子曰:"由也,好勇过我,无所取材④。"

① 道,此处指孔子的主张。乘,音成(chéng),坐。桴,音孚(fú),古人把竹木编成筏,以当船用,大的叫筏,小的叫桴。浮,漂过。孔子托言世昏时乱,我的主张不能推行,想坐着木筏,漂洋过海,隐居避世。
② 从,音纵(zòng),当"跟随"解,动词。由,即仲由,字子路。乘桴过海,风波险恶,非常人所能,子路生性好勇,冒险自然在所不顾。所以孔子说:这样能跟随着我的,也许只有仲由吧!
③ 子路听到这些话,以为孔子真的称赞他,非常高兴。
④ 好,音号(hào),爱好。郑玄云:"子路信夫子欲行,故言好勇过我。无所取材者,无所取于桴材。以子路不解微言,故戏之耳。"孔子的意思是说,子路这个人,太好勇敢,远超过我,但是纵然我要浮海,又从什么地方能取得木材做桴筏呢?

按:此章言孔子忧道不行,无以救世。

第七章

孟武伯问:"子路仁乎①?"子曰:"不知也②。"又问③。子曰:"由也,千乘之国,可使治其赋也,不知其仁也④。""求也何如⑤?"子曰:"求也,千室之邑⑥,百乘之家⑦,可使为之宰也⑧,不知其仁也。""赤⑨也何如?"子曰:"赤也,束带立于朝,可使与宾客言也⑩,不知其仁也。"

① 孟武伯不知道子路仁德深浅,故问于孔子。
② 不知也,等于说不知道。实则孔子非真不知道,只是仁道至大,仁德至高,孔子不肯轻易把它许给别人而已。
③ 孟武伯又追问。
④ 千乘之国,拥有一千辆兵车的国家,解见《学而篇》。治,管理。赋,兵赋。治赋,是古代征兵员、修武备的一切工作。孔子的意思是说,仲由这个人,一千辆兵车的国家可以使他管理军政的工作,但不知道他的仁德怎么样。
⑤ 何如,等于说"怎么样"。孟武伯又问冉求于孔子。
⑥ 邑,都邑。千室之邑,千户人口的大都邑。
⑦ 家,是指古代卿大夫的采邑或采地。卿大夫之家,出兵车百辆,故称为百乘之家。
⑧ 宰,长、总管。可使为之宰也,是说可以使冉求做千室之邑的首长,或者百乘之家的总管。
⑨ 赤,公西赤,字子华,鲁国人,孔子弟子,小孔子四十二岁。
⑩ 古代官吏上朝时必穿朝服,并用带子紧系着,故称"束带"。这是说公西赤有外交才,可以使他穿着礼服,在朝廷上接应宾客。

按：此章言孔子称仲由、冉求、公西赤三人，各有才艺，而不以仁相许。

第八章

子谓子贡曰："女与回也孰愈①？"对曰："赐也，何敢望回②？回也闻一以知十③，赐也闻一以知二④。"子曰："弗如也；吾与女，弗如也⑤。"

① 女，同"汝"，指子贡。回，颜回，字子渊，鲁国人，是孔子最得意的弟子，小孔子三十岁。愈，好、强。子贡生性聪敏，且有知人之明，孔子欲考验他，便对他道："你和颜回，谁比较强些？"
② 赐，子贡名。子贡答道："我怎敢和颜回相比？"
③ 回也闻一以知十，是说颜回听到一件事，就可以联想顿悟，知道十件事。
④ 常人闻一不必能知一，子贡闻一知二，可见其聪敏过人处。如《学而篇》第十五章："子贡曰：'贫而无谄，富而无骄，何如？'子曰：'可也。未若贫而乐，富而好礼者也。'子贡曰：《诗》云："如切如磋，如琢如磨。"其斯之谓与？'子曰：'赐也，始可与言《诗》已矣，告诸往而知来者。'"又如《述而篇》第十四章："冉有曰：'夫子为卫君乎？'子贡曰：'诺，吾将问之。'入曰：'伯夷、叔齐，何人也？'曰：'古之贤人也。'曰：'怨乎？'曰：

'求仁而得仁,又何怨?'出曰:'夫子不为也。'"前者因问贫富而悟《诗经》切磋之义,后者因问伯夷、叔齐而知夫子不为卫君,便是子贡闻一知二的最好说明。
⑤如,及。与,同意、赞成之意,动词。孔子说:"是比不上他,我同意你的话,是比不上他。"

按:此章言颜回聪敏,以勉子贡。

第九章

宰予昼寝①。子曰:"朽木不可雕也②,粪土之墙,不可杇也③,于予与何诛④?"子曰⑤:"始吾于人也,听其言而信其行⑥;今吾于人也,听其言而⑦观其行。于予与改是⑧。"

①昼寝,白天睡觉。《礼记·檀弓上篇》:"君子非疾也,不昼夜居于内。"《韩诗外传》卷六:"卫灵公昼寝而起,志气益衰。"宋玉《高唐赋》:"昔者先王尝游高唐,怠而昼寝。"可见古人对于昼寝的看法。因为春秋时没有昼寝的设备,极少昼寝的人;宰我行径独异,故受孔子责备。《礼记·内则篇》:"鸡初鸣,咸盥漱……悬衾,箧枕,敛簟而襡之。"可见一般人生活状况,早起以后,就将睡眠的工具收拾起来。
②朽木,腐木。雕,雕刻。朽木不可雕也,是说像腐朽之木不可以雕刻一样。

③ 粪土，秽土。杇，音乌（wū），泥工抹墙的工具叫杇，把墙壁抹平也叫杇，此处当"粉刷"解。这是说，像用粪土筑成的墙，不可以粉刷一样。

④ 与，同"欤"。诛，责备。于予与何诛，等于说对于宰予嘛，何必责备呢？

⑤ "子曰"以下云云，虽亦是对"宰予昼寝"而发，却是孔子另一个时候的言语，故用"子曰"二字以别之。说见俞樾《古书疑义举例》卷二。

⑥ 始，原先。而，则。行，音杏（xìng），行为，名词。这是说，原先我对别人，听到他的话，就相信他的行为。

⑦ 而，却。

⑧ 宰予善为说辞，但他懒惰昼寝，言行不能一致，所以孔子说，对于宰予嘛，我才改变了这种态度。

按：此章责备宰予懒惰放肆，言不顾行。

第十章

子曰："吾未见刚者①。"或对曰："申枨②。"子曰："枨也欲，焉得刚③？"

① 刚者，刚直不屈的人。

② 枨，音橙（chéng）。申枨，即《史记·仲尼弟子列传》之申党。有人对孔子道："申枨是刚者。"

③ 欲，嗜欲。凡人嗜欲太多，则中心无主，心役于物，志役于形，而易为富贵所淫，贫贱所移，威武所屈。所以说，申枨的嗜欲太多，怎能够刚直不屈呢？

按： 此章言刚者难得。

第十一章

子贡曰："我不欲人之加诸我也，吾亦欲无加诸人①。"子曰："赐也，非尔所及也②。"

① 加，施。诸，之于。子贡此处所说的，就是忠恕之道。我不要别人把不义的事加到我身上，是忠；我也不要把不义的事加到别人身上，是恕。
② 尔，你，指子贡。所及，所能做到。因为忠恕二者是仁的实践功夫，能忠且恕，便是仁了。孔子不肯把仁许给别人，所以说，赐呀，这不是你所能做到的。

按： 此章教子贡反求诸己，力行忠恕。

第十二章

子贡曰："夫子之文章，可得而闻也①；夫子之言性与天道，不可得而闻也②。"

① 文章，指诗书礼乐。孔子关于诗书礼乐方面的学问，常常拿来教人，子贡之徒，能够听到。
② 性，人性。天道，指天体运行以及自然与人类的吉凶关系。孔子之教，平易近人，对于人性与天道，孔子虽深知之，但不常言，所以子贡之徒，不容易听到。

按： 此章言孔子之道，深微难知。

第十三章

子路有闻①，未之能行②，唯恐有闻③。

① 有闻，有所闻知。子路有闻，是说子路听到一种道理。
② 之，指所闻的道理。未之能行，即"未能行之"的变式，意思是说，若未能切实做到。
③ 有，同"又"。子路笃实践履，只怕又听到新的道理，不能同时做到。

按： 此章言子路好学笃行，急于为善。

第十四章

子贡问曰："孔文子①何以谓之文也②？"子曰："敏而好学，不耻下问③，是以谓之文也。"

① 孔文子，名圉，卫国大夫。文，死后谥号。
② 也，与"耶"通，疑问词。凡人死后的谥号，都是根据生前德行定名的。孔文子生前行为，颇有令人不满之处，因此子贡疑而发问说："孔文子因为什么德行而谥号为文呢？"
③ 敏，是天资聪敏。下问，问于官位才学在己之下的人。孔文子天资聪敏而能好学，地位崇高而不以下问为耻。故得文的美谥。

按：此章言孔文子以好学问而得美谥。

第十五章

子谓子产①："有君子之道②四焉：其行己也恭③，其事上也敬④，其养民也惠⑤，其使民也义⑥。"

① 子产，春秋时郑国大夫公孙侨。
② 君子，在位卿大夫之称。有君子之道，是说有居上治民之道。
③ 行己，修己做人。恭，谦逊。
④ 事上，事君。敬，敬谨。
⑤ 养民，抚养百姓。惠，仁爱。子产为政，尽力为百姓谋福利。
⑥ 使民，役使庶民。义，宜。使民义，即是使民以时。

按：此章称子产善为政。

第十六章

子曰："晏平仲①善与人交②，久而敬之③。"

① 晏平仲，姓晏，名婴，字仲，谥平，是春秋时齐国的贤大夫。
② 交，交游。善与人交，是说善于与人结交朋友。
③ 之，指人。交友要敬。常人交久则狎褻，狎褻则敬衰，晏平仲善于处人，对人始终恭敬，故孔子特称之。

按：此章言晏子善交。

第十七章

子曰："臧文仲①居蔡②，山节藻棁③，何如其知也④？"

① 臧文仲，姓臧孙，名辰，字仲，谥文，鲁国大夫。
② 居，藏。蔡，大龟。古人迷信，以龟为灵物，故用以卜卦。臧文仲建造讲究的房子，藏着卜卦用的大龟。
③ 山，画刻山水，动词。节，柱上斗拱。藻，画刻水草，动词。棁，音啄（zhuó），梁上短柱。山节藻棁，是说藏龟那间房子，在柱上的斗拱，画刻着山水；在梁上的

短柱，画刻着水草。

④ 知，同"智"。何如其知也，犹言"这是什么样的智慧呢？"

按：此章言臧文仲迷信谄龟为不智。

第十八章

子张问曰："令尹①子文②，三仕为令尹③，无喜色。三已之④，无愠色⑤。旧令尹之政，必以告新令尹⑥。何如⑦？"子曰："忠矣⑧。"曰："仁矣乎⑨？"曰："未知⑩。焉得仁？""崔子弑齐君⑪，陈文子⑫有马十乘⑬，弃而违之⑭。至于他邦⑮，则⑯曰：'犹吾大夫崔子也⑰！'违之⑱。之一邦⑲，则又曰：'犹吾大夫崔子也！'违之。何如？"子曰："清矣⑳。"曰："仁矣乎？"曰："未知。焉得仁？"

① 令尹，楚国的宰相叫做令尹。

② 子文，姓斗，名谷於菟（音构乌徒），子文是字。

③ 三，是虚数，几次之意。三仕为令尹，是说几次做令尹的官。

④ 已，罢官。三已之，是说几次罢免他。

⑤ 愠，音运（yùn），怨恨。无愠色，是没有怨恨的颜色。

⑥ 旧令尹，指子文自己。这是说，他一定把自己所施行的政令全部告诉接位的人。

⑦何如,等于说怎么样?子张对于子文,不知道应如何品评,故问于孔子。

⑧忠,尽心为国。

⑨子张道:"算不算是仁呢?"

⑩未知,是说不知道。孔子并非真不知道,所以接着又说:"这怎能算是仁呢?"

⑪崔子,齐国的大夫崔杼。齐君,齐庄公,名光。弑,古代在下的人杀掉在上的人叫弑。崔子弑齐君,事见《左传》襄公二十五年。自此以下,又是子张对孔子说的话。

⑫陈文子,名须无,谥文,齐国大夫。

⑬乘,音胜(shèng)。古时贵族,用四匹马驾一辆车,叫做乘。有马十乘,是有四十匹马。

⑭违,离开。弃而违之,是说放弃那些马匹而离开齐国。

⑮至于他邦,是到了另一个国家。

⑯则,就。

⑰崔子乱政,另一个国家,其大夫亦乱政,所以说,这国的大夫,好像我们的崔子一样。

⑱违之,是离开那个国家。

⑲之,往。之一邦,是说又去另外一个国家。

⑳清,高洁之意。陈文子弃其禄位,三去乱邦,孑然一身,光明磊落,所以孔子说:"是很高洁的了。"

按: 此章言令尹子文之忠,陈文子之清,但不及仁。

第十九章

季文子三思而后行①。子闻之②,曰:"再,斯可矣③。"

① 季文子,姓季孙,名行父,谥文,鲁国大夫,历仕鲁文公、宣公、成公、襄公四代。季文子为人谨慎,凡事都要考虑几次,然后才去做。
② 孔子听到这句话。
③ "再"字下,省去动词"思"字。唐石经正作"再思",不省。孔子的意思是说,考虑两次,就可以了。

按:此章言做事要明察果断。

第二十章

子曰:"宁武子①,邦有道则知②,邦无道则愚③。其知可及也,其愚不可及也④。"

① 武子,姓宁,名俞,谥武,卫国大夫。
② 邦有道,国家政治清明。知,同"智",当"聪明"解。宁武子在卫成公有道的时候,则显其智谋,以辅国政。
③ 邦无道,国家政治昏乱。愚,愚笨。他在成公无道的时候,便装作愚笨,以免祸害。
④ 此二句是说,他那种聪明,别人可以赶得上;他那种

装傻，别人是赶不上的。

按：此章言宁武子善适应环境。

第二十一章

子在陈①，曰："归与②！归与！吾党之小子狂简③，斐然成章④，不知所以裁之⑤。"

① 陈，国名，姓妫，为舜之后，春秋时都于宛丘，即今河南淮阳县。
② 与，语气词。归与，犹今言"回去吧！"重言"归与"，是不胜感慨之意。
③ 党，《释名》云："五百家为党。"此处指"乡党"，犹今言"家乡"。小子，学生。吾党之小子，指在鲁国的学生。狂简，志愿宏伟而阅历不够。
④ 斐，音匪（fěi）。斐然，文采焕发貌。斐然成章，是说学问文章都斐然可观。
⑤ "不知"上，《史记·孔子世家》有"吾"字，此处省去。裁，剪裁，引申为"教导"之意。不知所以裁之，是说我不知道怎样去教导他们。

按：此章言孔子思归鲁国，裁成弟子。

第二十二章

子曰:"伯夷、叔齐①不念旧恶②,怨是用希③。"

① 伯夷、叔齐,孤竹君的两个儿子,孤竹君死后,他们互相让位,逃到周文王那里。周武王起兵伐纣时,他们叩马劝阻不听,便去首阳山隐居,结果饿死。
② 恶,音鄂(è),仇恨。不念旧恶,是说不记念过去的仇恨。
③ 希,少。怨是用希,是说别人对他们的怨恨也就很少。

按:此章言伯夷、叔齐不记旧怨。

第二十三章

子曰:"孰谓微生高直①?或乞醯焉②,乞诸其邻而与之③。"

① 微生高,姓微生,名高,鲁国人。孔子的意思是说,谁说微生高为人爽直呢!
② 醯,音稀(xī),醋。焉,语气词,此处用法同"也"字。或乞醯焉,是说有人向他讨一点醋。
③ 这是说,微生高没有醋,他不直说自己没有,却向他的邻居转讨一点醋来给那人。

按:此章言微生高无直道。

第二十四章

子曰:"巧言、令色、足恭①,左丘明耻之②,丘③亦耻之。匿④怨而友其人,左丘明耻之,丘亦耻之。"

① 巧言,言语说得好听。令色,颜色装得好看。足,读去声,音 zù,过分。足恭,对人过分恭顺。
② 左丘明,姓左丘,名明,鲁国太史,相传为《左传》的作者。左丘明耻之,是说左丘明以这三种态度为可耻。
③ 丘,孔子名,古人自称称名。
④ 匿,藏。友,交友,动词。匿怨而友其人,是说内心藏着怨恨,表面上却和那人交朋友。

按:此章教人要存心正直。

第二十五章

颜渊、季路侍①。子曰:"盍各言尔志②?"子路曰:"愿车马衣轻裘③,与朋友共④,敝之而无憾⑤。"颜渊曰:"愿无伐善⑥,无施劳⑦。"子路曰:"愿闻子之志⑧。"子曰:"老者安之,朋友信之,少者怀之⑨。"

① 季路,即子路。侍,陪侍。此时孔子坐着,颜渊、季路两人站在身边。

② 盍,"何不"的合音字。孔子道:"你们何不各说自己的志愿呢?"

③ "轻"字是后人误加,当删。说见刘宝楠《论语正义》。

④ 共,共享。与朋友共,是说和朋友共同使用我的车马衣裘。

⑤ 敝,败。之,指车马衣裘。憾,悔恨。敝之而无憾,是说用坏了也没有悔恨。

⑥ 伐,矜夸。愿无伐善,愿不夸耀自己的好处。

⑦ 施,当"表明"解,动词。劳,功劳。无施劳,不表白自己的功劳。

⑧ 子,指孔子。子路道:"我也希望听到先生的志愿。"

⑨ 安、信、怀三字都是动词。孔子的意思是说,老年人使他安乐,朋友们使他信任我,年轻人使他怀念我。

按:此章言孔子志量之广。

第二十六章

子曰:"已矣乎①!吾未见能见其过而内自讼者也②。"

① 已,止。矣乎,表示感慨的口气。已矣乎,等于说"算了吧!"

② "能"字下,省去"自"字。过,过错。讼,责备。

常人有过，责其在人；君子有过错，责其在己。这是君子和常人的差异处。孔子因此兴起无限的感慨。吾未见能见其过而内自讼者也，是说我不曾见过能够自己知道他的过错而在内心上作自我责备的人。

按： 此章言时人无改过自责之心。

第二十七章

子曰："十室之邑①，必有忠信如丘者焉②，不如丘之好学也③。"

① 邑，都邑。邑有十室、百室、千室之异；十家的邑，是极小的邑。
② 忠实诚信是天生的好性格。孔子认为任何小地方，都有天生忠信资质像自己一般的人。
③ 孔子平生极谦虚，只有好学从不退让，因为人生不为圣贤，便为禽兽，其枢纽全在好学与不好学。所以他希望人人都能像他自己一般好学。

按： 此章劝人不可单靠天资，必须好学。

雍也篇第六

第一章

子曰:"雍也可使南面①。"仲弓问子桑伯子②。子曰:"可也简③。"仲弓曰:"居敬④而行简⑤,以临⑥其民,不亦可乎⑦?居简⑧而行简,无乃大简乎⑨?"子曰:"雍之言然⑩。"

① 雍,冉雍,字仲弓。南面,南向。古时人君听政,南面而坐。孔子赞美冉雍之德行,可以使他为诸侯。
② 子桑伯子,生平今已无考。邢昺《正义》引郑玄注,以为是秦穆公时的子桑(公孙枝)。朱熹《集注》引胡氏(寅)说,以为是《庄子》书中的子桑户。仲弓见孔子称赞自己,因问像子桑伯子那样,是否也可以使他为诸侯。
③ 简,简单。《说苑·修文篇》:"孔子曰:'可也简。'简者,易野也。易野者,无礼文也。孔子见子桑伯子,子桑伯子不衣冠而处。弟子曰:'夫子何为见此人乎?'曰:'其质美而无文,吾欲说而文之。'"《说苑》的话未必可靠,但也可供此文参考。可也简,等于说可以呀,他能简。
④ 居,处。居敬,犹舜之"恭己",是说平常生活很敬慎。
⑤ 行,做事。行简,犹舜之"无为而治",是说做的事情很简单。
⑥ 临,当"治理"解。人君高高在上,居高临下,故曰"临"。
⑦ 不亦可乎,等于说不也可以吗?

⑧ 居简，生活简慢。如《说苑》说他"不衣冠而处"，便是最好的说明。
⑨ 大，同"太"。无乃大简乎，等于说不是太简单了吗？
⑩ 然，是。雍之言然，是说冉雍这番话很正确。

按：此章赞美冉雍之德行与言论。

第二章

哀公①问："弟子孰②为好学？"孔子对曰："有颜回③者好学；不迁怒④，不贰过⑤。不幸短命死矣⑥！今也则亡⑦，未闻好学者也⑧。"

① 哀公，见《为政篇》第十九章。
② 孰，谁。
③ 颜回，见《为政篇》第九章。
④ 迁，移转。怒甲而移于乙是迁怒，怒在今日而移及明日亦是迁怒。
⑤ 贰，再。《周易·系辞下篇》："子曰：'颜氏之子其殆庶几乎！有不善，未尝不知；知之，未尝复行也。'"不善未尝复行，即是不贰过。
⑥ 《春秋公羊传》哀公十四年，颜渊死。是年，孔子年七十一。颜渊在历史上，是著名的早死人物之一，不过他死的年岁传说不一。《史记·仲尼弟子列传》："颜回年

二十九,发尽白,蚤死。"没有记明确定的死亡年龄。《孔子家语·七十二弟子解》才明白说是三十二而死。汉朝人还有颜渊十八而死的说法。据清代江永、臧庸、孔广森诸家的考证,一致认为颜子死年应该在四十岁左右。

⑦ 亡,同"无"。今也则亡,言现在弟子中,没有能像颜回这样好学的。

⑧ 未闻好学者也,覆说上句之意,以见真好学者之难得。

按: 此章言好学者之难得。

第三章

子华①使于齐②,冉子③为其母请粟④。子曰:"与之釜⑤。"请益⑥。曰:"与之庾⑦。"冉子与之粟五秉⑧。子曰:"赤之适⑨齐也,乘肥马⑩,衣轻裘⑪。吾闻之也:'君子周急不继富⑫。'"原思⑬为之宰⑭,与之粟九百⑮,辞⑯。子曰:"毋⑰!以与尔邻里乡党乎⑱!"

① 子华,姓公西,名赤,字子华,鲁国人,孔子弟子,小孔子四十二岁。

② 使,音士(shì),出使。使于齐,出使在齐国。

③ 冉子,在《论语》中,孔子弟子,惟曾参、有若、闵子骞、冉求数人称"子",此称冉子,当是冉有。

④ 为,音谓(wèi),代替。子华出使齐国,其母留在鲁国,

冉子本同门之谊，为她向孔子请求米粮，以便奉养。

⑤ 与，给。之，指子华的母亲。釜，音斧（fǔ）。古时以六斗四升为一釜。

⑥ 益，增加。冉子请求加给。

⑦ 庾，音与（yǔ）。《集解》引包注："十六斗曰庾。"戴震《补注》据《考工记·陶人篇》："庾实二觳"，一庾为二斗四升。孔子的意思是说，除了一釜外，再加给她一庾之粟。

⑧ 秉，音丙（bǐng）。古时以十六斛为一秉。一斛十斗，五秉合八百斗。

⑨ 适，往。

⑩ 乘，音成（chéng）。古人骑马叫乘，坐车也叫乘。此处"乘"字，当"坐车"解。乘肥马，坐着由肥壮的马所驾的车辆。

⑪ 衣，音曳（yì），穿，动词。衣轻裘，穿着轻暖的皮袍。

⑫ 周，救济。继，当"增添"解。君子周急不继富，是孔子所听到的古语，意思是说，君子应救济穷人的窘迫，但不要增添富人的财富。子华远使齐国，接济他的母亲，是应该的。但冉子给她五秉米粮，未免太多了。孔子说这句古语，分明有责备冉子之意。

⑬ 原思，姓原，名宪，字子思，鲁国人，孔子弟子。

⑭ 之，用法同"其"，此处指孔子。宰，家臣。为之宰，做孔子的家臣。古代卿大夫之家皆有宰，原思为宰，当是在孔子为鲁国司空、司寇的时候。

⑮ 之,指原思。九百,下无量名,疑是九百斛。家宰皆有常禄,原思家贫,孔子给他俸禄九百斛的米粮。

⑯ 辞,原思以为太多,不肯接受。

⑰ 毋,是禁止之词,等于说"不要辞!"

⑱ "以"字下,省去"之"字,"之"指粟。古代以五家为邻,二十五家为里,五百家为党,一万二千五百家为乡。以与尔邻里乡党乎,是说若有多余的,可以把它分给你家乡的穷苦人吧!

按: 此章言取与当有准则。

第四章

子谓①仲弓曰:"犁牛之子骍且角②,虽欲勿用③,山川其舍诸④?"

① 谓,谈论到。
② 犁牛,耕牛。骍,音星(xīng),赤色。周朝尚赤色,祭祀时也用赤色的牲畜。角,是说两角长得周正,合乎牺牲之选。犁牛之子骍且角,是说耕牛生出一只通身赤色而且两角周圆端正的小牛。
③ 用,用为牺牲来祭祀。
④ 山川,指山川之神。其,通"岂",当"怎会"解。诸,是"之乎"的合音字。山川其舍诸,是说山川之神怎会

舍弃不用它呢？据《史记·仲尼弟子列传》，仲弓之父为贱人，而仲弓则是"可使南面"的人才，所以孔子说这番话来鼓励他。意谓他的父亲虽不善，并不妨害他自己的才德之美。

按：此章赞美仲弓之才德。

第五章

子曰："回也，其心三月不违仁①；其余则日月至焉②而已矣。"

① 三，是虚数。三月，是几个月，以喻时间之长久。违，离。仁，仁德。孔子的意思是说，颜回这个人，他的心长久地不离开仁。
② 其余，指颜回以外的孔门诸弟子。日月，犹言或日或月，以喻时间之短暂。焉，用法同"之"，此处指"仁"而言。其余则日月至焉而已矣，是说别的学生只是在短时间内做到仁而已。

按：此章言颜回以仁存心。

第六章

季康子问："仲由可使从政也与①？"子曰："由也果，

于从政乎何有②?"曰:"赐也可使从政也与?"曰:"赐也达③,于从政乎何有?"曰:"求也可使从政也与?"曰:"求也艺④,于从政乎何有?"

① 从政,为政。仲由可使从政也与,等于说仲由这人,可以叫他办理政事吗?
② 果,果断。何有,何难之有。孔子的意思是说,仲由果敢决断,对于办理政事有什么困难呢?
③ 达,明达事理。
④ 艺,多才多艺,犹今言"很有才能"。

按: 此章言孔门诸弟子各有专才。

第七章

季氏使闵子骞为费宰①。闵子骞曰:"善为我辞焉②!如有复我者,则吾必在汶上矣③。"

① 闵子骞,姓闵,名损,字子骞,鲁国人,孔子弟子,少孔子十五岁。费,音闭(bì),季氏邑,故城在今山东费县西北二十里。季氏闻闵子骞贤,欲使他为费邑长。
② 闵子骞对来人道:"好好地替我辞掉吧!"
③ 复我,再来召我。汶,音问(wèn),水名,即今山东大汶河,在齐南鲁北境上。水以阳为北,凡言某水上,

皆谓水之北。汶上，乃暗指齐地。如有复我者，则我必在汶上矣，等于说季氏若再派人来找我，那我一定逃到齐国去躲避了。

按：此章言闵子骞不仕权臣。

第八章

伯牛有疾①，子问之②，自牖执其手③，曰："亡之④，命矣夫⑤！斯人也，而有斯疾也⑥！斯人也，而有斯疾也！"

① 伯牛，姓冉，名耕，字伯牛，鲁国人，孔子弟子。《史记·仲尼弟子列传》云："伯牛有恶疾。"《淮南子·精神训》云："伯牛为厉。"《说文》云："疠，恶疾也。"段玉裁注："古多借厉为疠。《公羊传》作痢，何注云：'痢者，民疾疫也。'"是伯牛生的传染病，犹今麻风之类。
② 孔子去问候他。
③ 牖，音友（yǒu），窗户。伯牛有恶疾，不欲见人，孔子从窗子伸手过去握着他的手。
④ 亡，死。之，此处为语气词，同"矣"。亡之，等于说要死了。
⑤ 命矣夫，等于说这是命啊！
⑥ 斯人，指伯牛。斯疾，指恶疾。此二句是说，这样好的人，却生这样险恶的病！重言之，是深为痛惜之意。

按：此章痛伯牛有德行而遇恶疾。

第九章

子曰："贤哉回也①！一箪食②，一瓢饮③，在陋巷④，人不堪其忧⑤，回也不改其乐⑥。贤哉回也！"

① 贤，指德行而言。贤哉回也，等于说颜回的德行真是好呀！
② 箪，音单（dān），古代以竹做的盛饭之器。食，音四（sì），饭。一箪食，是说他只吃一竹筐饭。
③ 瓢，音嫖（piáo），古代以瓠瓜做的盛水之器。饮，汤水。一瓢饮，是说他只喝一瓜瓢水。
④ 陋，狭小低旧。古时称里中道谓之巷，人所居亦谓之巷。陋巷，犹言陋室。在陋巷，是说他住在狭陋的屋子里。
⑤ 堪，忍受。人不堪其忧，是说别人都忍受不了那种穷苦生活的忧愁。
⑥ 改，改变。回也不改其乐，是说颜回却不改变他自己的快乐。

按：此章言颜回安贫乐道。

第十章

冉求曰:"非不说子之道,力不足也①。"子曰:"力不足者,中道而废②。今女画③。"

① 说,同"悦"。子,指孔子。道,学。足,够。冉求的意思是说,我并非不喜欢你的学说,只是我自己的力量不够而已。
② 中道,半路。废,废止。力不足者,中道而废,是说若是力量不够,也应走到半路才因疲乏而停止。
③ 女,同"汝",指冉求。画,是画地自限,不肯前进。今女画,是说你现在却画地自限,不向前走,连一点力量都没有用,怎能说是"力不足"呢?

按:此章责冉求不肯力学。

第十一章

子谓①子夏曰:"女为君子儒,无为小人儒②。"

① 告诉。
② 女,同"汝",指子夏。儒,儒者。孔子的意思是说,你要做君子式的儒者,不要做小人式的儒者。儒者有"君子"与"小人"之别,是以道德质量以为判断。如《礼

记·儒行篇》云:"儒有居处齐难,其坐起恭敬,言必先信,行必中正""忠信以为宝""多文以为富""见利不亏其义""见死不更其守""戴仁而行,抱义而处""博学而不穷,笃行而不倦",这些便是"君子儒"。而《荀子·非十二子篇》所说的"偷儒惮事,无廉耻而耆饮食,必曰'君子固不用力'"之类的"贱儒",便是"小人儒"。

按: 此章言孔子教子夏为人之道。

第十二章

子游为武城宰①。子曰:"女得人焉耳乎②?"曰:"有澹台灭明者③,行不由径④;非公事,未尝至于偃之室也⑤。"

① 武城是鲁邑名,鲁有两武城。曾参是南武城人,在今山东省嘉祥县。澹台灭明是东武城人,在今山东省费县西南。子游是做东武城宰。
② 女,音汝。得人,得贤人。焉耳乎,都是语气词。女得人焉耳乎,犹言你得着贤才了罢?
③ 澹,音谭(tán)。澹台,姓;灭明,名。
④ 径,是小路。行不由小路邪径,可以看出他方正的性格。
⑤ 公事,谓在公职事。非公事,不肯以私事拜谒长官。

按: 此章言子游善知人。

第十三章

子曰:"孟之反不伐①,奔而殿②,将入门③,策④其马,曰:'非敢后也,马不进也⑤。'"

① 孟之反,名侧,鲁国大夫。《左传·哀公十一年》作孟之侧。不伐,不夸耀自己的功劳。
② 奔,战败逃跑。殿,殿后,古时军败而殿后拒敌者有功。奔而殿,是说战败奔跑而他自己殿后拒敌。
③ 门,国门。将入门,是说他将进入鲁国的城门。
④ 策,以马鞭鞭马,动词。
⑤ 孟之反说:"不是我敢在后而拒敌,而是我的马不能跑前呀!"孔子引述他这两句话,是说明其"不伐"之意。

按:此章言孟之反不自夸功。

第十四章

子曰:"不有祝鮀之佞①,而有宋朝之美②,难乎免于今之世矣③!"

① 祝鮀,亦作祝佗,字子鱼,卫国大夫。佞,口才辩给。祝鮀娴于辞令,《左传》定公四年曾记载他的事迹。不有

祝鲍之佞，是说假若没有祝鲍的口才。
② 而，但。宋朝，宋国的公子朝，曾仕卫为大夫，为人美姿容，《左传》昭公二十年、定公十四年都曾记载他因美丽而引起叛乱的事情。
③ 难乎免于今之世矣，是说在现今的社会里很难避免祸害了。

按：此章孔子慨叹世道衰微。

第十五章

子曰："谁能出不由户①？何莫由斯道也②？"

① 出，指"出入"而言。由，从。户，门户。谁能出不由户，是说谁能出入房屋不从门户呢？《礼记·礼器篇》云："未有入室而不由户者。"义与此同。
② 道，仁义之道。何莫由斯道也，是说为什么没有人行此仁义之道呢？

按：此章叹世人莫能行道。

第十六章

子曰："质胜文则野①，文胜质则史②。文质彬彬，然后君子③。"

① 质,质朴。文,文采。野,粗野。质朴胜过文采,就未免粗野。
② 史,有"浮夸"之意,故《仪礼·聘礼篇》云:"辞多则史。"文胜质则史,是说文采胜过质朴,就未免浮夸。
③ 彬,音 bīn。彬彬,文质配合均匀貌。凡人要文质并重;二者配合得宜,才能成为君子。

按: 此章言君子文质并重。

第十七章

子曰:"人之生也直①,罔之生也幸而免②。"

① 直,正直。人之生也直,是说人们生存在世上,必须正直。
② 罔,诬罔,指不正直的人。幸,侥幸。免,避免祸害。罔之生也幸而免,是说不正直的人亦可以生存在世上,那是他侥幸地避免祸害而已。

按: 此章言人贵正直。

第十八章

子曰:"知之者不如好之者①;好之者不如乐之者②。"

① 知之，了解、做学问。好，读去声 hào，爱好。好之，知得透彻，自然爱好。

② 乐，音勒（lè）。爱好之深，自然心有所得，乐趣盎然，学习永不厌倦。

按：此章言学问中有探索不尽的滋味。

第十九章

子曰："中人以上①，可以语上也②；中人以下，不可以语上也③。"

① 人的智慧，可分为上、中、下三等。中人以上，是指中等以上的人。

② 语，音誉（yù），告诉，动词。上，犹今言"高深的学问"。中等以上的人，可以告诉他高深的学问，因为他的智慧较高，可以接受、了解。

③ 中等以下的人，不可以告诉他高深的学问，因为他的智慧较低，不能接受、了解。

按：此章言孔子因材施教。

第二十章

樊迟问知①。子曰："务民之义②，敬鬼神而远之③，可谓知矣。"问仁④。曰:"仁者先难而后获⑤,可谓仁矣。"

① 知,同"智"。樊迟不知道如何为智,故问于孔子。
② 务,专心尽力去做,动词。义,事之宜。务民之义,是说专心尽力去做对人民应做的事。
③ 远,音愿(yuàn),疏远,动词。之,指鬼神。鬼神虚无缥缈,应该尊敬信而不可亵渎,故对于鬼神,应敬事而疏远。
④ 樊迟不知道如何为仁,故又问于孔子。
⑤ 仁者先难而后获,是说仁德的人,对于当做的事,不顾艰难,抢先去做;对于酬功获报,则退居人后。

按: 此章教人求智与仁之方。

第二十一章

子曰:"知者乐水①,仁者乐山②。知者动③,仁者静④。知者乐⑤,仁者寿⑥。"

① 知,同"智"。乐,读yào,当"爱好"解,动词,下"乐山"同。智者聪明睿智,达于事理,好像水之缘理而行,周流无滞,故爱好水。
② 仁者安于道义,而厚重不迁,好像山之安固厚重,以生万物,故爱好山。

③ 聪明人的脑筋，灵敏活动。
④ 仁人的心地，安详沉静。
⑤ 乐，音勒（lè）。智者不惑，所以快乐。
⑥ 仁人精神凝聚，所以长寿。

按：此章言仁智之体性不同。

第二十二章

子曰："齐一变，至于鲁①；鲁一变，至于道②。"

① 齐，齐国。变，变革。鲁，鲁国。齐国讲霸道，急功利；鲁国讲王道，谨周礼。齐一变，至于鲁，是说齐国的霸道一有改革，才进到鲁国的王道境地。
② 道，大道，即大同之道。据《礼记·礼运篇》，若文武成周之谨于礼者，是为小康；若大道流行，天下为公，才是大同。鲁一变，至于道，是说鲁国的王道一有改革，便可以进到大道流行的大同社会。

按：此章言齐鲁二国政教不同。

第二十三章

子曰："觚不觚①，觚哉②！觚哉！"

① 觚，音姑（gū），古时盛酒的器皿，上圆下方，腹部和足部，都作四条棱角，容量二升。孔子主张"正名"。当时盛酒的器皿，其形状与觚不同，而仍称之为觚，孔子因此深为慨叹。觚不觚，等于说觚不像觚样。
② 觚哉，等于说"觚呀！"重复言之，是深致慨叹之意。

按： 此章叹当时事物名实不符。

第二十四章

宰我问曰："仁者，虽告之^①曰：'井有仁焉^②。'其从之也^③？"子曰："何为其然也^④？君子可逝也，不可陷也^⑤；可欺也，不可罔也^⑥。"

① 虽，若。之，指仁者。虽告之，若是告诉他。
② "仁焉"的仁与人通用。井有仁焉，是说在深井里掉下一个人。
③ 其，将。之，指井中的人。也，同"耶"。其从之也，是说那位仁者听了以后，就要跟着下井去吗？
④ 然，如此。何为其然也，是说为什么要这样做呢？
⑤ 君子，指仁者。逝，往。陷，害。君子之人，可以骗他去看，但不能害他入井。
⑥ 罔，迷惑。君子之人，可以用近乎情理的方法去使他受骗，但不能用毫无道理的事情来使他糊涂。

按：此章言仁者睿智，达于事理。

第二十五章

子曰："君子博学于文①，约之以礼②，亦可以弗畔矣夫③！"

① 文，指诗书礼乐、典章制度。博学于文，是博览载籍，娴习典制。
② 约，约束。之，指博学于文的君子。约之以礼，是用礼节来约束他自己的行为。
③ 畔，音叛（pàn），违背。弗畔，不致离经叛道。因为博文是研求广博的知识，约礼是实践崇高的道德，二者并重，自然品学兼修，堂堂正正地做个人了。

按：此章教人博学约礼，目的是要人择善力行。

第二十六章

子见南子①，子路不说②。夫子矢之③曰："予所否者，天厌之④！天厌之！"

① 南子，卫灵公夫人，有淫行，灵公受她蛊惑，以致朝政被她操纵。孔子到卫国，南子慕名依礼召见孔子，孔子没有理由拒绝，不得已，才去见她。事见《史记·孔

子世家》。
② 说,同"悦"。
③ 夫子,指孔子。矢,誓。孔子发誓,欲使子路自己明白。
④ 所,若。否,《说文》云:"不也。"《史记》正作"不"。古代誓辞,习惯用"所不"发端,如《左传》僖公二十四年:"公子(重耳)曰:所不与舅氏同心者",此类例证甚多。厌,厌弃。孔子的意思是说,我的做法若是不对,天会厌弃我!

按: 此章言孔子欲屈身行道。

第二十七章

子曰:"中庸之为德也①,其至矣乎②!民鲜久矣③!"

① 中,中正。庸,平常。朱熹《中庸章句》引程子曰:"不偏之谓中,不易之谓庸。中者,天下之正道;庸者,天下之定理。"中庸之德,就是不偏不倚、无过不及,永不变易的德性。
② 至,极。其至矣乎,等于说是最好的罢!
③ 民,人。鲜,音藓(xiǎn),少。民鲜久矣,是说人们很久以来都缺乏这种德性了!

按: 此章叹时人行事,或失之过,或失之不及,罕能蹈乎中庸。

第二十八章

子贡曰:"如有博施于民,而能济众,何如?可谓仁乎①?"子曰:"何事于仁?必也圣乎②!尧舜其犹病诸③!夫仁者,己欲立而立人,己欲达而达人④。能近取譬,可谓仁之方也已⑤。"

① 施,施与。济,救助。"众"字下,省去"者"字(皇侃本,有"者"字)。子贡的意思是说,如果有人,能广泛地施恩泽给人民,又能解救群众的痛苦,这样的人如何?可以说是仁人吗?
② 事,从事。何事于仁,必也圣乎!是说这样的做法,岂止是仁人?那一定是圣人了!
③ 病,患其难以做到的意思。诸,之。尧舜其犹病诸,是说尧舜那样,都难以做到呢!
④ 立,站得稳。达,行得通。仁人既要成己,更要成人,所以仁人既要自立,也要使人能够自立;既要自求通达,也要使人能够通达。
⑤ 譬,譬喻。方,道。这是说,圣人虽具民胞物与的胸怀,还是要从眼前切身做起。能够把切近的事体,作为譬喻,推己及人,诚心一步一步地做去,便可以说是为仁的方法途径了。

按:此章教人为仁下手的方法。

述而篇第七

第一章

子曰:"述而不作①,信而好古②,窃比于我老彭。③"

① 述,传述旧闻。作,创造新说。孔子删《诗》《书》,定《礼》《乐》,都是传述旧闻;但赞《易》,作《春秋》,则是创造新说。此处言传述而不创作,乃是他自谦之辞。
② 好,音号(hào),爱好。孔子笃信古道而爱好经典。
③ 窃,私。老彭,商朝贤大夫,可能是一个笃信好古的人。窃比于我老彭,是说私自把我比做老彭。

按: 此章孔子自言笃信古道。

第二章

子曰:"默而识之①,学而不厌②,诲人不倦③,何有于我哉④?"

① 识,音志(zhì),记。默识,不说话而默默地记在心里。
② 厌,嫌弃。
③ 诲,教诲。倦,疲劳。
④ 何有,有什么呢?何有于我哉,是说除上述三桩事是我能做到的以外,在我还有什么呢?

按: 此章孔子自言能好学。

第三章

子曰:"德之不修①,学之不讲②,闻义不能徙③,不善不能改④,是吾忧也⑤。"

① 德,品德。修,培养。品德不培养,就没有优良的品德。
② 学,学问。讲,研究。学问不研究,就没有渊博的学问。
③ 义,善。徙,迁徙。听到好的事不能去做,就无法成为君子。
④ 不善,过错。犯了过错不能改正,则终久都是小人。
⑤ 是,此,指上面四桩事。是吾忧也,是说这些都是我所忧虑的。

按:此章孔子自言德业要日进不已。

第四章

子之燕居①,申申如也②,夭夭如也③。

① 燕居,闲居。子之燕居,是说孔子在家闲居的时候。
② 申申如,如,助词。申申,舒畅的样子。
③ 夭夭如,愉快的样子。

按:此章记孔子闲居时的态度。

第五章

子曰:"甚矣,吾衰也①!久矣,吾不复梦见周公②!"

① 甚,厉害。衰,衰老。"甚矣,吾衰也",是"吾衰也甚矣"的倒装句,意思是说,我衰老得太厉害了!
② 复,再。周公,姓姬,名旦,周文王的儿子,武王的弟弟。他创制周礼,辅助成王,奠定周朝的一切典章制度,是孔子最敬佩的古代圣人。孔子自叹年老力衰,不能像周公那样行道救世。"久矣,吾不复梦见周公",是"吾不复梦见周公久矣"的倒装句,意思是说,我没有再梦见周公已经很久了!

按: 此章孔子自伤道不得行。

第六章

子曰:"志于道①,据于德②,依于仁③,游于艺④。"

① 志,志向,动词。道,理想。志愿朝着远大的理想,就能力行不懈。
② 德,美德。做人根据良好的德性,就能敦品励行。
③ 依,依从。仁,仁爱。对人本着仁爱,就能和好相处。
④ 游,朱注:"游者,玩物适情之谓。"义同《礼记·学

记篇》"藏焉、修焉、息焉、游焉"的"游",有涵泳游乐的意思。艺,六艺,即礼、乐、射、御、书、数。优游于六艺之中,就能术业日进,乐趣盎然。

按: 此章教人进德修业之方。

第七章

子曰:"自行束脩以上①,吾未尝无诲焉②。"

① 脩,干肉,又叫脯,故"脩"字从肉。每条脯叫一脡,十脡为一束。束脩,十条干肉。古代士人相见必有贽(即见面礼物),弟子拜师求学,以束脩为贽,是很薄的礼物。"上"字下,省去"者"字。自行束脩以上,是说自己能准备微薄见面礼物来求教的人。
② 无,不。诲,教诲。吾未尝无诲焉,是说我从没有不教诲他的。

按: 此章言孔子有教无类。

第八章

子曰:"不愤不启①,不悱不发②。举一隅不以三隅反,则不复也③。"

① 愤，心求通而未得之意。启，启示、开导。"不愤"下，省去"则"字。为学贵能自得，不愤不启，是说弟子若不到再三研求而不能明白的时候，便不去开导他。
② 悱，音匪（fěi），口欲言而未能之貌。发，启发。"不悱"下，也省去"则"字。不悱不发，是说学生若不到想说而说不出的时候，便不去启发他。
③ 举，举出。隅，棱角。以，用。反，反复证明。复，再教。凡方物皆有四隅，学者要触类旁通。若但举出一方面的道理，而不能用其他三方面来反复证明，我便不再教他。

按：此章孔子自言教人之方。

第九章

子食于有丧者之侧①，未尝饱也②。子于是日哭③，则不歌④。

① 有丧者，有丧事的人。孔子吊丧，在死了亲属的人旁边吃饭。
② 未尝，未曾。孔子临丧则哀，因此不能吃饱。
③ 孔子在这天吊丧而哭。
④ 歌，歌唱作乐。孔子日常生活，乐道自得，不废弦歌，但在哭丧吊祭之后，余哀未息，故吊哭之日，不能歌唱。

按：此章记孔子吊丧的心情。

述而篇第七

第十章

子谓颜渊曰:"用之则行,舍之则藏①,惟我与尔有是夫②!"子路曰:"子行三军,则谁与③?"子曰:"暴虎冯河,死而无悔者④,吾不与也⑤。必也临事而惧,好谋而成者也⑥。"

① 用,任用。行,行道。舍,不用之意。藏,隐藏其道。孔子的意思是说,若用我做官,则行其道以救世;若不用我做官,则藏其道于己身。《孟子·尽心上篇》云:"穷则独善其身,达则兼善天下。"可为此文注脚。
② 尔,你,指颜渊。惟我与尔有是夫,是说只有我和你才能够这样吧!
③ 行,有率领、指挥的意思。三军,古时天子六军、大国三军、次国二军、小国一军。一万二千五百人为一军。与,同。子路好勇,长于行军用兵之道,因见孔子称赞颜渊,所以问道:"你若是率领全国三军的军队,要找谁同你共事呢?"
④ 暴虎,徒手搏虎。冯,音凭(píng),冯河,徒足涉河。悔,悔恨。这是说空拳搏虎、赤脚涉河,到死也不知道后悔的人。以喻子路之好勇无谋,不顾危险。
⑤ 吾不与也,等于说我是不和他共事的。
⑥ 惧,恐惧谨慎。好,音号(hào),爱好。成,成功。这是说,一定是面临着大事而恐惧谨慎、爱好深思熟虑而能成功的人,我才和他共事。

按：此章孔子自言能怀道以适应世变。

第十一章

子曰："富而可求也①，虽执鞭之士，吾亦为之②。如不可求，从吾所好③。"

① 富，财富。而，如果。孔子以为富贵是由命定，不能勉强。富而可求也，等于说财富若是可以勉强求得。
② 执鞭之士，指驾车的仆人。一说：古时在市场中拿着皮鞭的守门人。虽执鞭之士，吾亦为之，是说虽然是干执鞭的贱役，我也愿做。
③ 从，做。如不可求，从吾所好，是说财富若不可以勉强求得，那就做我自己所爱做的事。

按：此章教人不要违背本心，贪求富贵。

第十二章

子之所慎：齐、战、疾。①

① 慎，谨慎。齐，音斋（zhāi），斋戒。古人在祭祀之前，必须沐浴戒慎，变食迁坐，做一番整洁身心的工作，这一工作叫做斋，也叫斋戒。祭祀关系人神灵的沟通，战

事关系国家的存亡安危，疾病关系个人的祸福生死，所以孔子平日所谨慎的是这三桩事。

按：此章记孔子戒慎之事。

第十三章

子在齐闻《韶》①，三月不知肉味②，曰："不图为乐之至于斯也③。"

①《韶》，虞舜的音乐。孔子在齐国，听到有人奏《韶》乐。
② 三，是虚数。三月，很久的时间。孔子深明乐理，同时也以音乐教人，当他听到尽善尽美的《韶》乐时，心有所注，浑然至乐，经过很久的时间，都尝不出肉的味道来。
③ 不图，不料。乐，音岳（yuè），指《韶》乐。为乐，演奏音乐。孔子赞叹音乐感人至深，所以说想不到欣赏音乐竟达到这种地步。

按：此章言孔子醉心《韶》乐。

第十四章

冉有曰："夫子为卫君乎①？"子贡曰："诺，吾将问之②。"入曰："伯夷、叔齐，何人也③？"曰："古之贤人也④。"曰：

"怨乎⑤?"曰:"求仁而得仁,又何怨⑥?"出曰:"夫子不为也⑦。"

① 为,音谓(wèi),当"赞成、帮助"解,动词。卫君,指卫出公辄。辄是卫灵公之孙,太子蒯聩之子。蒯聩得罪于灵公夫人南子,灵公怒,蒯聩逃往晋国。灵公死,卫人立辄为君。晋国赵简子派兵把蒯聩送回,卫人拒之,蒯聩不得入为卫君。此时孔子在卫,冉有不知道老师的立场,故问于子贡。
② 诺,应辞。之,指孔子。子贡答道:"是的,我要问问他。"
③ 伯夷、叔齐,已见《公冶长篇》第二十二章。子贡进去问孔子道:"伯夷、叔齐是怎样的人呢?"
④ 孔子答道:"是古代的贤人。"
⑤ 怨,悔恨。子贡又问道:"他们逊让君位以后,心中会怨恨吗?"
⑥ 孔子答道:"他们求的是仁德,便得到了仁德,又有什么怨悔呢?"
⑦ 子贡出来告诉冉有道:"孔子既赞成伯夷、叔齐逊国让位,就不会赞成卫出公以子拒父的。"

按:此章言卫出公拒父回国之不当。

第十五章

子曰:"饭疏食①,饮水②,曲肱而枕之③,乐亦在其中矣④。不义而富且贵,于我如浮云⑤。"

① 饭,吃,动词。疏,粗。食,音四(sì),饭,名词。疏食,犹今言糙米饭。
② 水,清水。没有汤喝,但饮清水。
③ 曲,弯曲,动词。肱,音工(gōng),手臂。弯着胳膊,当做枕头。枕,用作动词,旧读去声。
④ 乐,音勒(lè),快乐。其中,指上述三者之中。孔子得道,自适其适,生活虽极清苦,但已自忘其贫困,安身立命,乐趣无边,所以说"快乐也就在这里面了"。
⑤ 此二句的意思是说,用不正当的手段而得来的富贵,我看来好像天边的浮云一般。

按:此章孔子自言能安贫乐道。

第十六章

子曰:"加我数年①,五十以学《易》②,可以无大过矣③。"

① 加,加给。加我数年,是说让我多活几年。
② 《易》,《周易》。是儒家讲天理、人事的一部经典,

内容深邃，义理精妙。五十以学《易》，是说从现在起，直到五十岁时，研习《易经》。

③ 研习《易经》以后，便能深明吉凶消长之理、进退存亡之道，对于做人处事，就可以没有大的过失了。

按：此章言孔子精研《易》理。

第十七章

子所雅言①，《诗》、《书》、执礼，皆雅言也。②

① 雅，正。言，言语。一地方通行的土话，叫做方言。全中国通行的语言，叫做雅言，犹今言"国语"。子所雅言，是说孔子有用普通话的时候。
② 执，掌。执礼，行礼。孔子鲁人，平常都是用鲁国的方言，但在读《诗经》《书经》以及行礼的时候，都是用当时全中国通行的普通话。

按：此章记孔子语言有节。

第十八章

叶公①问孔子于子路②，子路不对③。子曰："女奚不曰④：'其为人也，发愤忘食⑤，乐以忘忧⑥，不知老之将至云尔⑦！'"

①叶，音摄（shè），地名，《春秋》楚叶邑，今河南省叶县南三十里有古叶城。叶公，楚叶县尹，姓沈，名诸梁，字子高。
②子路，孔子弟子，姓仲，名由，字子路，鲁国卞人。
③子路以孔子圣德广大，不知所以为对。
④女，音汝；男女、汝我，古同作"女"。奚，何。女奚不曰，孔子教子路对答之辞，意谓"你何不如此地说呢？"
⑤修学未得之时，则发愤忘食。
⑥已得则乐之而忘忧。
⑦云尔，语尾助词。不知老之将至，言好学之笃，自强不息，不知身之将老。按《史记·孔子世家》言齐景公卒之明年，孔子自蔡往叶，叶公问孔子于子路，计孔子时年六十三岁，故称老。

按：此章孔子自言好学之诚，惟觉义理之可乐，不知患难之可忧。

第十九章

子曰："我非生而知之者，好古，敏以求之者也。"①

①生而知之，是不待学习，其知与生俱来。好古，爱读古书，与本篇首章"信而好古"意同。敏，勤奋敏捷。

孔子的意思是说,我不是生来不要学习就有知识的人,而是爱读古书,勤奋敏捷地求得知识的人呀!

按: 此章孔子自言好古笃学。

第二十章

子不语怪,力,乱,神。①

① 语,谈说。怪,怪异。力,勇力。乱,叛乱。神,鬼神。这是说,孔子平常不谈的事情,一是怪异,二是暴力,三是悖乱,四是鬼神。因为力与乱,是违反常道;怪与神,易使人迷惑。朱熹《集注》引谢氏(良佐)云:"圣人语常而不语怪,语德而不语力,语治而不语乱,语人而不语神。"由此可见孔子处处务实,是何等的伟大。

按: 此章记孔子说话守常务实。

第二十一章

子曰:"三人行,必有我师焉①:择其善者而从之,其不善者而改之②。"

① 三,是虚数。三人,众人。这是说,和几个人同行,其中一定有可以为我所效法的人。

②"其",指那人。善者,优点。从,遵从。不善者,缺点。这是说,选择他的优点去学习,选择他的缺点而自己加以改正。因为凡人有其优点,亦必有其缺点,我们若能见贤思齐,而学习其优点;见不贤而内自省,以改正其缺点,则人尽可师,自己亦日进于善而不自觉了。

按: 此章教人要取法于人以为善。

第二十二章

子曰:"天生德于予①,桓魋其如予何②?"

① 天,上天。德,品德。于,在。天生德于予,是说天在我身上生出这样的品德。
② 魋,音颓(tuí)。桓魋,宋国的司马向魋,他是宋桓公的后代,故又称桓魁。其,将。如,奈。其如予何,将奈我何,犹今言"把我怎样呢?"据《史记·孔子世家》:"孔子去曹,适宋,与弟子习礼大树下。宋司马桓魋欲杀孔子,拔其树。孔子去,弟子曰:'可以速矣!'孔子曰:'天生德于予,桓魋其如予何?'"是孔子从容镇静,抱道自信,身在危境,而处之泰然,其胆量和见识,都是值得钦佩的。

按: 此章言孔子临危不惧。

第二十三章

子曰:"二三子以我为隐乎①?吾无隐乎尔②!吾无行而不与二三子者,是丘也③。"

① 二三子,指孔子诸弟子,犹今言"你们"。隐,隐瞒。二三子以我为隐乎,是说你们以为我有隐瞒你们的事吗?
② 乎尔,语尾助词。吾无隐乎尔,是说我没有隐瞒你们的。
③ 行,行事。与,给与、显示。丘,孔子名。这是说,我没有做一件事情不显示给你们的,这就是我孔丘的为人了。

按:此章言孔子大公无私。

第二十四章

子以四教:文、行、忠、信①。

① 文,历代典籍。行,音杏(xìng),德行,名词。这是说,孔子用四桩事来教人,一是学习典籍,二是修养德行,三是存心忠实,四是做事守信。其中"文"是属于"文学"方面,自余"行、忠、信"三者,都是属于"行为"方面,

可见他对于弟子的修养和行为，是如何地重视了。

按：此章记孔子施教纲要。

第二十五章

子曰："圣人，吾不得而见之矣①；得见君子者，斯可矣②。"子曰："善人③，吾不得而见之矣；得见有恒者④，斯可矣。亡而为有⑤，虚而为盈⑥，约而为泰⑦，难乎有恒矣⑧。"

① 朱注："圣人，神明不测之号。"之，指圣人。这是说，圣人，我是不能看到的了。
② 君子，朱注："才德出众之名。"斯，则。这是说，能够看到君子，就可以了。
③ 善人，心地善良、品行端正的人。
④ 有恒者，进德修业能有恒心的人。
⑤ 亡读为"无"。亡而为有，是说本身没有道德学问，而自己装做有道德学问。
⑥ 虚，空虚。盈，充实。
⑦ 约，穷困。泰，奢华。
⑧ 难乎有恒矣，是说这样的人，难得有恒心了。

按：此章教人进德修业要有恒心。

第二十六章

子钓而不纲①,弋不射宿②。

① 钓,用钓钩钓鱼。纲,渔网上的大绳子。此处引申为用大绳子系着渔网,横断水流来捕鱼之意,动词。子钓而不纲,是说孔子用钓钩钓鱼,而不用大网来捕鱼。
② 弋,音亦(yì),用生丝系在箭上来射。宿,歇宿的鸟。弋不射宿,是说用带生丝的箭来射飞鸟,而不射歇宿在巢中的鸟。

按:此章言孔子为供养祭祀而钓弋时,取物有节,不失仁义之道。

第二十七章

子曰:"盖有不知而作之者①,我无是也②。多闻,择其善者而从之③;多见而识之④;知之次也⑤。"

① 盖,不肯定的口气。盖有不知而作之者,是说大概有不明事理而凭空创作的人。
② 是,指"不知而作"。我无是也,是说我没有这种毛病。
③ 这是说,多听别人的意见,选择其中善的照着去做。
④ 识,音志(zhì),记着。多见而识之,是说多多见识,

全都记在心里。

⑤知,犹《季氏篇》"生而知之"的"知"。次,当"次一等"解。此处多闻、多见的"知",是由学习而得,并非生而知之者。这样的"知",是仅次于"生而知之"的。

按:此章教人多闻见以求知。

第二十八章

互乡难与言①,童子见②,门人惑③。子曰:"与其进也,不与其退也④,唯何甚⑤?人洁己以进⑥,与其洁也,不保其往也⑦。"

①互乡,乡名。互乡习俗污恶,很难告以善道。
②见,旧音现(xiàn)。互乡有一个童子来求见孔子。
③惑,疑惑。孔子接见了他,孔门诸弟子不知其故,因此致疑。
④与,赞许。其,指童子。与其进也,不与其退也,是说赞许他力求进步,不赞许他安于堕落。
⑤唯,句首语助词。唯何甚,是说何必做得太过分呢?
⑥洁,清洁,引申为"改过自新"之意。己,自己。人洁己以进,是说人家改过自新,以求进步。
⑦保,管。往,过去。与其洁也,不保其往也,是说我们应赞许他能改过自新,不管他以前的事。《孟子·尽心

下篇》云:"夫子之设科也,往者不追,来者不拒,苟以是心至,斯受之而已矣。"可为此文注脚。

按: 此章言孔子教人为善,不咎既往。

第二十九章

子曰:"仁远乎哉①!我欲仁,斯仁至矣②!"

① 乎哉,反诘语气词。仁远乎哉,是说仁德距离我们很远吗?
② 斯,则。仁德在于人心,欲得仁德,反求诸己,行之即是。

按: 此章言求仁即可得仁。

第三十章

陈司败问①:"昭公②知礼乎?"孔子曰:"知礼。"孔子退③。揖巫马期而进之④,曰:"吾闻君子不党,君子亦党乎⑤?君取于吴⑥,为同姓⑦,谓之吴孟子⑧。君而知礼,孰不知礼⑨?"巫马期以告⑩。子曰:"丘也幸,苟有过,人必知之⑪。"

① 陈,国名。司败,官名,即司寇。陈司败以为鲁昭公

不知礼，故问于孔子。

② 昭公，鲁昭公，名裯，襄公庶子，继襄公而为鲁君，在位三十二年。

③ 退，回去。

④ 揖，作揖。巫马期，姓巫马，名施，字子期，孔子弟子，小孔子三十岁。之，指巫马期。这是说，孔子退出以后，陈司败便向巫马期作揖，请他走进他面前。

⑤ 君子，此处指孔子。党，偏袒。陈司败对巫马期说："我听说君子不会偏袒，难道君子也偏袒吗？"

⑥ 君，指鲁昭公。取，同娶。吴，吴国，拥有今淮水泗水以南及浙江的嘉兴、湖州等地，后为越王句践所灭。君取于吴，是说鲁昭公娶吴之女为夫人。

⑦ 为，是。同姓，鲁为周公之后，姬姓；吴为太伯之后，也是姬姓。

⑧ 孟，长。子，宗国之姓。吴君之长女，当称"孟姬"。但"同姓不婚"，是周朝的礼制。昭公讳之，故改称为"孟子"，好像娶宗女一样。

⑨ 而，若。这是说，鲁君如果知道礼制，还有谁不知道礼制呢？

⑩ 巫马期把这些话告诉孔子。

⑪ 丘，孔子名。过，过失，指昭公并不知礼，孔子却说他"知礼"。之，指过失。孔子的意思是说，我很幸运，倘有过错，人家一定知道。

按：此章记孔子讳言君过。

第三十一章

子与人歌而善①，必使反之②，而后和之③。

① 歌，唱歌。善，好。子与人歌而善，是说孔子和别人唱歌，听到别人唱得好。
② 反，复。之，指唱歌。必使反之，是说孔子一定请他再唱一遍。
③ 和，音贺（hè），唱和，动词。而后和之，是说然后孔子也唱起来和他。

按：此章言孔子笃好音乐，乐于从善。

第三十二章

子曰："文，莫吾犹人也①；躬行君子，则吾未之有得②。"

① 文，文章，与《雍也篇》"君子博学于文"之文意同。莫，疑词，"大约""约莫"的意思。文，莫吾犹人也，是说书本上的学问，大约我和别人一样。
② 躬，身。躬行，躬亲实践。躬行君子，则吾未之有得，是说躬亲实践，而成为一个道德高尚的君子，那我还没

有做到。

按：此章孔子自言好学力行。

第三十三章

子曰："若圣与仁①，则吾岂敢②！抑为之不厌③，诲人不倦，则可谓云尔已矣④！"公西华⑤曰："正唯弟子不能学也⑥。"

① 圣是最高的人品，仁是最大的德行，当时有人以圣与仁推尊孔子。
② 则吾岂敢，则是语气助词。孔子自谦不敢当仁之称。
③ 抑，语气词，表示另开头说一桩事。为，意思就是"学"，等于"女为周南召南矣乎"的"为"。《孟子·公孙丑上篇》："昔者子贡问于孔子曰：'夫子圣矣乎？'孔子曰：'圣则吾不能，我学不厌而教不倦也。'子贡曰：'学不厌，智也；教不倦，仁也。仁且智，夫子既圣矣。'"又《吕氏春秋·尊师篇》曰："子贡问孔子曰：'后世将何以称夫子？'孔子曰：'吾何足以称哉！勿已者，则好学而不厌，好教而不倦，其惟此邪！'"《孟子》《吕氏春秋》和《论语》本章可能是记同一桩事情，不过详略微有不同。《论语》的"为之不厌，诲之不倦"，即是《孟子》的"学不厌而教不倦"，亦即是《吕氏春秋》的"好

学而不厌,好教而不倦",由此更可证明"为"的意思就是"学"。

④ 云尔已矣,等于说"这样罢了!"

⑤ 公西华,孔子弟子,姓公西,名赤,字子华,鲁人,少孔子四十二岁。

⑥ 唯,语助词。正唯,犹言"恰好是"。弟子,公西华自称。《孟子·公孙丑上篇》"则弟子之惑滋甚",亦是公孙丑自称。公西华说不厌不倦正是弟子们学不到的,语意和子贡的对话相似。

按：此章孔子不以仁圣自居,而以好学自任。

第三十四章

子疾病①,子路请祷②。子曰："有诸③？"子路对曰："有之④。《诔》⑤曰：'祷尔于上下神祇⑥。'"子曰："丘之祷久矣⑦。"

① 《说文》云："疾,病也。"又云："病,疾加也。"此处"疾病"连言,是害重病之意。

② 《说文》云："祷,告事求福也。"子路要为孔子求神保佑,故向他请示。

③ 有诸,等于说有这回事吗?

④ 有之,是说有这回事。

⑤诔，音耒（lěi），祈祷文。《说文》引作"讄"。
⑥上下，指天地。神，天神。祇，音奇（qí），地神。祷尔于上下神祇，是说为你向天神地祇祈祷。
⑦孔子明知祈祷鬼神，于病无益，但因子路引据诔文，证明古有此事，自未便加以驳斥，故谓已祈祷甚久，意思是婉拒子路的请求，叫他不要再祈祷了。

按：此章言孔子乐天知命，并不迷信鬼神。

第三十五章

子曰："奢则不孙①，俭则固②。与其不孙也，宁固③。"

①孙，同"逊"，退让。不退让便显得骄纵。奢则不孙，是说奢侈豪华便流于骄纵。
②固，固陋、寒伧。俭则固，是说俭省朴素便显得寒伧。
③奢俭均不得中道，二者相较，与其骄纵，宁可固陋。

按：此章言奢与俭俱非中道，宁失之俭而不奢。

第三十六章

子曰："君子坦荡荡①，小人长戚戚②。"

①坦，平坦。荡荡，宽广貌。君子坦荡荡，是说君子循

理而行，故心地平坦宽广。

② 长，经常。戚戚，忧愁貌。小人长戚戚，是说小人患得患失，故心地经常忧愁局促。

按： 此章言君子小人心境苦乐悬殊。

第三十七章

子温而厉①，威而不猛②，恭而安③。

① 温，温和。厉，严肃。子温而厉，是说孔子的态度，温和而又严肃。
② 威，威严。猛，凶猛。威而不猛，是说有威严而不凶猛。
③ 恭，庄重。安，安详。恭而安，是说庄重而能安详。

按： 此章记孔子容貌刚柔适中。

泰伯篇第八

第一章

子曰:"泰伯①其可谓至德也已矣②。三以天下让,民无得而称焉③。"

① 泰伯,亦作"太伯"。周朝祖先太王有三子:长子泰伯,次子仲雍,三子季历。季历生昌(即文王),有圣德,太王想传位给季历以及昌,而兴周室,泰伯知道了,便和仲雍托辞采药,逃到江南。及太王死,季历即君位,后传给文王,再传给武王,才灭商纣而统一天下。
② 也已矣,句尾语助词。泰伯其可谓至德也已矣,是说泰伯的道德是最好的了。
③ 三,屡次之意。泰伯几次把天下让给季历,但他逊让,事极隐微,人民都找不到事实来称赞他。

按:此章言泰伯道德崇高。

第二章

子曰:"恭而无礼则劳①,慎而无礼则葸②,勇而无礼则乱③,直而无礼则绞④。君子笃于亲,则民兴于仁⑤;故旧不遗,则民不偷⑥。"

① 而,如果。劳,劳苦。恭敬虽属美德,倘若没有节制,

那就未免太劳苦了。

② 葸,音喜(xǐ),懦弱。做人固应谨慎,但若过分谨慎,凡事该做而不敢做,那未免太懦弱了。

③ 乱,悖乱。做事须要勇敢,但若过分勇敢,不该做的也拼命去做,那就成为悖乱了。

④ 绞,刻薄。做人应该直爽,但若过分直爽,处处挑剔别人的毛病,那未免太刻薄了。

⑤ 君子,指在上位的人。笃,厚。这是说,在上位的人孝敬自己的亲属,则上行下效,人民闻风兴起,竞尚仁德了。

⑥ 故旧,故交旧友。遗,弃。偷,薄。这是说,在上位的人不遗弃他的故交旧人,则人民为之感化,风俗自然不会浇薄了。

按:此章教人凡事皆当本之于礼。

第三章

曾子有疾①,召门弟子②,曰:"启予足!③启予手!《诗》云④:'战战兢兢⑤,如临深渊⑥,如履薄冰⑦。'而今而后⑧,吾知免夫⑨!小子⑩!"

① 疾,病。曾子得病,自知将死。
② 召,呼唤。门弟子,曾子的学生。

③ 启，开。曾子以身体是受之于父母，平日爱护不敢毁伤，故临终使弟子揭开衾被来看他的手足身躯。
④《诗》，指《诗经》。所引诗句在《小雅·小旻篇》。
⑤ 战战，恐惧貌。兢兢，警戒貌。兢，音京（jīng）。
⑥ 渊，潭水。下临深渊，有倾坠的危险，自然心存恐惧。
⑦ 履，践行。践行薄冰，有陷落的危险，自然心存警戒。
⑧ 而今而后，等于说今后；两"而"字都是语助词。
⑨ 夫，音扶（fú），语尾助词。吾知免夫，是自己庆幸得免毁伤的罪戾，可以无忝所生。
⑩ 小子，是称呼弟子。呼弟子，促使注意他说的话。

按：此章记曾子爱护父母遗体，至死不懈。

第四章

曾子有疾，孟敬子问之①。曾子言②曰："鸟之将死，其鸣也哀③；人之将死，其言也善④。君子所贵乎道者三⑤：动容貌，斯远暴慢矣⑥；正颜色，斯近信矣⑦；出辞气，斯远鄙倍矣⑧。笾豆之事，则有司存⑨。"

① 孟敬子，鲁国大夫，姓仲孙，名捷，孟武伯之子。孟敬子知道曾子害病，故来问候他。
② 言是自言。孟敬子但问候病，曾子却自动地把君子之道告诉他，故加"言"字。

③ 鸟要死时，叫的声音很悲哀。

④ 善，善良。曾子自知病得重将死，而欲对孟敬子有所规劝，故先说"鸟死""人死"的话，以明其真诚之意。

⑤ 在上位的人对于持己之道，应注意三桩事情。

⑥ 动，振作严肃。容貌，颜容面貌。斯，则。远，音愿（yuàn），使远离之意，动词。这是说，整齐自己的容貌，就可以避免别人的粗暴轻慢了。

⑦ 正，端庄。颜色，形容脸色。近，使接近，动词。这是说，把自己的脸色端庄起来，就可以使诚实的人接近你了。

⑧ 出，吐。辞气，言语声音。鄙，粗野。倍，同"背"，当"背理"解。这是说，注意自己的言语和声音，就可以使粗野鄙陋和违理背义的人远离你了。

⑨ 笾，竹器，圆口高脚，颇像碗，用来盛果实等食物。豆，木器，上面有盖，用来盛有汁的食物。二者都是古代祭祀时所用的器皿。有司，管事的官吏。古代重视祭祀，祭祀时的一切事情，都有主管的官吏负责，像孟敬子身为卿大夫，对这些是不必操心的。

按： 此章曾子言君子居上位之道。

第五章

曾子曰："以能问于不能①，以多问于寡②；有若无，实若虚③，犯而不校④；昔者吾友⑤，尝从事于斯矣⑥。"

① 能，才能。以能问于不能，是说有才能的人向无才能的人请教。
② 多，知识丰富。少，知识缺少。
③ 有若无，实若虚，是说有学问像没有学问一样，学问充实像学问空虚一样。
④ 校，计较。受到人家的欺侮，自己却不计较。《韩诗外传》卷九载颜回曰："人善我，我亦善之；人不善我，我亦善之。"便是"犯而不校"之意。
⑤ 吾友，指颜回。颜回早死，曾子说这些话时，颜回已死了，故曰"昔者"。
⑥ 从事于，做某方面的工作。斯，指上面几桩事。颜回以德行著称，他在世时，曾经从这几方面做的。这是曾子追念益友懿行，也正是他着力自修处。

按： 此章言曾子追念为颜渊学与做人之道。

第六章

曾子曰："可以托六尺之孤①，可以寄百里之命②，临大节而不可夺也③。君子人与？君子人也④。"

① 托，付托。孤，孤儿。托孤，受前君付托，辅助幼主。

古代尺短，六尺约合今市尺四尺一寸四分。古人往往以身高表年龄，故《周礼》卿大夫之职，以六尺为十五岁，七尺为二十岁。可以托六尺之孤，是说可以把幼君托付给他。

② 寄，《说文》云："托也。"百里，《孟子·万章下篇》云："天子之制，地方千里，公侯皆方百里。"又云："大国地方百里。"故百里指大国。命，政令。可以寄百里之命，是说可以把全国的政事，给他处理。

③ 面临着国家安危、个人生死的要紧关头，不能夺取他的志节。

④ 与，同"欤"。此二句是说，这种人是君子吗？的确是君子了。

按：此章言大臣须有伟大的才能和坚定的节操。

第七章

曾子曰："士不可以不弘毅，任重而道远①。仁以为己任，不亦重乎②？死而后已，不亦远乎③？"

① 弘，刚强。毅，坚决。任重，责任重大。道远，道路遥远。读书人有重大的责任和高远的理想，若不刚强，就不能负起他的责任；若不坚决，就不能达到他的理想。

② 仁，仁道。己任，自己的责任。这是说，读书人以实

现仁道于天下为自己的责任,这种责任不是很重大吗?
③ 已,休止。这是说,读书人在人生的旅途上努力奋斗,到死方休,这种理想不是很遥远吗?

按:此章言士人必须弘毅,方能负重致远。

第八章

子曰:"兴于《诗》①,立于礼②,成于乐③。"

① 兴,兴起。诗,《诗经》。诗本性情,而吟咏之际,感人最深,因之《诗》能令人感兴奋起,故曰"兴于《诗》"。
② 立,自立。礼,礼节。礼以恭敬为本,人能存心恭敬,则言动视听,都合乎礼,自然能立足于社会,故曰"立于礼"。
③ 成,成就。乐,音乐。音乐所以涵养性灵,移风易俗,人能注重音乐,便可以陶冶身心,德业日进,而成为仁人君子,故曰"成于乐"。

按:此章言诗教、礼教与乐教之重要。

第九章

子曰:"民可使由之,不可使知之。"①

① 由，遵从。知，了解。二"之"字，并指政治法令。在孔子时代，教育并未普及，人民智识未开。执政者为了国家人民的利益所制定的政治法令，在实行之先，很难去解释使人民完全了解，因为这是徒劳无功，绝对不能做到的。必须诱导人民遵行法令，才可以达成利国利民的目的。这和"民可与乐成，不可与虑始"的道理很相符合。

按：此章言治国要使人民遵从法令。

第十章

子曰："好勇疾贫，乱也①。人而不仁，疾之已甚，乱也②。"

① 好，音号（hào），爱好。疾，痛恨。爱好勇力的人，性情暴躁，而心无忌惮。痛恨自己贫穷的人，则心慕富贵而不能安命固穷。所以好勇而又疾贫的人，是会犯上作乱的。
② 而，若。之，指不仁的人。已，太。对于不仁的人，应该善为劝导，使之向善，若过分憎恨他，也会刺激他犯上作乱的。

按：此章教人安分守己，存心仁爱。

第十一章

子曰:"如有周公之才之美①,使骄且吝②,其余不足观也已③!"

① 周公"多才多艺"(见《尚书·金縢篇》),相传周朝的礼乐刑政,都由他制订。如有周公之才之美,是说如果有一个人,他的才能和周公一样好。
② 使,假使。使骄且吝,是说假使他既骄傲又吝啬。
③ 也已,句尾语助词,犹今言"的了"。其余不足观也已,是说其余的才能都是不足道的了。

按: 此章教人谦虚敦厚,不宜恃才傲物。

第十二章

子曰:"三年学,不至于谷①,不易得也②。"

① 至,想到。谷,俸禄。古人做官,以米谷为俸禄,故以"谷"为"俸禄"之代称。这是说,读书三年,还不想到做官的人。
② 古人读书,志在做官,若志道笃学、不求利达的人,是不容易得到的。

按: 此章教人为学不宜志在利禄。

第十三章

子曰:"笃信好学①,守死善道②。危邦不入③,乱邦不居④。天下有道则见⑤,无道则隐⑥。邦有道,贫且贱焉,耻也⑦;邦无道,富且贵焉,耻也⑧。"

① 笃,坚固。笃信,是说信得牢固坚定。能笃信好学,则用志不分,不为异端所惑。
② 守死善道,是说宁为善而死,不为恶而生。坚守善道,至死不变,即杀身成仁、舍生取义的君子。
③ 危,倾侧不稳定的意思。一个国家政治不上轨道,动荡不安,学者爱其身以有待,自不应进入那种不稳定的国家。古来封建时期,各国分治,人臣出仕,可以有选择的自由。
④ 乱邦,是指政教紊乱的国家。不居,是说本来留居其地,应当从速离去。
⑤ 见,同"现"。见,指出仕而居高位。有道则见,是达则兼善天下。
⑥ 隐,指隐居。无道则隐,是穷则独善其身。
⑦ 国家有道,而终身贫贱,必是德业不修,不能为国家服务,是学者之耻辱。
⑧ 国家无道,而高官厚禄,必是廉节不立,贪图富贵,亦是学者的耻辱。

按：此章言好学的人，出处进退，立身应世，自能合于正道。

第十四章

子曰："不在其位，不谋其政①。"

① 位，官职。谋，计划。政，政事。凡人做官，贵能各守岗位，专司职掌，没有越职侵权的行为，这样政治自然上轨道。若不在其位，而谋其政，则上下相紊，司守多滥，政治便乱而不可收拾了。

按：此章教人不宜越职侵权。

第十五章

子曰："师挚之始①，《关雎》之乱②，洋洋乎盈耳哉③！"

① 师挚，鲁国的太师，名挚。太师是乐官。始，乐曲的开始。古代奏乐，开始叫做"升歌"。如燕礼和大射礼，都是由太师升歌。师挚之始，是说太师挚开始演奏的乐曲。
② 《关雎》，《诗经》国风周南首篇名。周南《关雎》《葛覃》《卷耳》、召南《鹊巢》《采蘩》《采蘋》六篇，古时以为"合乐"之诗。今但说"《关雎》之乱"，是

举首篇以概括其余,并非合乐但用《关雎》一篇诗的。古代诗、乐合一,从其文词讲,是诗;从其演奏讲,是乐。乱,是"合乐",犹如今"合唱",是乐曲的结束。从"始"到"乱",叫做"一成"。《关雎》之乱,是说结束时合奏《关雎》的乐曲。

③ 洋洋,美盛之意。洋洋乎盈耳哉,是说从始到终,洋洋盈耳,好听极了。

按:此章孔子赞叹正乐之美。

第十六章

子曰:"狂而不直①,侗而不愿②,悾悾而不信③,吾不知之矣④!"

① 狂,狂妄。直,直爽。狂而不直,是说为人狂妄,却不直爽。
② 侗,音同(tóng),无知无识,犹言"幼稚"。愿,谨厚,犹言"天真"。侗而不愿,是说为人幼稚,却不天真。
③ 悾,音空(kōng),悾悾,无才能貌。悾悾而不信,是说既无才能,又不诚实。
④ 凡人有其短处,亦当有其长处。如狂妄的人多直爽,狂妄是其短处,直爽则是其长处,若"狂而不直",那便

尽是短处，无一可取了。其他如"侗而不愿""悾悾而不信"，都是如此。所以说，这样的人，我不知道他如何为人了。

按：此章戒人反省言行之缺失。

第十七章

子曰："学如不及①，犹恐失之②。"

① 及，《说文解字》："逮也。从又，从人。""及"字从又从人，会意，是从后面追及前人的意思。为学应当孳孳汲汲，如同赶路落后的人，拼命追上前去，惟恐追赶不及，如此精进，方能有所得。
② 失，《说文》："纵也。从手，乙声。"是对象到手又脱去丢掉的意思，所以颜子"得一善则拳拳服膺而弗失"。学者未有得时，惟恐不能追及；既追及，又恐到手后丢掉。所以深警学者。

按：此章言为学当勇猛精进。

第十八章

子曰："巍巍乎①！舜、禹之有天下也②，而不与焉③。"

① 巍巍，高大貌。赞舜禹功德高大。
② 舜、禹，都是受禅让的帝王。
③ 与，读去声yù，参与。舜禹任贤使能，无为而治。虽有天下，若己未尝参与其事。

按：此章言舜禹无为而治。

第十九章

子曰："大哉①！尧之为君也②。巍巍乎③！唯天为大，唯尧则之④。荡荡乎！民无能名焉⑤。巍巍乎！其有成功也⑥。焕乎⑦！其有文章⑧。"

① 大，伟大。赞尧功德伟大。
② 尧为帝王，甚得民心，后禅位于舜。
③ 巍巍，高大貌。
④ 唯，只有。则，取法，动词。之，指天。天生万物，功德最大；尧取法于天，以行其化，作育万民，功德亦最大。
⑤ 名，称赞，动词。焉，此处用法同"之"，指尧而言。民无能名焉，等于说人民不知道怎样称赞他。
⑥ 尧治理天下，能有伟大的功绩。
⑦ 焕，光明貌。赞尧的政绩显明。
⑧ 文章，礼乐法度。

按：此章言尧功德伟大。

第二十章

舜有臣五人而天下治①。武王曰："予有乱臣十人②。"孔子曰："才难，不其然乎③？唐、虞之际，于斯为盛④。有妇人焉⑤，九人而已！三分天下有其二，以服事殷⑥，周之德，其可谓至德也已矣⑦！"

① 治，去声zhì，平治。五人，指禹、稷、契、皋陶、伯益。
② 此武王伐纣誓众之辞。《论语释文》云："予有乱十人，本或作乱臣十人，非。"是《论语》古本无"臣"字。予，犹言"我周朝"。《说文》："乱，治也。""乱，烦也。"是乱的本义是治，借用为杂乱、烦乱。予有乱十人，是说我有共理天下者凡十人。十人，东汉马融说是周公旦、召公奭、太公望、毕公、荣公、大颠、闳夭、散宜生、南宫适；其一人，谓文王妃太姒。宋刘敞谓子无臣母之义；一人，盖武王妃邑姜。
③ 才难，是古语。不其然乎，犹言"岂不是吗？"孔子引古语而赞成之，谓人才难得确是如此。
④ 唐、虞、尧、舜有天下之号。际，犹下也、后也。《潜夫论·遏利篇》："信立乎千载之上，而名传乎百世之际。"是际有下后的意思。斯，此，指周武王时。唐虞之

下至周初称人才之盛。

⑤ 有妇人焉，指文王妃太姒。

⑥ 三分天下有其二，谓天下人心大半归附文王。服事殷，谓执守臣节，服事殷朝。

⑦ 至德，是说德行到了极点。朱注引或曰："宜断三分以下，别以孔子曰起之，而自为一章。"

按：此章言天下之治乱，系于人才之盛衰。

第二十一章

子曰："禹，吾无间然矣①。菲饮食而致孝乎鬼神②，恶衣服而致美乎黻冕③，卑宫室而尽力乎沟洫④。禹，吾无间然矣。"

① 间，音建（jiàn），空隙，引伸有漏洞、缺点的意思。禹为帝王，功德完备，所以说，对于夏禹，我没有什么缺点可以挑剔的了。

② 菲，薄。致，尽。致孝，奉祀鬼神，能尽其心。菲饮食而致孝乎鬼神，是说他自己饮食的东西很坏，却把祭祀鬼神的祭品办得很丰富。

③ 恶，音è，坏。黻，音弗（fú），礼服。冕，音免（miǎn），礼帽。恶衣服而致美乎黻冕，是说他自己穿的衣服很坏，却把祭祀时的衣冠做得很华美。

④卑,陋。洫,音序(xù)。沟洫,田野间的沟渠。卑宫室而尽力乎沟洫,是说他自己住的房子很坏,却尽力去办理人民的农田水利。

按: 此章言禹自奉甚薄,竭力为国为民。

子罕篇第九

第一章

子罕言利,与命,与仁。①

① 罕,稀少。利,货财利益。与,及。命,天命。仁,是人生德行的本源,是人生德行完备的总称,是与人相处交流的真情与善行。孔子平日教人,有三桩事少谈论到:第一桩是货财利益的事。人人都有好利之心,但"放于利而行,多怨"。(见《里仁篇》第十二章)所以孔子少言利。第二桩是天命的事。天命微妙难知,故孔子少言及。第三桩是仁道的事。仁道广大精微,故孔子少言及。今据《论语》全书,记"利""命"之处确是很少,但论仁的却有五十八章之多,占全书十分之一强,而记者说孔子少言仁,因为仁是孔子体会出来的新学说,除了和高第弟子讨论外,很少和普通人谈到,记者就孔子平日言论观察所得认为很少,孔门诸弟子珍视仁的学说,把它郑重地记录下来,分量却是相当多。但《论语》所记孔子平生的言论,千不得一,万不得一,若把它和孔子平生所言的互相比较,那自然是少之又少了。

按: 此章记孔子平日言论不苟。

第二章

达巷党人①曰:"大哉孔子②!博学而无所成名③。"子闻之,谓门弟子曰④:"吾何执⑤?执御乎?执射乎⑥?吾执御矣⑦。"

① 达巷,党名。古时以五百家为党。达巷党,犹今言达巷街。其人姓名不详。
② 大,伟大。赞孔子学问渊博。
③ 孔子博学多能,达巷党人深为叹服,但以为孔子学问博而不专,才能多而寡要,不能成为专家之名,又深深为他惋惜。实则学有专长,充其量只是专家而已,绝不能称为圣人。孔子博学通才,又是仁者,已经优入圣域,远在专家之上了。
④ 孔子听到达巷党人对他的批评,便对弟子们说明己意。
⑤ 执,持。吾何执,等于说我做什么事呢?
⑥ 御,驾车。射,射箭。
⑦ 古代六艺(礼、乐、射、御、书、数)以御这一技术,地位最低。孔子的意思是说,若想做专家,我便做赶马车的工作了。因为"执御"不足以论学,更不足以闻道,孔子圣人,所志者大,这是达巷党人眼光所达不到的。

按:此章言孔子道学该博,不欲专执一艺而成名。

第三章

子曰:"麻冕,礼也①;今也纯②,俭,吾从众③。拜下,礼也④;今拜乎上,泰也⑤,虽违众,吾从下⑥。"

① 麻冕,古人织麻为冠,叫做麻冕。麻冕,礼也,是说用麻来织礼帽,是合乎传统的礼的。
② 纯,黑色的丝。今也纯,是说现在大家都用纯丝来织礼帽。
③ 俭,省俭。这是说丝质礼帽比麻质礼帽节省,所以我同意大家现在的做法。《八佾篇》云:"礼,与其奢也,宁俭。"此文可为例证。
④ 拜下,古时臣子对君主行礼,先在堂下拜,然后升堂再拜。这是传统的礼。
⑤ 泰,骄泰。在孔子时候,臣子谒见君主,只在堂上拜,在堂下不拜,这是骄傲的表现。
⑥ 违,违反。下,在堂下拜。臣子见君,最宜恭敬,所以孔子谒见君主,尽管和众人不同,他还是依从在堂下拜的古礼。

按: 此章言礼随世变,而应以恭俭为主。

第四章

子绝四①：毋意②，毋必③，毋固④，毋我⑤。

① 孔子平日为学治事，戒绝四种私见。
② 毋，同"无"。意，猜测。毋意，实事求是，不凭空猜测。
③ 必，期其必然。毋必，自然发展，不期其必然。
④ 固，固执。毋固，采纳众说，不固执己见。
⑤ 我，自私。毋我，廓然大公，不自我偏私。

按：此章言孔子至圣圆融，绝无心理之蔽。

第五章

子畏于匡①，曰："文王既没，文不在兹乎②？天之将丧斯文也，后死者不得与于斯文也③；天之未丧斯文也，匡人其如予何④？"

① 畏，当"拘禁"解，见俞樾《群经平议》。匡，郑国邑名，故城在今河南长垣县西南十五里。定公六年，鲁师侵郑，季氏家臣阳虎为政，取匡邑，阳虎与颜克自其城缺而入。定公十三年，孔子离开卫国，将往陈国，经过匡邑。因他相貌似阳虎，又以颜克为御，匡人以为是阳虎而拘禁他。

② 文，礼乐制度。兹，此。孔子深通周初文王、武王、周公相传的礼乐制度，而以道统自承。所以说，文王已经死了，那礼乐制度的传统文化不都在我这里吗？

③ 丧，毁灭。后死者，孔子自称，是对上文"文王既没"而言。与，音预（yù），参与。这是说，若天要毁灭这种文化，那我就不能与闻这种文化了。

④ 其，将。如，奈。这是说，若天不要毁灭这种文化，那么我是这种文化的继承者，匡邑的人将把我怎么样呢？

按： 此章言孔子肩负道统，笃信不移，临危不惧。

第六章

大宰①问于子贡曰："夫子圣者与？何其多能也②？"子贡曰："固天纵之将圣，又多能也③。"子闻之，曰："大宰知我乎④？吾少也贱，故多能鄙事⑤。君子多乎哉？不多也⑥。"牢⑦曰："子云⑧：'吾不试，故艺⑨。'"

① 大，音太（tài）。大宰，官名，郑玄以为吴大宰嚭。

② 何其，为何如此。多能，多才多艺。大宰以"多能"为"圣"，所以问子贡道："孔夫子是圣人吗？为什么这么多才多艺呢？"

③ 固，本来。纵，任使。之，指孔子。将圣，大圣。固天纵之将圣，又多能也，是说本来天使他成为大圣人，

又使他多才多艺。

④ 知，了解。大宰以孔子"多能"为"圣者"，但依子贡之意，"将圣"与"多能"显然分为二事，可见大宰以孔子为圣，十分正确；以"多能"为"圣者"，却不正确。大宰知我乎，等于说大宰真了解我吗？

⑤ 少，音绍（shào），小时候。贱，贫穷。孔子自言小时家境贫穷，故须动手做许多微不足道的事情。

⑥ 君子，指孔子自己。上文大宰称孔子为"圣者"，子贡称孔子为"将圣"，此处孔子自谦，不以圣人自居，故改称为君子。二"多"字下，都省去"能"字。君子多乎哉，不多也，是说我多才多艺吗？不是多才多艺的。

⑦ 牢，郑玄以为孔子弟子。《孔子家语·七十二弟子解》云："琴牢，卫人，字子开，一字子张。"

⑧ 子云，孔子说。

⑨ 试，用。艺，技艺。孔子自言不能大用于世，故学会一些小的技艺。

按：此章孔子自言多能是由学习而得。

第七章

子曰："吾有知乎哉？无知也①。有鄙夫问于我，空空如也②。我叩其两端而竭焉③。"

① 知，知识。孔子至圣，当时一般人以为他是绝顶聪明，无所不知，而他自己则很谦虚地说："我有知识吗？我是没有知识的。"

② 鄙夫，犹言"乡下人""庄稼汉"，是指真无知识的人。空空，一无所知貌。这是说，有一个乡下人来向孔子请教，孔子好像一无所知似的。

③ 叩，反问。端，头。两端，犹言两面。正反两面是两端，始终两点也是两端。推而广之，任何事物，都有两端。竭，尽。我叩其两端而竭焉，是说孔子从那人所问的事两端反过来问他，完全了解之后，便详细地告诉他。

按：此章孔子自言求知之道。

第八章

子曰："凤鸟不至①，河不出图②，吾已矣夫③！"

① 凤鸟，凤凰鸟。《说文》："凤，神鸟也。《天老》曰：'凤之像也，麟前鹿后，蛇颈鱼尾，龙文龟背，燕颔鸡喙，五色备举。出于东方君子之国，翱翔四海之外，过昆仑，饮砥柱，濯羽弱水，莫宿风穴，见则天下大安宁。'从鸟凡声。"相传舜为天子时，凤凰曾飞来；文王时鸣于岐山。古代以凤鸟出现为圣人在位之祥瑞。

② 河，黄河。相传在伏羲时，黄河中有一匹龙马，背上

的毛好像八卦之文，伏羲便依着画成八卦。这叫做"龙马负图"。古代也以"河出图"为圣人在位之祥瑞。

③已，止。已矣夫，等于说"完了吧！"

按：此章孔子自叹不遇明君，以行其道。

第九章

子见齐衰者①、冕衣裳②者与瞽者③，见之④，虽少必作，过之必趋⑤。

①齐，音咨（zī）。衰，音cuī，同"縗"，粗麻布。古代丧服，以生麻布为之，而其左右及下边都不缝的，叫做斩衰。以熟麻布为之，而其下边缝齐的，叫做齐衰。齐衰分为齐衰三年、齐衰期（一年）、齐衰五月、齐衰三月几等，视着服孝的人与死者的关系如何而定。此处的齐衰，是包括斩衰而言。斩衰是最重的孝服，儿子对于父亲、臣子对于君主，都服斩衰三年。

②冕，古代大夫以上之冠。衣，上身的衣服。裳，下身的衣服。冕衣裳，是大夫以上的礼服。

③子见齐衰者、冕衣裳者与瞽者，是说孔子看见穿齐衰丧服的人、穿戴大夫礼冠礼服的人和目盲的人。

④之，指他们。

⑤少，音绍（shào），年轻。作，起立。趋，疾行。孔

子看见他们时，尽管他们年轻，孔子一定从座位上站起来；孔子从他们面前经过时，一定快步地走过。这都是对他们表示敬意。

按：此章言孔子待人诚敬。

第十章

颜渊喟然①叹曰："仰之弥高，钻之弥坚②。瞻之在前，忽焉在后③。夫子循循然善诱人④：博我以文，约我以礼⑤。欲罢不能，既竭吾才⑥，如有所立卓尔⑦；虽欲从之，末由也已⑧！"

① 喟，音馈（kuì），喟然，感叹声。
② 仰，仰望。弥，越。钻，钻研。孔子之道，越望越高，而不可及；越钻越坚，而不可入。
③ 瞻，展望。忽焉，忽然。孔子之道，变化微妙，不可捉摸，看它好像在前面，忽然又在后面，实则它是充塞天地，无乎不在的。
④ 循循，有次序貌。诱，教导。孔子教人，循序渐进，有条不紊，极为佳善。
⑤ 文，典章制度。礼，礼仪规矩。此二句是"以文博我，以礼约我"之变式，意思是说，以典章制度教导我，使我的学问渊博；以礼仪规矩教导我，使我的行为检点。

可见孔子教人,博文约礼,未尝偏废。

⑥罢,停止。既,已经。竭,尽。颜渊自言深悦孔子之道,锐意学习,不能自已,已经竭尽他的才力了。

⑦卓,《说文》云:"高也。"卓尔,高峻貌。如有所立卓尔,是说孔子之道,好像矗立在前面。

⑧末,无。颜渊虽然想再向前追从它,但又感到无从追得上了。

按:此章颜渊自言学道之甘苦。

第十一章

子疾病①,子路使门人为臣②。病间③,曰:"久矣哉,由之行诈也④!无臣而为有臣⑤。吾谁欺?欺天乎⑥?且予与其死于臣之手也,无宁死于二三子之手乎⑦!且予纵不得大葬,予死于道路乎⑧!"

①疾,害病。病,疾加深加重。
②门人,孔子弟子。臣,家臣。古时大夫之丧,由家臣治其礼。子路见孔子病重,因使孔子弟子为家臣,准备办理后事。
③间,音见(jiàn)。病间,孔子病稍痊愈。
④由,子路名。诈,欺骗。子路这种做法,孔子病重时不知,稍愈后才知道,因责备子路道:"已经够久了,仲

由做这欺骗的勾当!"

⑤ 孔子当时已不做大夫,就不该有治丧的家臣,子路却使人做他的家臣,殊属不当。

⑥ 人不可欺,天更不可欺,子路这样做法,是使我骗谁呢?难道要我骗天吗?孔子这样自责,正是深责子路。

⑦ 臣,办理丧事的家臣。死者正衣衾、启手足、剪须发等事,都由家臣安排,故曰"死于臣之手"。无宁,是"宁"的意思。孔子为正名分,不欲在死前滥用治丧的家臣,所以说,我与其死在治丧家臣的手里,宁愿死在你们学生的手里。

⑧ 大葬,是身为大臣,死时以臣礼葬。孔子的意思是说,我纵使得不到隆重的礼葬,难道我就死在道路上,没有人埋葬吗?

按: 此章言孔子病危不苟,生死必谨于礼。

第十二章

子贡曰:"有美玉于斯,韫椟而藏诸①?求善贾而沽诸②?"子曰:"沽之哉!沽之哉③!我待贾者也④。"

① 韫,音运(yùn),藏。椟,音读(dú),柜。诸,之乎。子贡娴于辞令,因疑孔子怀道不仕,故设喻来问他。意思是说,假设有一块美玉在这里,你要放在柜子里藏起

来呢?

② 贾,音古(gǔ),商人。《释文》有两读,一音嫁,一音古,音嫁则善贾为好价钱,意指高官厚禄;音古则善贾为好商人,指知人善待明君。今从后读。沽,卖。求善贾而沽诸,等于说还是求得识货的商人卖掉它呢?

③ 之,指美玉。沽之哉,是说"卖掉它吧!"重言"沽之哉",可见孔子坚决的心情。

④ 孔子是"圣之时者",自然不忘用世,冀能行道以救世人,但他不肯枉道以求仕,故必待大有为之君,方能用他,所以说"我是等待识货的商人呀。"

按: 此章言孔子不枉道以求仕。

第十三章

子欲居九夷①。或②曰:"陋③,如之何④?"子曰:"君子居之,何陋之有⑤?"

① 九夷,东方群夷,此指群夷散居之地,在于淮泗之间,北与齐鲁接壤。孔子因时无明君,其道不能行于中国,故欲远居九夷。

② 或,有人。

③ 陋,僻陋。九夷地方偏僻,文化落后。

④ 如之何,等于说怎能在那里居住呢?

⑤ 君子，有道德学养的人。地方是否僻陋，由居住的人而定，如果是君子去居住，地方虽僻陋，亦必变为不僻陋了。

按： 此章言孔子慨道不行于中国。

第十四章

子曰："吾自卫反鲁①，然后乐正②，《雅》《颂》各得其所③。"

① 孔子自卫国返鲁国，据《左传》，在鲁哀公十一年冬，时年六十有九。
② 乐，音岳（yuè），乐曲。正，订正。乐正，犹言乐曲得到订正。
③《雅》和《颂》，是《诗经》内容分类的类名，也是乐曲分类的类名。据《史记·孔子世家》和《汉书·礼乐志》，知此处所谓《雅》《颂》，是指《诗经》内容篇章的分类。《雅》《颂》各得其所，是说使《雅》归《雅》，《颂》归《颂》，各有适当的编排，不相错乱的意思。

按： 此章言孔子自知其道不行，返鲁订《诗》正乐，以为传世不朽之业。

第十五章

子曰:"出则事公卿①,入则事父兄②,丧事不敢不勉③,不为酒困④,何有于我哉⑤?"

① 出,出仕。孔子出仕朝廷,则尽其忠诚以服事公卿。
② 入,居家。孔子在家里,则尽其孝敬以服事父兄。
③ 丧,音桑(sāng),丧事,死丧之事。孔子过着丧事,则不敢不勉力以尽其礼。
④ 为,被。困,困扰。不为酒困,是不沉湎于酒之意。
⑤ 何有,有什么呢?何有于我哉,是说除上述四桩事是我能做到以外,在我还有什么呢?

按:此章孔子自言处世为人之道。

第十六章

子在川上①,曰:"逝者如斯夫②!不舍昼夜③。"

① 川,《说文》云:"贯穿通流水也。"子在川上,孔子在河岸之上。
② 逝,去。逝者,逝去的事物,此处指"光阴"。斯,指"水"。逝者如斯夫,是说光阴一去不复返,正如流水这样吧!

③舍，当"停止"解。不舍昼夜，是说白天黑夜不停地奔流。

按： 此章言光阴易逝，勉人及时力学。

第十七章

子曰："吾未见好德如好色者也！"①

①好，去声。德，指贤才。色，指女色。孔子叹息世人不能好贤如好色般真诚迫切。

按： 此章教人当移好色之心以好德。

第十八章

子曰："譬如为山①，未成一篑②，止，吾止也③。譬如平地④，虽覆一篑⑤，进，吾往也⑥。"

① 譬如，好比。为山，堆土成山。
② 篑，音馈（kuì），筐，竹制的盛土具。未成一篑，是说未成为山，只差一筐土而已。
③ 止，停止。止，吾止也，是说如果不去堆一筐土使它成山，那是我自己停止不做的。
④ 平，平坦，形容词。平地，乃"平地为山"之简化，

犹今言在平地上堆土成山。

⑤ 覆,覆盖。虽覆一篑,是说虽然倒下一筐土。

⑥ 进,吾往也,是说如果决心去堆土为山,那也是我自己去做的。因为决心堆土为山,则从开始倒下一筐土以后,便天天不停地去做,积久自然会成山的。

按:此章言进德修业,其成败操之在己。

第十九章

子曰:"语之而不惰者①,其回也与②!"

① 语,音誉(yù),告诉。之,指颜回。惰,懈怠。颜回对于孔子之言,心悦诚服,身体力行,欲罢不能,故能持久不惰。

② 与,同"欤"。也与,句尾语助词。其回也与,等于说只有颜回吧!

按:此章言颜回好学力行。

第二十章

子谓颜渊①,曰:"惜乎②!吾见其进也,未见其止也③。"

① 谓,谈到、说到。从下文"惜乎"二字观之,当是颜

渊死后，孔子批评之辞。
② 惜乎，是说死得太可惜了！
③ 进，进步。止，停止。颜渊"闻一以知十"，又能"语之而不惰"，聪明加上功力，为学自然日进不已。所以说，我只见他日益进步，从未见他停止下来。

按：此章言颜渊生前聪敏好学。

第二十一章

子曰："苗而不秀者①，有矣夫②！秀而不实者③，有矣夫！"

① 稻始生时叫苗，开花时叫秀。稻子生长苗而不开花，或由于"地有肥硗，雨露之养，人事之不齐"。(《孟子·告子上篇》) 以物喻人，何以异此？牟融《理惑论》云："颜渊有不幸短命之记，苗而不秀之喻。"可为此文注脚。
② 有矣夫，等于说有过了吧！
③ 稻结谷时叫实。稻子开花而不结实，与颜回英年早卒，事亦相类。故祢衡《颜子》碑云："亚圣德，蹈高踪；秀不实，振芳风。"

按：此章孔子因物兴叹颜回之早卒。

第二十二章

子曰:"后生可畏①,焉知来者之不如今也②?四十、五十而无闻焉,斯亦不足畏也已③。"

① 后生,青年。畏,怕。青年人年富力强,进德修业,精进不已,令人敬畏。
② 焉,怎么。来者,将来的人。不如,不及。"今"字下,省去"者"字。德业无穷,而才智辈出,怎么知道将来的人不及现在的人呢?
③ 四十、五十,四十岁五十岁。无闻,没有名望。古人四十而仕,五十而爵,若在此德立名彰之时,还是默然无闻,那就不必惧怕他了。

按:此章教人要及时努力。

第二十三章

子曰:"法语之言,能无从乎①?改之为贵②。巽与之言,能无说乎③?绎之为贵④。说而不绎⑤,从而不改⑥,吾末如之何也已矣⑦。"

① 法语,义正辞严、规矩法度之语。从,服从。这是说,别人正当规劝的话语,我们能不遵从接受吗?

② 之，指自己行为的错误。改之为贵，是说不但服从别人正当的规劝，还要改正自己行为的错误，这样才有价值。
③ 巽，音逊（xùn），婉顺。与，称许。说，同"悦"。这是说，别人婉顺地称赞的话语，我们能不高兴吗？
④ 绎，寻绎。之，指别人说话的真意。绎之为贵，是说对于别人恭顺地称赞的话语，不要过分高兴，要能分析他说话的真意，这样才可贵。
⑤ 说而不绎，是说若只是高兴而不分析别人说话的真意。
⑥ 从而不改，是说若只是服从别人的话语而不改正自己的行为。
⑦ 末，无。如，奈。吾末如之何也已矣，是说这种人我没有办法对付他了。

按： 此章言人贵能知言改过。

第二十四章

子曰："主忠信，毋友不如己者，过则勿惮改。"

按： 此章已见《学而篇》。

第二十五章

子曰："三军可夺帅也①，匹夫不可夺志也②。"

① 三军，周朝的制度，诸侯中的大国可以拥有军队三军。故以"三军"为军队的通称。三军可夺帅也，是说强大的队伍，可以夺取其主帅。
② 匹夫，一夫，犹今言一个人。匹夫不可夺志也，是说不能强迫一个普通人放弃他自己的意志。

按： 此章言人贵立志。

第二十六章

子曰："衣敝缊袍，与衣狐貉者立①，而不耻者②，其由也与③！'不忮不求，何用不臧④？'"子路终身诵之⑤。子曰："是道也，何足以臧⑥？"

① 衣，音意（yì），当"穿"解，动词。敝，破旧。缊，音运（yùn），旧絮。貉，音合（hé），兽名。狐貉，指以狐、貉之皮为裘，乃裘之高贵者。这是说，自己穿着破旧的丝绵袍子，而和穿狐貉皮裘的人站在一起。
② 耻，耻辱。而不耻者，是说这样而不觉得惭愧的。
③ 由，仲由，字子路。其由也与，是说恐怕只有仲由吧！
④ 忮，音志（zhì），嫉妒。求，贪求。臧，音赃（zāng），善。此二句见《诗经·邶风·雄雉篇》，意思是说，不嫉妒，不贪求，为什么会不好呢？
⑤ 终身，经常。诵，念。之，指此二句诗。子路见孔子

称赞自己，便沾沾自喜，引以为荣，经常念这二句诗。
⑥ 是，指"不忮不求"。凡人能安贫乐道，便可以快然自足，对于人不会有所嫉妒，对于物亦不会有所贪求，这是做人的基本道理，怎能算得了不起的好处呢？

按：此章教子路为道当日益精进，不可自满。

第二十七章

子曰："岁寒，然后知松柏之后彫也。"①

① 彫，同"凋"，当"凋零"解。后彫，凋零在众木之后。春夏之际，众木枝叶畅茂，及至岁暮天寒，霜雪既降，便都零落殆尽，才看出只有松树柏树青青不凋的节概。

按：此章孔子以松柏喻君子之坚贞节操。

第二十八章

子曰："知者不惑①，仁者不忧②，勇者不惧③。"

① 知，同"智"。知者，有智慧的人。惑，疑惑。智者明道达义，分析利害，判断是非，了如指掌，故能"不惑"。
② 仁者，有仁德的人。仁者悲天悯人，救人救世，经常

乐观，而无私忧私虑，故能"不忧"。

③勇者，有道义勇敢的人。勇者当仁不让，见义勇为，勇往直前，无所畏惧，故能"不惧"。

按：此章言知仁勇三者之难能可贵。

第二十九章

子曰："可与共学，未可与适道①；可与适道，未可与立②；可与立，未可与权③。"

①共学，共同求学。适，趋向。道，正道。这二句是说，有些人可与之切磋琢磨，共同研究学问。但因性情不同，志趣各异，未必能和他一起趋向正道。

②立，是"立于礼"之意。这二句是说，有些人可与之一起趋向正道，未必能和他事事依着礼去做。

③"立"是"立于礼"，乃言其常；权是权时制宜，乃言其变。为学能通权达变，不拘常规，而无不合于正道，才能达到最高的境界。例如《孟子·离娄上篇》："淳于髡曰：'男女授受不亲，礼与？'孟子曰：'礼也。'曰：'嫂溺则援之以手乎？'曰：'嫂溺不援，是豺狼也。男女授受不亲，礼也；嫂溺援之以手者，权也。'"若只是"立于礼"而不能通权达变，嫂溺便见死不去救了。

按：此章言为学之进程，最后贵能通权达变。

第三十章

"唐棣之华,偏其反而①。岂不尔思?室是远而②。"子曰:"未之思也,夫何远之有③?"

① 唐棣,亦作棠棣,植物名,陆玑《毛诗草木鸟兽虫鱼疏》以为就是郁李。华,即"花"字。偏,通"翩"。偏其,翩然。反,同"翻"。反而,翻然。偏其反而,犹言翩然翻然,花摇动貌。
② 尔,你。而,句尾语气词。这二句是说,难道不想念你吗?只是我的家住得太远而已。上面四句诗,《诗经》无,故古人都称它为"逸诗"。
③ 夫,音扶(fú)。这二句是说,不想念罢了,若是想念,那有什么遥远呢?

按: 此章孔子以为道不远人,思之则得。

乡党篇第十

旧说凡一章　今分为十八节

第一节

孔子于乡党①，恂恂如也，似不能言者②。其在宗庙朝廷③，便便言，唯谨尔④。

① 乡党，乡里。孔子于乡党，是说孔子在家乡的时候。
② 恂，音旬（xún）。恂恂如，恭慎貌。如，语助词。孔子不欲在父兄宗族之前显其才智，故在乡党时，温恭谨慎，好像不能说话的样子。
③ 宗庙，祖宗的庙宇。朝廷，君主听政的地方。其在宗庙朝廷，是说孔子在宗庙祭祀和在朝廷上谒见君主的时候。
④ 便，音骈（pián），便便，明白流畅。言，说话。谨，谨慎。尔，同"耳"，句尾助词。这是说，孔子说话明白流畅，但是很谨慎。

按：此节记孔子在乡党、宗庙与朝廷时言貌之不同。

第二节

朝①，与下大夫言②，侃侃如也③；与上大夫言④，誾誾如也⑤。君在⑥，踧踖如也⑦，与与如也⑧。

① 孔子在朝廷上。
② 古代诸侯有下大夫五人，孔子仕鲁为司寇，是下大夫。当君主不在朝廷上时，孔子和同僚的下大夫们说话。
③ 侃侃，温和而快乐的样子。
④ 古代诸侯有卿，卿即上大夫。当君主不在朝廷上时，孔子和上大夫说话。
⑤ 訚，音银（yín），訚訚，正直而恭敬的样子。
⑥ 当君主在朝廷上时。
⑦ 踧，音促（cù），踖，音集（jí）。踧踖，恭敬而拘谨的样子。
⑧ 与与，行步安详的样子。

按：此节记孔子在朝廷事上接下之态度不同。

第三节

君召使擯①，色勃如也②，足躩如也③。揖所与立④，左右手⑤，衣前后，襜如也⑥。趋进⑦，翼如也⑧。宾退⑨，必复命⑩曰："宾不顾矣⑪。"

① 召，《说文》云："詳也。"詳、呼古今字。擯，同"儐"，《周礼·秋官司寇·司仪》注："出接宾曰擯。"君召使擯，是说鲁君召孔子，使他去接待外国的贵宾。
② 勃如，矜庄貌。孔子尊敬君命，他的脸色，好像变得

严肃庄敬的样子。

③ 躩，音决（jué），躩如，速貌。他的脚步，好像加速的样子。

④ 揖，作揖。所与立，指同为摈者。摈者或五人、或四人、或三人不等。揖所与立，是说孔子向同立为摈的人拱手作揖。

⑤ 左右手，是"左其手、右其手"之简化式。意思是说，站在他左边的人，他便向左拱手作揖；站在他右边的人，他便向右拱手作揖。

⑥ 前后，犹言俯仰。襜，音幨（chān）。襜如，整齐貌。这是说，当鞠躬拱手作揖时，衣裳一俯一仰，却是很整齐的。

⑦ 趋，《释名》云："疾行曰趋。"古礼，既迎宾后，摈者退至中庭，再由中庭进至阼阶，以致君命，此时走路不宜徐缓，故曰"趋进"。

⑧ 翼如，好像鸟舒展翅膀一般，两手端拱，两臂张开，姿态端整美好。

⑨ 宾退，外国的贵宾告辞退出。

⑩ 复命，反命，犹言回来向国君报告。

⑪ 顾，《说文》云："还视也。"《仪礼》聘礼及公食大夫礼，于宾退送行之后，均言"宾不顾"。此处"宾不顾矣"，是说贵宾已走远，不回头看了。

按： 此节记孔子受命接待宾客时的神情。

第四节

入公门①,鞠躬如也,如不容②。立不中门③,行不履阈④。过位⑤,色勃如也,足躩如也,其言似不足者⑥。摄齐升堂⑦,鞠躬如也,屏气似不息者⑧。出⑨,降一等⑩,逞颜色,怡怡如也⑪。没阶⑫,趋进⑬,翼如也。复其位⑭,踧踖如也。

① 入公门,走进朝廷的大门。古时天子五门,诸侯三门,此处"入公门",当是指外面的库门言。
② 鞠躬如,谨慎敬畏不敢挺直身躯的样子。容,容身。如不容,是说公门虽高大,而自己好像不能容身一样,极言其谨慎敬畏的神情。
③ 中,当中,动词。立不中门,是说站着时,不站在门的当中。
④ 履,踏。阈,音预(yù),门槛。行不履阈,是说走路时,不踩着门槛。
⑤ 过位,经过君主的座位。君主有三朝:一为外朝,二为治朝,三为路寝之朝。走进库门,到外朝,那里有君主不常御的座位。君主每天受群臣谒见,是在治朝;议论政事,则在路寝之朝。若遇议论政事,君臣由治朝往路寝,于是君主在治朝的座位便空着。此处"过位",是指君主在外朝和治朝所空着座位而言。
⑥ 孔子过君之位,如见其君,毕恭毕敬,言语好像说不出来一样。

⑦ 摄,提。齐,音咨(zī),衣裳缝了边的下摆。升,登。堂,路寝的殿堂。摄齐升堂,是说提起下摆向殿堂上走。

⑧ 屏,音丙(bǐng),屏气,压制着自己的呼吸。息,呼吸。屏气似不息者,是说屏着气息好像不呼吸一样。

⑨ 出,退朝时出来。

⑩ 降,下。等,级。降一等,是走下堂阶一级。

⑪ 逞,放松。怡怡,和悦貌。孔子此时舒气解颜,好像怡然自得其乐的样子。

⑫ 没,尽。没阶,下尽堂阶。

⑬ 趋进,在平地上向前快走。

⑭ 复,再过。位,指初入时经过君主所空着的座位。

按:此节记孔子上朝之容。

第五节

执圭①,鞠躬如也,如不胜②。上如揖,下如授③。勃如战色④,足蹜蹜如有循⑤。享礼⑥,有容色⑦。私觌⑧,愉愉⑨如也。

① 圭,玉器,上圆下方。诸侯各有命圭,聘问邻国,必须持君之圭以为信。执圭,是说孔子出使到外国,当行礼的时候,拿着君命之圭。

② 胜,音升(shēng),负担得起。《礼记·曲礼下篇》云:

"凡执主器，执轻如不克。"孔子谨于礼，圭虽不重，拿着也像力量不够的样子。

③ 上，高。下，低。揖，作揖。授，给与。孔子执圭，高低适中，执得高些好像是拱手作揖，执得低些好像是交给别人。

④ 战色，战栗敬畏的面色。勃如战色，是说他的面色矜庄，谨慎敬畏。

⑤ 蹜，音缩(suō)，蹜蹜，脚步密而狭的样子。循，遵循。他的脚步密狭，高不离地，好像沿着什么东西行走似的。

⑥ 享，献。享礼，是使臣把所带来的礼物，献给所聘问的国君之礼。

⑦ 有容色，犹《仪礼·聘礼篇》"发气焉盈容"，是说脸上堆满宽和的形容气色。

⑧ 觌，音狄(dí)，见。私觌，是以私人资格的礼仪谒见外国的君主。

⑨ 愉愉，轻松愉快的样子。

按：此章记孔子出使外国时的仪容。

第六节

君子不以绀緅饰①，红紫不以为亵服②。当暑③，袗絺绤，必表而出之④。缁衣，羔裘；素衣，麑裘；黄衣，狐裘⑤。亵裘长⑥，短右袂⑦。必有寝衣，长一身有半⑧。狐貉之厚以居⑨。

去丧，无所不佩⑩。非帷裳，必杀之⑪。羔裘玄冠不以吊⑫。吉月，必朝服而朝⑬。

①君子，指孔子。绀，音干（gàn），是深青中透红的颜色。《说文》云："绀，帛深青而扬赤色也。"段玉裁谓即今之"天青"，又名"红青"。缌，音邹（zōu）。朱注云："绛色。"实则"缌"是青多红少，比"绀"更暗的颜色。饰，镶衣领与袖之边。在古代，以绀色饰斋服，以缌色饰孝服，所以孔子不用这两种颜色来滚边。

②亵，音xiè。亵服，平日家居所穿的衣服。在周代，大红色叫做朱。朱色是最贵重的颜色，属于此类的红色和紫色，都被重视，故孔子不用红紫这两种颜色来做平常家居的衣服。

③当暑，在暑热的时候。

④袗，音轸（zhěn），单衣，此处为动词。绤，音蚩（chī），细葛布。绤，音隙（xì)，粗葛布。表，罩衣。古人冬衣裘，夏衣葛。袗绤绤，必表而出之，是说穿着细的或粗的葛布单衣，但里面必定着衬衫，使它露在外面。

⑤古人冬衣裘，毛向外，外面必须穿罩衣，这罩衣叫做裼（音xī）衣，其颜色必与裘的毛色相称。缁，音资（zī），黑色。羔裘，是黑色的羊毛，现在叫紫羔。素，白色。麑，音尼（ní），小鹿，它的毛是白色。狐，它的毛是黄色。此三句是说，黑色的裼衣配羔裘，白色的裼衣配麑裘，黄色的裼衣配狐裘。

⑥ 亵裘长，是说家居所穿的皮裘长些，为的是保暖。

⑦ 袂，音妹（mèi），袖子。短右袂，是说亵裘的右袖短些，为的是方便做事。

⑧ 寝衣，被。古代大被叫衾，小被叫被。《说文》云："被，寝衣，长一身有半。"有、又二字古通用。此二句是说，睡觉时必定有盖的被，有一个半人身长。

⑨ 居，坐。狐貉之厚以居，是说狐貉之皮，毛密而厚，故用之以为坐垫。

⑩ 去，除。丧，丧事。佩，佩带。《礼记·玉藻篇》云："凡带必有佩玉，唯丧否。佩玉有冲牙。君子无故玉不去身，君子于玉比德焉。"去丧，无所不佩，是说丧期届满以后，玉器等饰物，都可以佩带。

⑪ 帷裳，上朝和祭祀时的礼服，用整幅布做，不加剪裁，多余的布作襞积（褶迭），正如现在的百褶裙。古代男子上面穿衣，下面穿裳（裙），衣和裳不相连。这种裳用整幅布做，像帷一样，故称帷裳。杀，音晒（shài），裁少。非帷裳，必杀之，是说不是做上朝和祭祀穿的帷裳，必定裁去多余的布，不用褶迭，省工省料。

⑫ 古人用白色为素服，用黑色为吉服。羔裘，黑色。玄冠，礼帽，也是黑色，都用为吉服，故羔裘和黑色的礼帽，孔子都不穿戴着去吊丧。

⑬ 吉，当"善"解，又当"始"解，故凡始月始日，都可称为吉月吉日。此处"吉月"，是指正月初一。孔子在大年初一，必定穿着朝服去朝贺君主。

按：此节记孔子穿衣服的情形。

第七节

齐①，必有明衣②，布③。齐，必变食④，居必迁坐⑤。

① 齐，同"斋"，当"斋戒"解。古人祭祀之前必斋戒，斋戒必沐浴，使其身体洁净。
② 明衣，浴衣。沐浴后必穿浴衣。
③ 布，古时无棉布，凡布皆以丝麻为之。孔子所穿的浴衣，是用丝麻做的。
④ 变食，改变平常的食物。孔子斋戒时，不饮酒，不吃荤。
⑤ 居，居住。迁坐，改变平常的卧室。古时上等人物，平常和妻室居于"燕寝"，斋戒时则居于"外寝"（又称"正寝"），不和妻室同房，故曰"迁坐"。

按：此节记孔子斋戒时居处衣食的情形。

第八节

食不厌精①，脍不厌细②。食饐而餲，鱼馁而肉败，不食③。色恶④，不食。臭恶⑤，不食。失饪⑥，不食。不时⑦，不食。割不正⑧，不食。不得其酱⑨，不食。肉虽多，不使胜食气⑩。

惟酒无量，不及乱⑪。沽酒市脯⑫，不食。不撤姜食⑬，不多食⑭。祭于公，不宿肉⑮。祭肉不出三日⑯；出三日，不食之矣。食不语，寝不言⑰。虽疏食菜羹瓜祭，必齐如也⑱。

① 食，音四（sì），饭，名词。厌，厌恶。饭主养生，故不嫌其精美。

② 脍，音块（kuài），《说文》云："脍，细切肉也。"脍不厌细，是说切肉和鱼，不嫌其太细。

③ 饐，音亦（yì），餲，音爱（ài），皇侃《义疏》云："饐，谓饮食经久而腐臭也。餲，谓经久而味恶也。"馁，音něi，鱼腐烂叫馁。败，肉腐烂叫败。这是说，饭坏变臭，鱼和肉已腐烂的，孔子都不吃。

④ 色恶，是食物的颜色变坏。

⑤ 臭，音秀（xiù），气味，名词。臭恶，是食物的气味变坏。

⑥ 饪，音任（rèn），烹饪。失饪，是烹饪坏了。

⑦ 每日三餐，食有定时。不时，是不在该吃的时间。

⑧ 割切之肉不方正。

⑨ 酱有多种。不得其酱，是没有适当的调味酱醋。

⑩ 食，音四（sì），饭。食气，饭量。肉虽多，不使胜食气，是说吃饭时虽然有很多肉类，但吃肉不能超过吃饭的量。

⑪ 量，限量。乱，醉乱。孔子只有喝酒没有限量，但也不能喝到醉乱。

⑫ 沽、市，都当"买"解，动词。脯，干的熟肉。沽酒市脯，是说买来的酒和肉干。

⑬ 撤，除去。姜食，生姜食物。生姜气味辛辣，食之可以提神，帮助消化。不撤姜食，是说饭后生姜并不撤去。

⑭ 不多食，是说饭后生姜虽不撤去，但他吃得不多。

⑮ 祭于公，是助祭于君。宿，留。古代的大夫、士，助祭于君，都得赐与祭肉。但天子诸侯当天清早杀牲祭祀，第二天又祭，这叫"绎祭"。"绎祭"之后才颁祭肉，这已经过一两天的时间，因此不能再留，所以说，助祭于君所得的祭肉，不留到第二天。

⑯ 祭肉，家祭之肉。祭肉不出三日，是说自己家里的祭肉，不留过三天，便把它吃掉。

⑰ 此处语、言二字通用。食不语，寝不言，是说在吃饭和睡觉时都不说话。

⑱ 疏，粗。食，音四（sì），饭。羹，汤。齐，音斋（zhāi），严敬貌。这是说，虽然用粗饭、菜汤、瓜类祭祀，也必是严肃恭敬的。

按：此节记孔子饮食的情形。

第九节

席不正，不坐。①

① 古代没有椅凳，都是席地而坐。席子一般是用蒲苇、蒯草、竹篾、禾穰等东西编的。如果席子铺不端正，孔

子便不坐。

按：此节记孔子坐时的情形。

第十节

乡人饮酒①，杖者出，斯出矣②。乡人傩，朝服而立于阼阶③。

① 古时有乡饮酒之礼。先儒以为乡饮酒礼分为四类：一是三年宾贤能，二是乡大夫饮国中贤者，三是州长习射饮酒，四是党正蜡祭饮酒。实则古时乡人凡有聚会，都行此礼，并不限于上述四事。至其礼仪，则《仪礼·乡饮酒礼篇》及《礼记·乡饮酒义篇》均详言之。乡人饮酒，是说孔子和本地方的人在一起饮酒。

② 杖者，持手杖的老人。《礼记·王制篇》及《礼记·内则篇》并云："五十杖于家，六十杖于乡，七十杖于国，八十杖于朝。"则杖者是指六十岁以上的老人。斯，当"才"解。《孟子·公孙丑下篇》云："天下有达尊三：爵一，齿一，德一。朝廷莫如爵，乡党莫如齿，辅世长民莫如德。"在乡人中，重在敬老，所以说，要等老人持杖者都出去了，他才出去。

③ 傩，音挪（nuó），是古代的一种礼俗，迎神以驱逐疫鬼。朝服，上朝时的礼服。阼，音坐（zuò），阼阶，东面的

台阶,主人所立之地。乡人挨家驱逐疫鬼,孔子严敬慎重,故穿朝服,立于东阶之上,答谢那些为傩的乡人。

按:此节记孔子在乡时对人诚敬的情形。

第十一节

问人于他邦,再拜而送之①。康子馈药,拜而受之②。曰:"丘未达,不敢尝③。"

① 问,问候。古人问候,并致送礼物,以表示情意。这是说,孔子使使者带着礼物去外国问候朋友,他很诚敬地向使者拜两拜送行。
② 康子,季康子,已见《为政篇》。馈,音愧(kuì),以物送人叫馈。季康子派人送药给孔子,孔子拜谢,然后接受他的药。
③ 达,了解。尝,服用。孔子对那人道:"我不了解那药性,暂时不敢尝试服用。"

按:此节记孔子与人交游之诚敬。

第十二节

厩焚①。子退朝②,曰:"伤人乎③?"不问马④。

① 厩，音旧（jiù），马棚。孔子上朝的时候，他家中的马棚被火烧了。
② 孔子从朝廷回来。
③ 孔子知道火烧马棚以后，立即问道："烧伤了人吗？"
④ 人命重要，故孔子急于问人而未问马。

按：此节言孔子仁心有缓急，爱人先于爱物。

第十三节

君赐食①，必正席先尝之②。君赐腥，必熟而荐之③。君赐生，必畜之④。侍食于君⑤，君祭先饭⑥。疾⑦，君视之⑧；东首⑨，加朝服⑩，拖绅⑪。君命召，不俟驾行矣⑫。

① 食，已烹熟的食物。君赐食，是说国君赐熟的食物给孔子。
② 正席，摆正座席。孔子敬君之赐，必定摆正座席，先尝一尝，然后转赐给别人。
③ 腥，生的肉或鱼。荐，进供祖先。国君把生的肉或鱼赐给孔子，孔子荣君之赐，必定把它煮熟来进供祖先。
④ 生，活物。畜，音蓄（xù），饲养。国君把活物赐给孔子，孔子爱君之赐，必定把它饲养起来，不忍宰杀。
⑤ 侍，陪。侍食于君，是说孔子陪着国君在一起吃饭。
⑥ 祭，是饭前祭。国君在未进吃时，先将各种食物取出

一点来，祭祀初造饮食之神，故曰"君祭"。饭，尝饭。《仪礼·士相见礼篇》云："君赐之食，则君祭先饭，遍尝膳饮而俟。"《礼记·玉藻篇》云："先饭，辩尝羞饮而俟。"君祭先饭，是说当国君举行饭前祭之时，孔子敬君之意，便遵礼先尝一点饭，好像是为国君尝食，不敢自居客礼。

⑦ 孔子害病时。

⑧ 国君来探候他。

⑨ 东首，孔子躺着，头朝东方。古时房屋，尊重西方，国君入室，背向西而面向东，孔子东首，正是面对着国君的。

⑩ 加，盖。孔子卧病在床，不能起来迎接国君，故把朝服盖在他的身上，以表示对国君的敬意。

⑪ 绅，大带。古人穿朝服时，要把大带束在腰间，孔子既把朝服盖在身上，又把大带系在腰间，仍有一节垂下来，故曰"拖绅"。

⑫ 召，召唤。俟，等待。驾，《说文》云："马在轭中也。"段玉裁注："驾之言以车加于马也。"君命召，不俟驾行矣，是说国君派人来召孔子，他敬君之命，不等仆人把车辆驾好马匹，立即动身前往了。

按：此节记孔子事君之礼。

第十四节

入太庙，每事问。

按：此节已见《八佾篇》。

第十五节

朋友死，无所归[1]，曰："于我殡[2]。"朋友之馈[3]，虽车马，非祭肉，不拜[4]。

[1] 归，归葬。古人出游四方，死必归葬于其乡。朋友死，无所归，是说孔子的朋友死了，没有亲人把他归葬。
[2] 殡，音髌（bìn），停放灵柩叫殡，埋葬尸首也叫殡。此处是指丧葬的一切事务而言。孔子基于朋友之情，就说道："丧葬的事，全由我来负责。"
[3] 朋友馈赠的礼物。
[4] 虽然是馈赠车马，只要不是馈赠祭肉，孔子在接受时，都是不行礼的。因为拜谢祭肉，是敬朋友的祖先，这与朋友通财互助，馈赠车马，其意义是全不相同的。

按：此节记孔子交朋友之义。

第十六节

寝不尸①,居不容②。见齐衰者,虽狎必变③。见冕者与瞽者,虽亵必以貌④。凶服者式之⑤。式负版者⑥。有盛馔,必变色而作⑦。迅雷风烈必变⑧。

① 尸,尸体。寝不尸,是说孔子睡觉时不挺直四肢好像死尸一样。
② 容,严肃的仪容。居不容,是说孔子平日家居,自然活泼,没有严肃的仪容。
③ 齐,音咨(zī)。衰,音崔(cuī)。齐衰,解见《子罕篇》第九章。狎,音霞(xiá),亲密。变,改变颜容。这是说,孔子看见穿齐衰孝服的人,虽然平日和他很亲密,也一定改变颜容,表示对他同情。
④ 亵,音谢(xiè),常常见面。以,用。貌,面貌。孔子看见戴着礼帽和瞎了眼睛的人,虽然平常和他们常见面,也一定用恭敬的或者同情的面貌,对待他们。
⑤ 凶服,丧服。式,同"轼",车前横木,此处为动词,以身伏轼之意。凶服者式之,是说孔子在车上遇见穿丧服的人,便以身伏着车前的横木,向他表示同情。
⑥ 版,国家图籍。古时无纸,国家的图籍,都写在竹版或木版上,故孔子在车上遇见背负国家图籍的人,也伏轼以表敬意。
⑦ 作,起。有人用丰盛的菜肴来款待孔子,孔子以主人

礼重，也改变神色，站起来敬谢他。

⑧迅，迅速。烈，猛烈。孔子遇着疾雷大风，一定改变容貌，对天象表示敬畏。

按：此节记孔子容貌之变。

第十七节

升车，必正立，执绥①。车中不内顾②，不疾言，不亲指③。

①升，上。绥，是挽着上车的扶手绳索。孔子上车时，为着安全计，一定端正地站着，用手紧握着车上的绥，然后才上去。

②孔子坐在车上，为了避免使人见而生疑，故不向车里观看。《白虎通·车旗篇》云："车中不内顾者何？仰即观天，俯即察地，前闻和鸾之声，旁见四方之运，此车教之道。"可为此文注脚。

③疾言，是大声很快地说话。亲指，是举手向东西指点。《礼记·曲礼上篇》云："车上不广欬，不妄指。"可见孔子在车上不大声很快地说话，不举手向东西指点，处处都是合于礼的。

按：此节记孔子乘车时之情形。

第十八节

色斯举矣,翔而后集①。曰:"山梁雌雉,时哉时哉②!"子路共之,三嗅而作③。

① 色,不善的脸色。举,飞去。《说文》云:"翔,回飞也。"又云:"雧,群鸟在木上也。集,雧或省。"色斯举矣,翔而后集,极言雌雉之谨慎。意思是说,雌雉见人有不善的脸色,立即飞去,在空中来回飞翔,审观细察,见无异样,然后才降落下来。
② 山梁,山谷中的石桥。雌雉,雌性的野鸡。时,当"识时务"解。此二句为孔子赞叹雌雉之有识。意思是说,深山幽谷中,人迹罕到,雌雉在那山梁上面,不会受到惊扰,真是识时务了。
③ 共,同"拱"。之,指雌雉。嗅,当为"狊"之误字。狊,音巨(jù),鸟张两翅之貌。当时子路和孔子同游山中,他听了孔子的话后,便向雌雉拱拱手,雌雉见他动作异样,以为来意不善,振振翅膀便飞去了。

按:此节教人须权时制宜,随机应变。

先进篇第十一

第一章

子曰:"先进于礼乐,野人也①;后进于礼乐,君子也。② 如用之,则吾从先进。③"

① 进,学习。孔子以六艺教人,六艺以礼乐为重,故以礼乐概括其余诸艺。野人,未曾有过爵禄的人。先进于礼乐,野人也,是说先学习礼乐然后做官的,是未曾有过爵禄的"野人"。
② 君子,一般卿大夫的子弟。当时官位世袭,一般卿大夫的子弟,因其父兄的庇荫,往往是先已有了爵禄,然后才学习礼乐。
③ 之,指"野人"和"君子"。孔子主张"学而优则仕",主要是任用真才。那些"野人"因为出地寒微,故有强烈的求知欲;有强烈的求知欲,才可以"学而优",而成为真正的人才。如用之,则吾从先进,是说如果选用他们,那么我要从先学习礼乐的"野人"用起。

按: 此章言君子与小人为学之异致。

第二章

子曰:"从我于陈、蔡者,皆不及门也。①"德行:颜渊,闵子骞,冉伯牛,仲弓②。言语:宰我,子贡③。政事:冉有,季路④。文学：子游，子夏⑤。

① 陈、蔡，二国名。门，门下。鲁哀公四年，孔子周游列国，而在陈、蔡之间，楚使人聘孔子，孔子将往拜礼。陈、蔡二国之大夫以为孔子将不利于己，乃发徒役围孔子于野，不得行，绝粮。于是使子贡至楚，楚昭王兴师迎孔子，然后得免于难。其后孔子感念弟子相从于患难之中，所以说，跟着我在陈、蔡二国之间挨苦受难的学生，现在都已星散，不在我的门下了。
② 德行好的，有颜渊、闵子骞、冉伯牛和仲弓。
③ 会说话的，有宰我和子贡。
④ 能办理政事的，有冉有和季路。
⑤ 能熟习礼仪、通晓古代文献的，有子游和子夏。自"德行"以下，皆非孔子语。因孔子在陈、蔡之时，冉有在鲁国为季氏之臣，未必随行。子张随行，却未道及。且子游小孔子四十五岁，子夏小孔子四十四岁，鲁哀公四年，孔子六十一岁，子游子夏才十六七岁，他们如此年轻，亦未必能跟随孔子周游列国。又依《论语》全书观察，孔子对于弟子，称名而不称字，此处数人皆称其字，实与《论语》体例不合。由此可知"德行"以下云云，当是孔子后来对他们的评论，弟子附记于此。

按：此章言孔子因材施教，使弟子各有所长。

第三章

子曰:"回也非助我者也①,于吾言无所不说②。"

① 助,帮助。《八佾篇》第八章:"子曰:'起予者商也。'""起予""助我",意略相近。回也非助我者也,是说在学问上,颜回不是有助于我的人。
② 说,同"悦"。颜回睿智聪明,闻一知十,对于孔子的话,声入心通,相悦以解,无所疑问,而使孔子不能收教学相长之益。其辞似有所不满,其实是深喜颜子的敏而好学。

按: 此章言孔子赞颜回学道敏捷。

第四章

子曰:"孝哉闵子骞①!人不间于其父母昆弟之言②。"

① 孝哉闵子骞,等于说闵子骞真是孝顺呀!《艺文类聚》二十引《说苑》曰:"闵子骞兄弟二人,母死,其父更娶,复有二子。子骞为其父御车,失辔,父持其手,衣甚单。父则归,呼其后母儿,持其手,衣甚厚,温。即谓其妇曰:'吾所以娶汝,乃为吾子。今汝欺我,去,无留!'子骞前曰:'母在,一子单;母去,四子寒。'其父默然。

故曰：'孝哉闵子骞！一言其母还，再言三子温。'"由此可见他是何等孝顺了。

② 间，音谏（jiàn），间隙、空隙。引申作动词，"不满"的意思，犹《泰伯篇》第二十一章"禹，吾无间然矣"之"间"。人，外人。昆弟，兄弟。闵子骞事亲至孝，父母兄弟之间，都言其孝。外人异口同声，也言其孝。故为纯孝。人不间于其父母昆弟之言，是说外人对他父母兄弟赞他孝顺的话，都没有丝毫不满，因为闵子骞的孝行是真的值得称赞。

按：此章言闵子骞之纯孝。

第五章

南容三复白圭①，孔子以其兄之子妻之②。

① 南容，见《公冶长篇》第一章。三，是虚数，当"屡次"解。复，反复地读。白圭，白玉。此处指"白圭"之诗，见《诗经·大雅·抑篇》。其言云："白圭之玷，尚可磨也；斯言之玷，不可为也。"这四句诗，教人说话要谨慎。意思是说，白圭的瘢点，还可以磨掉；我们说错了话，是无法去掉的。南容念兹在兹，"一日三复白圭之玷"（见《大戴礼记·卫将军文子篇》)，可见他说话是如何谨慎了。

② 子，女儿。妻，音气（qì），嫁，动词。南容为人谨慎，孔子便把侄女嫁给他。

按：此章言南容为人谨慎。

第六章

季康子问①："弟子孰为好学？"孔子对曰："有颜回者好学，不幸短命死矣！今也则亡。"

① 季康子，鲁卿季孙肥，康是谥号。此章所问与《雍也篇》第二章同，只是答复有详有略。前人解释有二：一说，由于哀公有迁怒贰过的短处，因此称颜渊德行，借以讽谏；一说，由于对国君言辞宜详，对其他人可以简略。两种说法都不无理由，其实孔子应对或详或略，记话的人或简或繁，未必有一定的条例，似可无须求之过深。

按：此章与《雍也篇》第二章意同。

第七章

颜渊死，颜路请子之车以为之椁①。子曰："才不才，亦各言其子也②。鲤也死，有棺而无椁③。吾不徒行以为之椁④，以吾从大夫之后，不可徒行也。⑤"

① 颜无繇,字路,颜回之父,孔子弟子,小孔子六岁。椁,音果(guǒ),字亦作"槨"。古时棺木,有时用两重,内重叫棺,厚四寸;外重叫椁,厚五寸。颜路家贫,而孔子对颜回爱护备至,故当颜回死时,颜路请孔子卖掉车子置办颜回的外椁。

② 孔子之子孔鲤,其才不及颜回;颜回之才,冠绝侪辈,孔子把他当作自己的儿子看待。但不管有才能或无才能,同样是父母的儿子呀!

③ 鲤,孔鲤,字伯鱼,孔子之子,先颜回卒。孔鲤死时,孔子埋葬他,只有内棺,没有外椁。

④ 徒行,步行。吾不徒行以为之椁,是说我不能卖掉车子,步行走路而给他买椁。

⑤ 以,因为。从,随从。孔子曾为鲁国的司寇,是大夫之官,依照古礼,大夫出门,必须乘车。孔子此时已经去位,故谦言"从大夫之后"。以吾从大夫之后,不可徒行也,是说因为我曾做过大夫的官,是不可以步行的。

按: 此章言孔子不违礼以厚葬颜渊。

第八章

颜渊死。子曰:"噫①!天丧予②!天丧予!"

① 噫,悲叹声。
② 丧,亡。天生孔子至圣,复生颜渊为之辅佐,师弟相得而道益彰,今不幸颜渊早卒,传道无人,所以孔子悲叹道:"是上天毁掉我的生命呀!"

按:此章孔子深痛颜渊之死,传道无人。

第九章

颜渊死,子哭之恸①。从者②曰:"子恸矣!③"曰:"有恸乎④?非夫人之为恸而谁为?⑤"

① 恸,音痛(tòng),过分哀痛。颜渊死了,孔子哭他非常悲痛。
② 从,旧读去声,音纵(zòng)。从者,是跟随孔子去颜渊家吊丧的弟子。
③ 从者见孔子痛哭,劝其节哀,便对他说:"先生太悲哀了!"
④ 孔子哭吊颜渊,过分哀痛而不自觉。有恸乎,是说真的太悲哀了吗?
⑤ 夫,此。夫人,指颜渊。这是说,我不为此人哀痛,还为谁哀痛呢?

按:此章言孔子深痛颜渊之丧。

第十章

颜渊死，门人欲厚葬之①。子曰："不可。②"门人厚葬之③。子曰："回也视予犹父也④，予不得视犹子也⑤。非我也，夫二三子也。⑥"

① 门人，孔子弟子。门人因为钦佩颜渊的贤德，又是孔子特别爱护的弟子，所以想要丰厚地埋葬他。
②《礼记·檀弓上篇》曰："子游问丧具。夫子曰：'称家之有亡。'子游曰：'有亡恶乎齐？'夫子曰：'有，毋过礼。苟亡矣，敛首足形，还葬，悬棺而封，人岂有非之者哉？'"颜渊家贫，厚葬违反了"称家有无"之义，若质言之，就是违反乎礼，故孔子以为不可。
③ 门人厚葬之，是说门人不听孔子的话，终于厚葬了颜渊。
④ 颜渊敬爱孔子，把他当做父亲一样看待。
⑤ 得，能。"视"字下，省去"之"字，"之"指颜渊。予不得视犹子也，是说我不能把他当做自己的儿子一样看待，否则不会违礼厚葬他了。
⑥ 夫，彼。夫二三子，犹今言"他们同学"。非我也，夫二三子也，是说厚葬颜渊，并非我的意思，而是他们同学出的主意呀！

按： 此章孔子责其弟子违礼厚葬颜渊。

第十一章

季路问事鬼神①。子曰:"未能事人,焉能事鬼②?"敢问死③。曰:"未知生,焉知死④?"

① 古人对于鬼神,大略分为三类:天神叫神,地神叫祇(音qí),人死叫鬼。此处"鬼神",是包鬼神祇三者而言。在春秋神权时代,季路不知应如何敬事鬼神,故问于孔子。
② 事人,如子事父、臣事君之类。此处"鬼"字,是指上文"鬼神"二者而言。人鬼一体,而幽明永隔,孔子教人,平易切近,所以说,若不能以诚敬事人,怎能敬事鬼神呢?
③ 季路不知人死后究竟如何,故又问于孔子。
④ 人们的生命有限,人生的事物无穷,以有限的生命,求无穷的事物,自然是不能穷其究竟。且人生的事物,显明而易见;死后的事物,渺茫而难知,所以说,人生的事物还不能完全了解,怎能知道死后的事物呢?

按:此章教人务求实学,不宜空言鬼神。

第十二章

闵子侍侧①,訚訚如也②;子路,行行如也③;冉有、子贡,侃侃如也④。子乐⑤。"若由也，不得其死然⑥。"

① 闵子，闵子骞。侍侧，站在孔子的身旁。
② 訚，音银（yín），訚訚，恭敬正直的样子。
③ "子路"下，省去"侍侧"二字。行，旧读去声，音hàng。行行，刚强貌。子路站在孔子身旁时，是很刚强的样子。
④ 侃侃，和乐貌。冉有和子贡站在孔子身旁时，是很温和而快乐的样子。
⑤ 孔子循循善导，使他们各有成就，都是很好的人才，孔子觉得很快乐。皇侃《义疏》本，"乐"下有"曰"字，文意似较显豁。
⑥ 仲由，字子路。孔子又难过地说道："像他子路那样的刚强，容易招祸，恐怕是不能得到善终。"据《史记·仲尼弟子列传》，子路后来果然死于卫国孔悝之难，孔子真是不幸而言中了。

按：此章言孔门弟子个性各异。

第十三章

鲁人为长府①。闵子骞曰："仍旧贯，如之何？何必改作？②"子曰："夫人不言，言必有中③。"

① 鲁人的"人",指鲁国执政的大臣。为,当"改作"解。长府,是藏货财的府库名。《左传》昭公二十五年:"公居于长府。"昭公先据此藏货财之府,广结众心,以伐季氏,于是三家共逐公。昭公在位二十五年,其后居郓四年,客于乾侯三年而卒。鲁人改作长府,究在何时?史籍未载,若以情理推之,当在昭公二十五年以后。

② 仍,依照。贯,事。昭公虽被逐,而长府依然存在,鲁人见长府,仍忆念昭公,因此三家改作长府,以毁其迹,冀能改变鲁人的观感。但长府虽经改作,毕竟还是长府,三家毕竟还是大夫,鲁人不会把三家当作昭公看待的,可见三家虽然改作长府,于鲁人的观感,还是没有丝毫改变。因此,闵子骞说:"照着长府原来的样子,有什么不好?为何一定要改作呢?"

③ 夫人,此人,指闵子骞。中,读去声,音仲(zhòng),对。夫人不言,言必有中,是说此人平常不大说话,一说话必是对的。

按:此章赞闵子骞慎言而中肯。

第十四章

子曰:"由之瑟,奚为于丘之门①?"门人不敬子路②。子曰:"由也升堂矣,未入于室也③。"

① 瑟，音涩（sè），古代乐器，此处指子路弹瑟的声音。奚，何。奚为，为什么。子路性刚勇，"鼓瑟有北鄙杀伐之声"（《说苑·修文篇》），所以孔子说："子路弹瑟的那种声音，为什么在我这里出现呢？"
② 门人，孔子弟子。他们听到孔子批评子路以后，就不敬重子路。
③ 堂，正厅。室，内室。凡人须先入门，继之升堂，最后才入室。这表示为学的几个阶段。由也升堂矣，未入于室也，是说子路的学问已经很高了，只是还不够精深而已。

按：此章言孔子批评子路，褒贬至当。

第十五章

子贡问："师与商也孰贤①？"子曰："师也过，商也不及②。"曰："然则师愈与③？"子曰："过犹不及④。"

① 师，子张名。商，子夏名。子贡雅有知人之明，平素喜欢批评人物，据《大戴礼记·卫将军文子篇》，子贡好方人，于同门诸友，子贡都曾有所批评。但人各有所长，很难互相比较，子贡比较子张和子夏的优劣，不敢轻下断语，因此请问于孔子。
② 孔子以中庸为德行最高的标准。师也过，是说子张超

过中庸。商也不及，是说子夏赶不上中庸。

③ 愈，胜过。子贡以为超过中庸，似较好些，故又问道："那么子张胜过子夏吗？"

④ 不及和超过，同样失去了中庸，所以过犹不及。《礼记·仲尼燕居篇》："子曰：'师尔过而商也不及。'子贡越席而对曰：'敢问将何以为此中者也。'子曰：'礼乎礼！夫礼所以制中也。'"

按：此章教人学以至当为归。

第十六章

季氏富于周公①，而求也为之聚敛，而附益之②。子曰："非吾徒也③！小子鸣鼓而攻之，可也④！"

① 季氏，鲁卿季康子。周公之富，指周公封鲁而言，即谓鲁之公室。季氏富于周公，言季氏富过于公室。据《左传》所记，周公封鲁，取民之制，不过什一。自后宣公税亩，已为什而取二。季氏四分公室，已取其二，量较所入，逾于周公赋税之数。故曰："季氏富于周公。"

② 为，读去声。求，孔子弟子冉有，时为季氏家臣。聚敛同义，附益亦同义。冉求为季氏聚敛民财以增益季氏之富。

③ 言不像是我的学生了。

④ 小子，门人弟子。鸣鼓，击鼓使鸣。攻，攻击责备。言声罪以责冉有。孔子深疾冉有，言外之意在正季氏之恶。

按：此章言为政当薄税爱民。

第十七章

柴也愚①，参也鲁②，师也辟③，由也喭④。

① 柴，高柴，字子羔，卫人，孔子弟子，小孔子三十岁。柴也愚，是说高柴愚笨。
② 参，曾参。参也鲁，是说曾参迟钝。
③ 师，颛孙师。辟，黄式三《论语后案》云："辟读若《左传》'阙西辟'之辟，偏也。以其志过高而流于一偏也。"师也辟，是说颛孙师偏激。
④ 由，仲由。喭，音彦（yàn），刚强。由也喭，是说仲由粗俗。

按：此章孔子评其弟子各有所短。

第十八章

子曰："回也其庶乎，屡空①。赐不受命而货殖焉②，亿则屡中③。"

① 庶，庶几，接近的意思，犹俗言差不多。空与《孟子·告子下篇》"空乏其身"的"空"字同，当"穷乏"解。回也其庶乎，屡空，是说颜回的道德和学问都差不多了，生活常常穷困。

② 赐不受命，向来解释，颇有异说：何晏《集解》以为"赐不受教命。"朱子《集注》云："命谓天命。"俞樾《群经平议》以为古之经商皆受命于官，"若夫不受命于官而自以其财市贱鬻贵，逐什一之利，是谓不受命而货殖。"三说都通，今从俞说。货，财。殖，生。货财，居货积财以务生殖，犹今言做生意。赐不受命而货殖焉，是说端木赐没有受到政府的指定而私人经营生意。

③ 亿，《汉书·货殖传》引作"意"，当"猜测"解。中，音仲（zhòng），对。亿则屡中，是说猜测物价贵贱，常常猜对。《史记·货殖列传》云："子赣既学于仲尼，退而仕于卫，废著鬻财于曹、鲁之间，七十子之徒，赐最为饶益。"《论衡·知实篇》说他"善居积，意贵贱之期，数得其时，故货殖多，富比陶朱"。可见子贡是如何善于经营生意了。

按：此章孔子批评颜渊子贡各有所长。

第十九章

子张问善人之道①。子曰："不践迹②，亦不入于室③。"

先进篇第十一　241

① 善人，好人。子张问做善人的道理于孔子。
② 践，《说文》云："履也。"迹，脚印。不践迹，是不依照前人的道路走，等于说做事不必依照成规。因为善人天性纯良，凡事称心而作，都能心安理得，合乎规矩。
③ 入于室，是达到做人的最高境界。善人虽有美质，若不能好古敏求，进德修业，也是不能优入圣域的。

按：此章言善人德行，尚有未尽。

第二十章

子曰："论笃是与①，君子者乎？色庄者乎②？"

① 是，则。与，称许。论笃是与，是说对于言论笃实的人，便都称赞。
② 君子言论笃实，假装庄重的人，言论也笃实，但这种人口是心非，和君子全不相同，若单从其言论笃实来称赞他，那么，他到底是真君子呢？还是伪装的君子呢？这是必须加以辨别的。

按：此章教人须言行兼顾，不应专以言取人。

第二十一章

子路问："闻斯行诸①？"子曰："有父兄在，如之何其闻斯行之②？"冉有问："闻斯行诸？"子曰："闻斯行之。"公西华曰："由也问：'闻斯行诸？'子曰：'有父兄在③。'求也问：'闻斯行诸？'子曰：'闻斯行之。'赤也惑④，敢问⑤。"子曰："求也退，故进之⑥；由也兼人，故退之⑦。"

① "闻"字下，省去"义"字。斯，则。诸，之乎。闻斯行诸，是说听到合理的事就去做吗？
② 父兄在世时，己身为人子弟，凡事不敢自专，若不得到父兄的允许，怎么能听到就去做呢？
③ 上文云："有父兄在，如之何其闻斯行之？"此处重述，但云"有父兄在"，是承上文而省，意思和上文一样。
④ 公西赤，字子华。惑，疑惑。子路和冉有同是问"闻斯行诸"，孔子答复完全不同，公西赤因此致疑。
⑤ 公西赤问于孔子，到底是什么缘故。
⑥ 退，后退、退缩。进，使他勇往迈进。求也退，故进之，是说冉有为人，柔弱退缩，故我加以鼓励，使他勇往迈进。
⑦ 兼人，是有两个人的勇敢。《史记·仲尼弟子列传》云："子路性鄙，好勇力，志伉直，陵暴孔子。"《述而篇》第十章孔子说他"暴虎冯河，死而无悔"，便是"兼人"的最好说明。由也兼人，故退之，是说子路过于勇敢，故我加以抑制，使他谦退约束。

按：此章盖孔子因材施教之实例。

第二十二章

子畏于匡①,颜渊后②。子曰:"吾以女为死矣③。"曰④:"子在,回何敢死⑤?"

① 子畏于匡,是说孔子在匡邑被人拘禁。参看《子罕篇》第五章"子畏于匡"注。
② 颜渊当时落后走失,最后才追及孔子。
③ 女,同"汝"。孔子遍找颜渊不得,以为他已经死了。
④ 颜渊对孔子说。
⑤ 子,孔子。子在,回何敢死,是说先生还活着,我怎敢死去呢?

按: 此章言颜渊乐与孔子共生死。

第二十三章

季子然问:"仲由、冉求可谓大臣与①?"子曰:"吾以子为异之问,曾由与求之问②。所谓大臣者,以道事君,不可则止③。今由与求也,可谓具臣矣④。"曰:"然则从之者与⑤?"子曰:"弑父与君,亦不从也⑥。"

① 季子然,季氏子弟。季氏用仲由、冉求为臣,季子然以为他们有大臣之才,皆臣于季氏,故喜而问于孔子。

② 异,别、其他。曾,乃。孔子说,我以为你问别的人,原来是问仲由和冉求。

③ 孔子所谓大臣,是系国家之安危,为人民之司命,故须以道义事君,若其不可,则当辞职不干。

④ 具臣,备位充数之臣。仲由、冉求二人,非欲事君以行其道,只可称为备位充数之臣而已。

⑤ 从,顺从。季子然又问道:"那么仲由和冉求二人,是一切服从唯命是听的人吗?"

⑥ 仲由、冉求二人虽非大臣,然亦深明大义,若弑君弑父,为乱祸国,他们也是不会妄从的。

按: 此章言臣子之大义。

第二十四章

子路使子羔为费宰①。子曰:"贼夫人之子②。"子路曰:"有民人焉,有社稷焉,何必读书,然后为学③?"子曰:"是故恶夫佞者④。"

① 费,旧音秘(mì),鲁国邑名。宰,长。子路为季氏宰,故举用子羔,使他去做费邑的首长。

② 贼,害。夫人之子,指子羔。子羔质美年少,学尚未成,而使之从政,正是害他。

③ 土神叫社,土神之庙也叫社。谷神叫稷,谷神之庙也

叫稷。子路的意思是说，那里有人民，有社稷，做费邑宰，就须学习如何治民，如何事神，这些都是学问，为什么一定要读书，才能算是学问呢？

④ 恶，去声，厌恶。夫，彼。佞者，利口辩给的人。子路也知道当学成而后从政，只是强词夺理，不肯认错，因此孔子道："正因如此，所以我厌恶那些利口善辩的人。"其深疾佞者，言外之意在驳斥子路。

按： 此章教人须学成然后出仕。

第二十五章

子路、曾晳①、冉有、公西华侍坐②。子曰："以吾一日长乎尔③，毋吾以也④。居则曰：'不吾知也！'⑤ 如或知尔，则何以哉⑥？"子路率尔而对⑦曰："千乘之国，摄乎大国之间⑧，加之以师旅，因之以饥馑⑨，由也为之⑩，比及三年⑪，可使有勇，且知方也⑫。"夫子哂之⑬。"求！尔何如⑭？"对曰⑮："方六七十，如五六十⑯，求也为之，比及三年，可使足民⑰。如其礼乐，以俟君子⑱。""赤⑲！尔何如？"对曰："非曰能之，愿学焉⑳。宗庙之事，如会同㉑，端章甫，愿为小相焉㉒。""点！尔何如？"鼓瑟希㉓，铿尔㉔，舍瑟而作㉕，对曰："异乎三子者之撰㉖。"子曰："何伤乎？亦各言其志也㉗。"曰："莫春者，春服既成㉘，冠者五六人，童子六七人㉙，浴乎沂㉚，风乎舞雩㉛，咏而归㉜。"

夫子喟然叹曰："吾与点也㉝。"三子者出，曾晳后㉞。曾晳曰："夫三子者之言何如㉟？"子曰："亦各言其志也已矣。"曰："夫子何哂由也㊱？"曰："为国以礼，其言不让，是故哂之㊲。""唯求则非邦也与㊳？""安见方六七十如五六十，而非邦也者？""唯赤则非邦也与㊴？""宗庙会同，非诸侯而何㊵？赤也为之小，孰能为之大㊶？"

① 曾晳，名点，字晳，曾参之父，孔子弟子。曾晳之晳，字从白。《说文》白部云："晳，人色白也。"古人名字皆相应，故名点字晳。经典皆误作曾晳，字从日。
② 子路、曾晳、冉有、公西华四人，侍坐在孔子身旁。
③ 一日，言时间之短暂。长，音掌（zhǎng），长大。尔，你们。以吾一日长乎尔，是说你们总以为我的年纪比你们大一点。
④ 古人谨于礼，少者对于长者，不敢多说话，惟恐冒犯。"毋吾以也"，是"毋以吾一日长乎尔"之简化式，意思是说，不要以为我的年纪比你们大一点，就不敢爽快地说话。
⑤ 居，平时。你们平日常常说："别人不知道我呀！"
⑥ 或，有人。以，用。这是说，如果有人知道你们，那你们如何使用你们的才能呢？
⑦ 率尔，轻率貌。子路性刚直，故抢先回答。
⑧ 千乘之国，拥有一千辆兵车的国家。摄，夹。这是说，夹在大国之间的诸侯国家。

⑨ 加，侵犯。师旅，军队。因，连续。饥馑，荒灾。《尔雅·释天篇》云："谷不熟为饥，蔬不熟为馑。"这是说，外有大国军队的侵袭，内有连年的荒歉，内忧外患，纷至沓来，这千乘的诸侯之国，自然是岌岌可危了。

⑩ 由，子路名。为，治。由也为之，是说若要我来治理这个国家。

⑪ 比、及同义。比及三年，是到了三年。

⑫ "可使"下，省去"其氏"二字。勇，作战勇敢。方，道。知方，深明道义。

⑬ 哂，音审（shěn），笑。孔子听了子路的话以后，便向他微笑。

⑭ 求，冉有名。孔子又问："冉求！你怎么样？"

⑮ 冉求答道。

⑯ 如，或。方六七十，如五六十，是说六七十方里或者五六十方里的小国。

⑰ 足民，人民富足。

⑱ 如，至于。俟，等待。冉求颇自谦退，但言能使人民富足，至于礼乐教化方面，则因自己能力不够，只有等待贤人君子来推行了。

⑲ 赤，公西华名。

⑳ 此二句是公西华自谦之词，意思是说，不是说我有能力，只是愿意去学习。

㉑ 宗庙之事，指祭祀。会同，诸侯集会同盟。这是说，无论是祭祀宗庙的事，或是诸侯会盟的事。

㉒端,即玄端,是礼服。章甫,是礼帽。相,音向(xiàng),赞礼之人,相分为卿、大夫、士三个阶级,此处是指"士"的一级。端章甫,愿为小相焉,是说我愿意在诸侯祭祀或会盟之时,穿着礼服,戴着礼帽,做一个小司仪。

㉓希,稀疏。曾晳当时正在弹瑟,接近尾声。

㉔铿,音硁(kēng)。铿尔,是鼓瑟发出铿然的声音。

㉕舍,放下。作,站起。曾晳把瑟放下,就站起来。

㉖三子,指子路、冉有、公西华三人。撰,陈说。曾晳答道:"我和他们三人所陈述的都不同。"

㉗曾晳欲说还休,因此孔子对他说:"有什么关系呢?只是各人言其志愿而已。"

㉘莫,《说文》云:"日且冥也。从日在茻中。"今字作"暮"。暮春,指三月。春服,指袷衣。这是说,在暮春三月的时候,气候温和,穿上新缝成的春天衣服。

㉙冠,音贯(guàn),古时男子二十岁,须行冠礼,此后才算是成年人,故以"冠者"为成年人。童子,未冠的少年。这是说,他愿陪同五六个成年人,和六七个小孩。

㉚沂,音移(yí),水名,在今山东曲阜县南。浴乎沂,是去沂水旁边洗澡。

㉛雩,音鱼(yú),求雨祭名。雩祭时,有音乐和舞蹈,故称"舞雩"。此处舞雩是地名,祭天祷雨之处,有高坛,在今山东曲阜县南。风乎舞雩,是去舞雩台坛上乘凉。

㉜一路唱着歌，一路走回来。

㉝与，赞同。孔子自知不能行道以救世，就应该安贫而乐道，当他听了曾皙的话后，觉得曾皙非常冲淡而有高致，便感叹地说："我赞同曾点的看法。"

㉞子路等三人都已出去，独曾皙留在最后。

㉟夫，彼。曾皙不知他们三人的话，孔子以为如何？故问。

㊱上文子路说完以后，"夫子哂之"。曾皙不知孔子为何微笑子路，故问。

㊲孔子的意思是说，治理国家，应用礼让，子路的话毫不谦让，因此我笑他。

㊳唯，句首语助词。曾皙又问道："冉求所说的，不是治理国家的事吗？"下面"唯赤则非邦也与"，也是曾皙的问话。

㊴安，怎。孔子的意思是说，怎见得六七十方里或者五六十方里的土地，不是国家呢？既是国家，则冉求所说的，自然是治理国家的事了。

㊵宗庙会同，非诸侯而何，是说祭祀宗庙和会盟诸侯，不是诸侯国家的事又是什么？

㊶公西华自言愿做诸侯的"小相"，那谁能为诸侯做"大相"呢？孔子之意，以为公西华很有才德，为诸侯治理整个国家，也是胜任愉快的。

按：此章孔子使弟子各言己志，以观其学养与胸怀。

颜渊篇第十二

第一章

颜渊问仁①。子曰:"克己复礼为仁②。一日克己复礼,天下归仁焉③。为仁由己,而由人乎哉④?"颜渊曰:"请问其目⑤。"子曰:"非礼勿视,非礼勿听,非礼勿言,非礼勿动⑥。"颜渊曰:"回虽不敏,请事斯语矣⑦。"

① 颜渊不知如何方能做到仁,故问于孔子。
② 克己,克制自己。复,与《学而篇》"言可复也"之"复"同,当"实践"解。仁是人心之全德,礼是仁道的节文,仁存于心,礼见于行,无仁则礼让不兴,无礼则仁道不见,故须克制自己,笃实践履,处处都合乎礼,然后才可以为仁。
③ 一日,言其时间之短暂。归,当"称许"解。礼让之效,既广且速,若能一天克己复礼,则天下之人皆敬而仰之,称许其为仁人了。
④ 为仁,行仁。仁道充遍人间,行仁则由自己,故克己复礼全由自己做起,怎能责成别人去做呢?
⑤ 目,细节。颜渊既知"克己复礼"为仁之大纲,故再请问其细目。
⑥ 四"勿"字,均当"不"解。视听言动,都由自己,能使自己的一举一动,都不陷于非礼,便是为仁的详细说明。
⑦ 事,从事,动词。斯语,指"非礼勿视"等四句话。

颜渊自言虽很愚笨，却愿意照着这四句话努力去做。

按：此章教人为仁之大纲与细目。

第二章

仲弓问仁。子曰："出门如见大宾，使民如承大祭[①]。己所不欲，勿施于人[②]。在邦无怨，在家无怨[③]。"仲弓曰："雍[④]虽不敏，请事斯语矣。"

[①] 大宾，公侯的贵宾。大祭，郊禘的祭典。仁者待人必须敬慎。当他走出家门时，好像去接待公侯的贵宾；当他使用人民时，好像去承当大的祭祀。

[②] 仁者要有恕道，推己及人，自己所不喜欢的事物，不要给予别人。

[③] 在邦，是出仕于诸侯之国。在家，是穷居在自己家中。无怨，是"不怨天，不尤人"之意。仁者因时处顺，随遇而安，心地泰然，无忧无虑。穷达都不足以萦怀，对己对人亦全无怨恨。

[④] 冉雍，字仲弓。

按：此章教人为仁之方。

第三章

司马牛[1]问仁。子曰:"仁者其言也讱[2]。"曰:"其言也讱,斯谓之仁已乎[3]?"子曰:"为之难,言之得无讱乎[4]?"

[1] 司马耕,字子牛,宋国人,桓魋之弟,孔子弟子。
[2] 讱,音刃(rèn),难。《史记·仲尼弟子列传》云:"牛多言而躁,问仁于孔子,孔子曰:'仁者其言也讱。'"据此,则孔子以为仁人说话常迟钝,那是针对着他的缺点而说的。
[3] 仁道广大,无所不包,说话迟钝,岂便是仁?司马牛因此致疑,故再问于孔子。
[4] 得,能。仁者为人为己,要切实做到,殊感不易,而言由心出,心知其难,以仁心说,说来能不迟钝吗?

按: 此章孔子教司马牛以慎言为仁,以救其失。

第四章

司马牛问君子[1]。子曰:"君子不忧不惧[2]。"曰:"不忧不惧,斯谓之君子已乎[3]?"子曰:"内省不疚,夫何忧何惧[4]?"

[1] 司马牛不知如何能做到君子,故问于孔子。
[2] 司马牛之兄桓魋,当时在宋国,将作乱,司马牛劝阻

无方,深恐有覆宗绝世之祸,因此又忧愁,又恐惧,故孔子以此答之。

③ 斯,此。司马牛以为君子之行,应与常人大不相同,只是不忧不惧这样就算是君子吗?言下似有不足之意。

④ 省,音xǐng,内省,自我反省。疚,音旧(jiù),当"愧怍"解。君子坦荡荡,慎言其行,俯仰无愧,于物无争,于人无尤,自然无忧无惧,此非纯德君子,不能达到。

按:此章言君子心地泰然,不忧不惧。

第五章

司马牛忧曰:"人皆有兄弟,我独亡①。"子夏曰:"商闻之矣②:'死生有命,富贵在天③。'君子敬而无失,与人恭而有礼④,四海之内,皆兄弟也⑤。君子何患乎无兄弟也⑥?"

① 亡,同"无"。司马牛有兄弟向巢、桓魋、子颀、子车等数人。桓魋在宋国谋反,以兄弟为其爪牙,结果失败,或身死于难,或出奔异国。司马牛事前虽反对他们兄弟的行为,事后则株连祸及,流离无归,凄然孤立,故有我独无兄弟之叹,其忧愁孤苦之情,由此更可以想见。后来他由齐适吴,又适鲁国,竟死于鲁郭门之外,事见《左传》哀公十四年。

② 商，子夏名。商闻之矣，等于说我听过这样的话。
③ 此二句是古时宿命论的成语，子夏引来安慰司马牛，意思是说，我们的生死由命运决定，我们的富贵由上天安排。
④ 敬，敬慎。失，过失。君子敬以治事，而无过差；恭以待人，而有礼节。
⑤ 四海之名，指中国。黄炎华胄，民吾同胞，君子若能谨慎谦虚，治事敬而无失，对人恭而有礼，则四海之内，人人都愿和他亲近，便和兄弟一样了。
⑥ 患，忧虑。这是说，既然四海之内皆兄弟，君子哪怕没有兄弟呢？

按：此章子夏劝司马牛修身安命，不要为兄弟而忧伤。

第六章

子张问明①。子曰："浸润之谮②，肤受之愬③，不行焉，可谓明也已矣④。浸润之谮，肤受之愬，不行焉，可谓远也已矣。⑤"

① 明，明察。对人对事，都能观察入微，没有一点偏见，不受任何蒙蔽，这叫做明。
② 谮，音 zèn，诬言毁人。浸润之谮，是说日积月累的谗言，听者初若不觉，久益深信，如水浸物，渐渐润湿

一样。

③ 愬,同"诉"。肤受之愬,是说肌肤亲受,急迫切身,其言语容易使人致信。

④ 不行,行不通,是不受蒙蔽之意。孔子的意思是说,对于像浸润般积渐而来的谮言,对于像切肤般急迫切身的控诉,我们都能洞察情实,不受它们的蒙蔽,就可以说是明察了。

⑤ 远,朱熹《集注》引杨氏(时)云:"远则明之至也。"就是说,若能洞察情实,不受蒙蔽,则不但是明察,而且是明察到极点了。

按:此章教子张明察之道。

第七章

子贡问政。子曰:"足食①,足兵②,民信之矣③。"子贡曰:"必不得已而去④,于斯三者何先⑤?"曰:"去兵。"子贡曰:"必不得已而去,于斯二者⑥何先?"曰:"去食。自古皆有死,民无信不立⑦。"

① 足,充足。足食,国家存粮充足。
② 足兵,是说军队数量够、器械好、训练精。
③ 民信之矣,是说政府能树立信用,百姓对政府有信心。
④ 去,读上声,音取(qǔ),除去。必不得已,是说国

家艰难,不能兼顾三件事。

⑤ 斯,此。三者,指足食、足兵、立信三桩事。在这三桩事中,先去掉哪桩。

⑥ 二者,指足食和立信。

⑦ 信是做人立国的根本,倘若国民失去了信心,便将人不成人,国不成国。所谓"虽有粟,吾得而食诸",就是这个道理。

按:此章言政以立信为要。

第八章

棘子成①曰:"君子质而已矣,何以文为②?"子贡曰:"惜乎,夫子之说君子也③!驷不及舌④。文犹质也,质犹文也⑤。虎豹之鞟,犹犬羊之鞟⑥。"

① 棘子成,卫国大夫。

② 质,本质。以,用。文,礼文。为,句尾语助词。棘子成以为文质二者,质重于文,主张存质而去文,以救时人文胜之弊,故为此言。意思是说,君子能有好的本质便够了,何必要用繁缛的礼文呢?

③ 夫子,古人大夫之尊称,此处指棘子成。说,解说。子贡反对棘子成重质轻文的说法,以为他矫枉过正,说解错了。但不说他错,只说可惜,这是子贡说话的巧妙

处,难怪他在孔门以"言语"著称了。

④驷,四匹马。古时用四匹马拉一辆车,故以驷马为一辆马车的代称。及,追及。舌,指说出的话。驷不及舌,是说一言既出,驷马难追。

⑤子贡以为文质二者,同样重要,文和质一样,是不可偏废的。

⑥鞹,音廓(kuò),是拔去了毛的皮。这是说,虎豹的皮和犬羊的皮,区别在本质,也在文彩,如果把这些兽皮拔去有文采的毛,那么虎豹的皮和犬羊的皮便很少区别。人们也是如此。君子和小人的区别,在于本质,也在礼文,如果不要礼文,那么君子和小人也很少区别了。

按: 此章言君子要文质并重。

第九章

哀公问于有若曰:"年饥,用不足,如之何①?"有若对曰:"盍彻乎②!"曰:"二,吾犹不足;如之何其彻也③?"对曰:"百姓足,君孰与不足④?百姓不足,君孰与足⑤?"

①年岁饥荒,国用不足,怎么办呢?
②盍,何不。周朝井田法制,九百亩合为一井,每井八家,每家各受百亩,中间一百亩是公田。八家耕田,

通力合作，按照一并收成，十分取一分归公，名叫做"彻"，取通彻均平的意思。有若劝哀公何不施行彻法，减轻百姓负担呢？

③鲁国自宣公时起，除施行彻法外，又按亩另收一分，已经是十分取二了。哀公说，十分取二，我尚且感到用度不够。如何可以减为十分取一呢？

④有若认为国以民为本，君民同是一体。国君节约，减轻百姓负担，使百姓能家给户足，为君的还怕不足用么？

⑤君以百姓为本，百姓不足，君将与谁共富足呢？

按：此章言为国以民为本，须减轻赋税使百姓富足。

第十章

子张问崇德辨惑①。子曰："主忠信，徙义，崇德也②。爱之欲其生，恶之欲其死。既欲其生，又欲其死，是惑也③。'诚不以富，亦只以异④。'"

①崇德，崇尚道德。辨惑，辨正疑惑。"崇德辨惑"，疑是古之成语，子张引成语请问孔子。

②主忠信，是做人应以忠信为主。徙义，是向义迁善。人能忠信不移，而又徙义日新，可谓"努力崇明德"矣。

③恶，憎恶。凡人之惑，皆由爱恶不得其正。爱之欲其

生存，乃爱之极，是惑；恶之欲其死亡，乃恶之极，也是惑；既欲其生存，又欲其死亡，则爱恶无常，反复不定，更是惑。明乎此，则知解蔽去惑之道，尽在于心而不必外求了。

④ 此二句见《诗经·小雅·我行其野篇》。引在此处，颇为费解。程颐以为当在《季氏篇》第十二章"齐景公有马千驷"之上，因为错简而误置于此。朱熹依旧说，以为孔子引《诗》，断章取义，以证上文，言欲其生存或死亡，却不能使其生存或死亡，对自己全无好处，正如此《诗》所言，实不能使自己致富，只是使人觉得奇怪而已。

按：此章言崇德辨惑，要能反求诸己。

第十一章

齐景公问政于孔子①。孔子对曰："君君，臣臣，父父，子子②。"公曰："善哉③！信如君不君，臣不臣，父不父，子不子④，虽有粟，吾得而食诸⑤？"

① 齐景公，名杵臼，庄公异母弟，在位五十八年（公元前五四七至前四九〇年）。鲁昭公末年，孔子适齐，故齐景公得问政于孔子。
② 君君，臣臣，父父，子子，是说君要尽君道，臣要尽

臣道，父要尽父道，子要尽子道。当时齐大夫陈恒专政，景公又多内嬖，不立太子，其君臣父子之间，皆失其道，故孔子以此对之。至于君臣父子之道，则《大学》有云："为人君，止于仁；为人臣，止于敬；为人子，止于孝；为人父，止于慈。"似可为此文注脚。

③ 善哉，等于说对呀！

④ 信，诚。"信如君不君"四句，是说真的如果君不尽君道，臣不尽臣道，父不尽父道，子不尽子道。

⑤ 诸，"之乎"二字的合音。虽有粟，吾得而食诸？是说虽然有很多粮食，我能吃得着吗？言外之意，谓若天下大乱，纪纲荡然，人们各行其私，我做国君的，也就不能活下去了。

按：此章孔子对齐景公言伦理为政治之本。

第十二章

子曰："片言可以折狱者，其由也与①？"子路无宿诺②。

① 片言，片，半的意思，半言，犹俗云"一言半语"。折，决断。狱，官司。子路明快果断，因此孔子说："一言半语便可以判决案件的，大概只有仲由吧！"

② 宿，留。诺，诺言。子路急于践言，他对别人的允诺，必定依时去做，决不拖延。

按：此章言子路为人明快果断。

第十三章

子曰："听讼，吾犹人也。必也使无讼乎！"①

① 讼，诉讼。听讼，犹言审案。孔子自言在审案时，和别人一样，希望能得到最公正的判决。但最重要的，必须感化人民，使诉讼的事完全根绝才好。

按：此章言孔子欲化民息讼。

第十四章

子张问政。子曰："居之无倦①。行之以忠②。"

① 居，是说存心。无倦，是不懈怠。不懈怠，则始终如一。
② 行，谓行事。忠，是实心，实心则表里如一。

按：此章言为政当始终表里如一。

第十五章

子曰："博学于文，约之以礼，亦可以弗畔矣夫！"

按：此章已见《雍也篇》。

第十六章

子曰："君子成人之美，不成人之恶。小人反是。"①

① 君子与小人，存心不同，爱好各异。君子成全别人的好事，不成全别人的坏事。小人则成全别人的坏事，不成全别人的好事。

按：此章言君子与小人用心不同。

第十七章

季康子问政于孔子。孔子对曰："政者，正也①。子帅以正②，孰敢不正③？"

① 政治是众人的事。替众人办事，必须公正，所以"政"字本身含有正的意义。
② 帅，本字作"達"，省作"率"，音朔（shuò），督率领先的意思。子帅以正，是说你以正道来领导众人。
③ 你是鲁国上卿，先实行正道，谁还敢不遵守正道呢？

按：此章言为政当先正己。

第十八章

季康子患盗①,问于孔子。孔子对曰:"苟子之不欲②,虽赏之不窃③。"

① 患,忧虑。鲁国多盗,季康子心中忧虑。
② 苟,诚、真。不欲,不贪欲。
③ 赏,奖赏。窃,盗窃。孔子的意思是说,盗贼本来亦是良民,只因见在上位的多半贪利,因此百姓都起了贪心,忘却廉耻。遇着穷困时节,没奈何便去做贼。如果你在上位的真能廉洁不贪,百姓自然受感化,洁身自好。到那时候就用重赏奖励百姓,百姓亦断不肯干盗窃的事了!

按: 此章言去盗在于不贪。

第十九章

季康子问政于孔子,曰:"如杀无道,以就有道①,何如?"孔子对曰:"子为政,焉用杀②?子欲善,而民善矣③。君子之德,风④;小人之德,草⑤;草上之风,必偃⑥。"

① 就,成就。季康子见社会不遵正道的坏人多,没法转变他们,所以想用刑杀来肃清坏人,使百姓畏惧,改变

成为有道的人。

② 焉,音烟(yān),何。孔子说你主持国政,哪里用得着杀人做政治的手段呢?

③ 欲善,真心想为善。在上的人如果要好,百姓自然跟着好了。

④ 君子,在上位的执政人物。德,犹言品格行为。君子的品行犹如风,是具有强大影响力的。

⑤ 小人,平民。平民的品行犹如柔弱的草,是易受外力的影响的。

⑥ 上,加到上面。偃,倒仆偃伏。风力加到柔弱的草上,必然随风偃仆。在上的人能够实心行善,百姓自然跟着朝好处走,何至于用杀人来逼百姓行善呢?

按:此章言执政者当务德化民。

第二十章

子张问:"士何如斯可谓之达矣①?"子曰:"何哉,尔所谓达者②?"子张对曰:"在邦必闻,在家必闻③。"子曰:"是闻也,非达也④。夫达也者⑤,质直而好义⑥,察言而观色⑦,虑以下人⑧。在邦必达,在家必达⑨。夫闻也者,色取仁而行违⑩,居之不疑⑪。在邦必闻,在家必闻。"

① 达，通达。
② 尔，你。孔子不知他所谓"达"的意义，究竟如何，先反问他。
③ 在邦，犹言做官。子张之所谓达，是在做官的时候，名誉必求使人闻知；在不做官的时候，名誉也必求使人闻知。
④ 孔子以为闻、达二字意义不同。"在邦必闻，在家必闻"，这是闻，不是达。因此先指出子张解释"达"字意义的错误，然后教导他。
⑤ 夫达也者，等于说通达的人。
⑥ 质，本质。本质正直而且爱好道义。
⑦ 观察别人的言语和颜色。
⑧ 虑，《说文》云："谋思也。"虑以下人，是说善于谋画，而能存心谦退，自处于别人之下。
⑨ 这是说，若能做到上述几桩事，则做官时必定事事行得通，不做官时也必定事事行得通。
⑩ 色，犹言外表。取，《广雅·释诂三》云："为也。"孔子以为但求名誉著闻的人，在外表上似乎是处处为仁，实际的行为却不如此。
⑪ 之，指仁。这种人所作所为，似仁而非仁，他却以仁自居而不疑虑，那完全是骗取名誉的。

按：此章教人欲求显达，端在切实务己。

第二十一章

樊迟从游于舞雩之下①。曰:"敢问崇德,修慝,辨惑②。"子曰:"善哉问③!先事后得,非崇德与④?攻其恶,无攻人之恶,非修慝与⑤?一朝之忿,忘其身,以及其亲,非惑与⑥?"

① 舞雩,台名,解见《先进篇》第二十五章。这是说,樊迟陪着孔子在舞雩台下面游览。在《论语》中,孔子与弟子讨论问题,都是直问直答,此处答问之前,著此一句,当是记者详记问答之时地。
② 慝,音特(tè),朱熹《集注》引胡氏(寅)云:"慝之字,从心从匿,盖恶之匿于心者。"修慝,是消除内心未显露的隐恶。樊迟不知如何方能做到崇德、修慝和辨惑,故问于孔子。
③ 善哉问,等于说问得好。
④ 事,做。先事后得,是说有事情则抢先去做,有报酬则退居人后。《雍也篇》:"(樊迟)问仁。曰:'仁者先难而后获,可谓仁矣。'"与此文意正相同。
⑤ 攻,批评。孔子教人,务求诸己,若能改正自己的过错,而不批评别人的过错,则内心的恶念,就可以消除于无形了。
⑥ 朝,音昭(zhāo),一朝,一时。忿,音愤(fèn),忿怒。这是说,若为一时的忿怒,便不管自己的安危,去和别

人拼命，连累到父母亲，这样不是糊涂吗？

按：此章言崇德、修慝、辨惑为修身功夫。

第二十二章

樊迟问仁①。子曰："爱人②。"问知③。子曰："知人④。"樊迟未达⑤。子曰："举直错诸枉，能使枉者直⑥。"樊迟退，见子夏曰："乡也⑦，吾见于夫子，而问知。子曰：'举直错诸枉，能使枉者直。'何谓也⑧？"子夏曰："富哉言乎⑨！舜有天下，选于众，举皋陶⑩，不仁者远矣⑪。汤有天下，选于众，举伊尹⑫，不仁者远矣。"

① 樊迟问："如何是仁？"
② 孔子说："能爱人，便是仁。"
③ 知，去声zhì，智慧。又问："如何是知？"
④ 能知人，便是智。
⑤ 达，通晓。樊迟疑知、仁不能兼顾。
⑥ 解见《为政篇》第十九章。
⑦ 乡，音向（xiàng），从前。
⑧ 何谓的意思是"怎么讲呢？"
⑨ 富是道理丰富。富哉言乎，是说孔子的言论有很丰富的意义。
⑩ 陶，音遥（yáo）。舜举皋陶为士（士就是典刑罚的官）。

⑪ 举用皋陶一流的仁人，不仁者自然远离绝迹了。善于知人是智，能使不仁绝迹，那即是仁了。
⑫ 伊尹，姓伊，名挚。称尹者，因汤使他尹正天下，故名伊尹。

按：此章言为政能举直错枉，兼包仁智之道。

第二十三章

子贡问友①。子曰："忠告而善道之②，不可则止，毋自辱焉③。"

① 友，《说文》云："同志为友，从二又（手）相交。"此处指交友之道。
② 告，旧读梏（gù）。忠告，忠实劝告。道，同"导"。善道，善为劝导。朋友有谏诤之义，当其有过错时，则应忠实地告诉他，好好地规劝他，使他接纳。
③ 辱，与《里仁篇》第二十六章"事君数，斯辱矣"之"辱"同，当"侮辱"解，劝导朋友，应有限度，若他刚愎自用，不愿接受劝导，就应知难而退，不必勉强劝导，否则自己就会招致侮辱了。

按：此章言朋友谏诤，贵得其道。

第二十四章

曾子曰:"君子以文会友①,以友辅仁②。"

① 文,文章学问。会,聚会。君子用文章学问来聚会朋友,切磋琢磨,以增进自己的学识。
② 辅,辅助。仁,仁德。君子靠朋友来帮助自己,迁善改过,以培养自己的仁德。

按: 此章言朋友应以德业相结交。

子路篇第十三

第一章

子路问政。子曰:"先之,劳之①。"请益②。曰:"无倦③。"

① 先之,谓执政者率先倡导,则百姓自然顺从。劳之,谓执政者勤劳政事。
② 请益,请添说几句。子路嫌孔子说得太少,所以请益。
③ 无倦,不厌倦。以上二事,当努力去做,不可倦怠。

按: 此章言为政当率先倡导。

第二章

仲弓为季氏宰①,问政。子曰:"先有司②,赦小过③,举贤才④。"曰:"焉知贤才而举之⑤?"曰:"举尔所知,尔所不知,人其舍诸⑥!"

① 仲弓,孔子弟子,为季氏家臣。宰是大夫家臣和大夫邑长的通称。
② 有司,职员;宰的群属。先有司,是说要先信任属员,使发挥他们的能力。
③ 赦,宽宥。有司有小过,应当加以宽恕。
④ 贤才,优秀的人才。举,用。
⑤ 焉,音烟(yān),何。仲弓意谓如何能够尽知贤才

而举之?

⑥ 舍,弃置。孔子说:"举用你所知的;你所不知的,别人自会乐于向你推荐,或自己任用,哪愁不能尽知贤才呢!"

按:此章言为政举贤之要。

第三章

子路曰:"卫君待子而为政,子将奚先①?"子曰:"必也正名乎②!"子路曰:"有是哉,子之迂也③!奚其正④?"子曰:"野哉,由也⑤!君子于其所不知,盖阙如也⑥。名不正,则言不顺;言不顺,则事不成;事不成,则礼乐不兴;礼乐不兴,则刑罚不中;刑罚不中,则民无所措手足⑦。故君子名之必可言也,言之必可行也⑧。君子于其言,无所苟而已矣⑨。"

① 卫君,卫出公辄,见《述而篇》第十四章。二"子"字,并指孔子。政是众人的事,有本末,有先后,很难划分清楚,而弱国之政,更难处理得当,子路因此请问于孔子,意思是说,假若卫君等着您去治理国政,您准备首先做什么事呢?

② 正,纠正、澄清。名,名义、名分。《韩诗外传》卷五云:"孔子侍坐于季孙,季孙之宰通曰:'君使人假马,

其与之乎？'孔子曰：'吾闻君取于臣，谓之取，不曰假。'季孙悟，告宰通曰：'今以往，君有取谓之取，无曰假。'孔子曰：'正假马之言，而君臣之义定矣。'"（又见《新序·杂事五》《孔子家语·正论解》）这便是孔子"正名"二字的含义解释。在《论语》中，如《雍也篇》第二十三章："子曰：'觚不觚，觚哉！觚哉！'"又如《颜渊篇》第十一章载孔子对齐景公之言曰："君君，臣臣，父父，子子。"更是孔子正名主义的具体说明。据《史记·孔子世家》，鲁哀公六年，孔子从楚国回到卫国，当时正是卫出公辄四年，出公辄和他的父亲太子蒯聩争夺君位，弄到名分不正，纪纲荡然，所以孔子回答子路道："那一定先要正名分吧！"

③ 是，如此。迂，迂阔，谓远于事情。子路以为正名不是为政之急务，所以说："有这样的事吗？你真是迂阔不能适合实际情形了！"

④ 奚其正，是说为什么要正名呢？

⑤ 野，粗鲁。子路不知正名的重要，孔子因此斥责他。

⑥ 盖，大概。阙，同"缺"。君子慎其言语，必定先知而后言，对于不知的事，大概是略去不谈的。

⑦ 中，音仲（zhòng），得当。措，安置。此处孔子极言正名之重要，以教导子路。意思是说，名义不当，言语就不能顺理成章；言语不顺理成章，事情就不能做好；事情做不好，国家的礼乐制度就不能兴办；礼乐制度不能兴办，刑罚就不能得当；刑罚不得当，百姓就惶惶不安，

连手脚都不知道应摆在哪里好了。

⑧ 名,定名义,动词。这是说,君子所定的名义,一定有理由可说得出来;能说出来也一定行得通的。

⑨ 苟,苟且。孔子以为君子慎其言语,不可随便。言外之意,是责备子路不能慎言。

按:此章言为政之要,在于正名。

第四章

樊迟请学稼①。子曰:"吾不如老农②。"请学为圃③。曰:"吾不如老圃④。"樊迟出。子曰:"小人哉⑤!樊须也!上好礼,则民莫敢不敬⑥;上好义,则民莫敢不服⑦;上好信,则民莫敢不用情⑧。夫如是⑨,则四方之民,襁负其子而至矣⑩,焉用稼⑪!"

① 学稼,学耕田。樊迟想学稼,富国安民。
② 老农,有经验的农人。
③ 为圃,犹言治圃。种菜蔬的园地叫做圃,圃,音布(bù)。
④ 老圃,有经验的圃人。
⑤ 小人,细民。小人哉,犹言小人呀,叹樊迟所志甚小。
⑥ 居位者举动皆遵守礼法,百姓见在上的如此严肃,自然不敢不恭敬。

⑦ 义是正义公理。百姓见在上的事事公正合理，自然不敢不服从。

⑧ 情，是真情实情。百姓见在上的待人处事，都是诚信不欺，自然不敢不用真情。

⑨ 夫，音扶（fú），语气词。如是，指上三事。

⑩ 襁，字一作"繦"，音镪（qiǎng），背小儿用的绷带。襁负其子，用襁布背负他的孩子。此句言政治修明，四方异国之民都要移家归附。

⑪ 焉，音烟（yān），何。何用稼，是说治国安民哪里用得着去学耕稼呢！

按： 此章言治国在执政者之开明。

第五章

子曰："诵《诗》三百①，授之以政②，不达③；使于四方，不能专对④；虽多，亦奚以为⑤？"

① 诵，熟读。《诗》，《诗经》。诵《诗》三百，是说若熟读全部《诗经》三百篇。

② 之，指"诵《诗》三百"的人。授之以政，是说把政事交给他去办理。

③ 不达，是处理政事，不能行得通。

④ 使，出使。四方，指外国。专对，是使者随机应变，

应对交涉。春秋时代,外交使者往往彼此唱《诗》,以相应对,若能达辞备礼,恰如其分,便是善于专对。如晋韩宣子(名起)在鲁,赋《角弓》以相亲(见《左传》昭公二年);在卫,赋《木瓜》以永好(见《左传》昭公二年);在郑,赋《我将》以靖乱(见《左传》昭公十六年),即其著例。使于四方,不能专对,是说派他出使外国,不能自己谈判应对。

⑤以,用。这是说,《诗经》虽然读得多,有什么用处呢?

按: 此章言读《诗》要能致用。

第六章

子曰:"其身①正,不令而行②。其身不正,虽令不从③。"

① 其身,指居上位者本身。
② 令,发号施令。行,遵行实践。在下者受在上者行为的感动,不等到发布命令,早已照着榜样实行了。
③ 不从,人心不服,不愿依从。

按: 此章言执政者必己正乃可化民。

第七章

子曰:"鲁卫之政,兄弟也。"①

① 鲁是周公旦之后，卫是康叔段之后，周公旦和康叔段是兄弟，而鲁卫二国的政治，也大略相似，正和周公康叔之为兄弟一般。

按：此章言鲁卫二国之政治相同。

第八章

子谓卫公子荆①："善居室②。始有③，曰：'苟合矣④。'少有⑤，曰：'苟完矣⑥。'富有⑦，曰：'苟美矣⑧。'"

① 公子荆，卫国的公子。《左传》襄公二十九年载，吴公子季札适卫，曾称公子荆为君子，则其人之贤可知。因鲁国也有公子荆（见《左传》哀公二十四年），故此处特加"卫"字以别之。子谓卫公子荆，是说孔子批评卫公子荆，以下都是批评之辞。
② 善居室，是说善于居家过生活。
③ 始有，是说当他刚有一点财物时。
④ 三"曰"字，都是孔子引述公子荆自评之辞。三"苟"字，都当"且""将"解。合，给、足。苟合矣，是说差不多够了。
⑤ 少有，是说当他有较多财物时。
⑥ 完，齐备。苟完矣，是说差不多齐备了。
⑦ 富有，是说当他有更多财物时。

⑧ 美,当富丽堂皇解。苟美矣,是说差不多富丽堂皇了。

按:此章言卫公子荆知足常乐。

第九章

子适卫①,冉有仆②。子曰:"庶矣哉③!"冉有曰:"既庶矣,又何加焉④?"曰:"富之⑤。"曰:"既富矣,又何加焉⑥?"曰:"教之⑦。"

① 适,往。孔子去卫国。
② 仆,驾车。冉有为他驾车子。
③ 庶,众多。矣哉,感叹语气词。庶矣哉,是说卫国的人民够多了。
④ 加,增加。冉有问道:"人民已够多了,又该再办些什么呢?"
⑤ 之,指人民。孔子答道:"使他们富裕。"
⑥ 冉有又问道:"人民若已够富裕了,又该再办些什么呢?"
⑦ 孔子答道:"教育他们。"

按:此章言治民之道,应先富而后教。

第十章

子曰:"苟有用我者,期月而已可也,三年有成。"①

① 期，音基（jī），同朞。期月，一年。已，止。成，成绩。孔子的意思是说，假若用我主持国政，只要一年就很可观，三年便很有治绩。据《史记·孔子世家》载：卫灵公老，怠于政，不用孔子。因此孔子很感慨地说了这几句话，由此可见孔子用世的心情了。

按：此章孔子自许其治世之才。

第十一章

子曰："'善人为邦百年，亦可以胜残去杀矣①。'诚哉是言也②！"

① 为邦，治国。胜，旧音升（shēng），胜残，感化残暴，使不为恶。去，旧音取（qǔ），去杀，民化于善，不用刑杀。此二句是古代成语，意思是说，善人性情敦笃，心地纯良，继世治国，经过百年之久，也可以感化残暴，消除刑杀了。
② 孔子的意思，认为这两句古语，说得真是正确的。

按：此章言善人治国，可以使民向义，不用刑罚。

第十二章

子曰："如有王者，必世而后仁。"①

① 王者，是受命为天子的圣人。世，三十年。孔子的意思是说，假若有王者兴起，也必定要三十年的时间，才能推行仁政于天下。

按：此章言圣人治世，亦非暂时所能见效。

第十三章

子曰："苟正其身矣，于从政乎何有①？不能正其身，如正人何②？"

① 从政，从事政务，指出仕。何有，言何难之有。
② 从政者在率民去邪从正；己身尚不能正，如何能正人呢？

按：此章言必身修而后可以从政。

第十四章

冉子退朝①。子曰："何晏也②？"对曰："有政③。"子曰："其事也④，如有政，虽不吾以，吾其与闻之⑤。"

① 冉子，冉有。据阮元《校勘记》，知或本正作冉有。此章于冉有称子，当是其门人所记。冉有当时为季氏宰，退朝，是从季氏的私朝回来。

② 晏,晚。也,同"邪",疑问语助词。何晏也,等于说为什么退朝这样晚呢?

③ 政,政务。冉有因有政务,故退朝晚。

④ 事,事务。政与事不同:政是国家的政策,事是私朝的琐事。其事也,是说那不是政务,只是事务而已。

⑤ 以,用。与,音预(yù),参与。据《左传》哀公十一年载:季氏以田赋征求孔子的意见,并且对他说:"子为国老,待子而行。"可见孔子当时虽已告老,国家的重要政务还是要向他请教,所以孔子说:"假如有什么政务,国家虽然不用我了,我也会知道的。"

按:此章言政与事不同,孔子正名,以正冉有之误。

第十五章

定公问:"一言而可以兴邦,有诸①?"孔子对曰:"言不可以若是其几也②。人之言曰:'为君难,为臣不易③。'如知为君之难也,不几乎一言而兴邦乎④?"曰:"一言而丧邦,有诸⑤?"孔子对曰:"言不可以若是其几也。人之言曰:'予无乐乎为君,唯其言而莫予违也⑥。'如其善而莫之违也,不亦善乎⑦?如不善而莫之违也,不几乎一言而丧邦乎⑧?"

① 一言,一句话。诸,之乎。定公问孔子道:"只一句话就可以使国家兴盛,有没有这种说法呢?"

②其,之。几,期望。言不可以若是其几也,是说一句话不可以期望具有这样的效果。

③为君难,为臣不易,是当时人常说的话,意思是说,做君主是很难的,做人臣也不容易。

④几,近。孔子的意思是说,若知道做君主是难的,那便处处谨慎,努力做好,不也近于只一句话就可以使国家兴盛吗?

⑤丧,丧亡。一言而丧邦,是承上文而省"可以"二字。此处定公又问道:"只一句话就可以使国家灭亡,有没有这种说法呢?"

⑥予无乐乎为君,唯其言而莫予违也,也是当时人常说的话,意思是说,我觉得做君主没有什么乐趣,只有说话没有人反抗我是快乐的。

⑦其,指君主所说的话。这是说,如果君主的话都对而没有人反抗,不也是很好的吗?

⑧一言,指"唯其言而莫予违也"。这是说,如果君主的话不对而没有人反抗,不也近于只一句话就可以使国家灭亡吗?

按: 此章言国家兴亡,以君主居心敬肆为断。

第十六章

叶公问政①。子曰:"近者说,远者来②。"

① 叶，音 shè，楚地名。叶公，即沈诸梁，解见《述而篇》第十八章注。据《史记·孔子世家》，孔子自蔡如叶，叶公问政，是鲁哀公六年事。
② 说，同"悦"。来，归附。近者说，远者来，是说使近的人喜悦，远的人来归。《韩非子·难三篇》曰："叶公子高问政于仲尼，仲尼曰：'政在说近而来远。'子贡问……仲尼曰：'叶都大而国小，民有背心，故曰政在说近而来远。'"（又见《墨子·耕柱篇》《尚书大传》《说苑·政理篇》）可见孔子答叶公之问，是有为而发的了。

按：此章言为政以得民心为要务。

第十七章

子夏为莒父宰①，问政②。子曰："无欲速③，无见小利④。欲速则不达⑤，见小利则大事不成⑥。"

① 父，音甫（fǔ）。莒父，鲁国小邑名，《山东通志》以为在今山东高密县东南。宰，邑长。
② 子夏向孔子请问为政之道。
③ 无，同"毋"，禁止之辞。无欲速，等于说不要求快。
④ 无见小利，是说不要只顾小的利益。
⑤ 政事有先后本末的差异，主政的人必须按部就班，循序去做，才能渐见成效；若但求快，往往是不能达到目

的的。

⑥ 主政的人，要有远大的理想，更要有伟大的气魄，才能成就伟大的事业；若处处只顾到小的利益，则影响所及，反使大事不能成功了。

按：此章言为政应有远见。

第十八章

叶公语^①孔子曰："吾党有直躬者^②，其父攘羊，而子证之^③。"孔子曰："吾党之直者异于是^④：父为子隐，子为父隐，直在其中矣^⑤。"

① 语，读去声，音 yù，告诉。
②《集解》引孔氏曰："直躬，直身而行。"吾党有直躬者，是说我们家乡有个坦白直率的人。
③ 其父，指"直躬者"之父。攘，凡六畜自来而取之曰"攘"。子，指"直躬者"自己。证，《说文》云："告也。"犹今言"检举""揭发"。《韩非子·五蠹篇》引述此事作"谒之吏"，《吕氏春秋·仲冬纪·当务篇》作"谒之上"。其父攘羊，而子证之，是说他父亲攘取了别人的羊，他便亲自去告发。
④ 直者，率直的人。吾党之直者异于是，是说我们家乡率直的人和你所说的这个人有所不同。

⑤ 二"为"字，并读去声，当"代替"解。隐，隐藏，动词。孔子的意思是说，父亲替儿子隐恶而扬善，儿子替父亲隐恶而扬善，乃是人情之常，顺理之至，故不求直而直自然在其中了。

按：此章言直须合乎情理。

第十九章

樊迟问仁。子曰："居处恭，执事敬，与人忠①。虽之夷狄，不可弃也②。"

① 居处，二字同义，此处指平常的独居生活。恭，谦恭端正。执事，做事。敬，敬慎谨严。与人，与人交游。忠，忠心诚意。居处恭，是对"己"；执事敬，是对"事"；与人忠，是对"人"。仁道博大不边，但归纳来说，不外对己、对事、对人三者，所以这三者就是仁道的具体内容，能够做到这三者，便可算是实践了仁了。

② 之，往。弃，废弃。孔子的意思是说，仁是人道，人道以恭敬忠信为主，夷狄毕竟也是人类，所以上面这几种品德，纵使去到夷狄之邦，也是不能不要的。

按：此章言仁道须笃实践履，从平常生活中做起。

第二十章

子贡问曰:"何如斯可谓之士矣①?"子曰:"行己有耻②,使于四方,不辱君命③,可谓士矣。"曰:"敢问其次④。"曰:"宗族称孝焉,乡党称弟焉⑤。"曰:"敢问其次。"曰:"言必信,行必果,硁硁然小人哉⑥!抑亦可以为次矣⑦。"曰:"今之从政者何如⑧?"子曰:"噫⑨!斗筲之人,何足算也⑩?"

① 子贡不知如何方可称为士,故问于孔子。
② 行,行为。耻,羞耻心。行己有耻,是说心知有耻,则有所不为;就是用羞耻心来约束自己的行为之意。
③ 使,出使。辱,辱没。使于四方,不辱君命,是说出使外国,能够完成国君所给与的使命。
④ 子贡以为上面孔子所说的,有见识、有才能、有为有守,是最标准的士人,因此又问:次一等的如何呢?
⑤ 宗族,同姓的人。《尔雅·释亲》云:"父之党为宗族。"乡党,乡里。孔子之意,以为宗族里都称赞他孝顺父母,乡里间都称赞他恭敬尊长,这便是所谓孝弟之士,故为次一等的士人。
⑥ 行,音杏(xìng),行为,名词。硁硁,小石坚确貌。孔子之意,以为说话一定信实,行为一定坚决,这只是坚确自守、注意言行的小人呀!
⑦ 抑,句首语助词。抑亦可以为次矣,是说也可算是再次一等的了。

⑧ 子贡甚有政治才能，但不知当时的执政者可否称之为士，故又问于孔子。
⑨ 噫，感叹声，犹今言"唉！"
⑩ 斗，量名，能容十升。筲，音稍（shāo），《说文》作"籍"，是古代的饭筐，能容五升。算，数也。斗筲之人，何足算也，是说这些度量器识狭小的人，怎能算得上呢？

按：此章言士人以器识才能为贵。

第二十一章

子曰："不得中行而与之①，必也狂狷乎②！狂者进取，狷者有所不为也③。"

① 中行，中庸的行为。中庸之行，圆融无碍，最是难得。故《雍也篇》第二十七章云："子曰：'中庸之为德也，其至矣乎！民鲜久矣。'"不得中行而与之，是说得不到中庸的人而和他交游。
② 狂，志愿高大、行为不切实的人。狷，音倦（juàn），与《孟子·尽心下篇》"必也狂獧乎"的"獧"同，是廉介自守的人。必也狂狷乎，是说那一定要和狂大狷介的人交游了。
③ 进取，一意向前。狂大的人努力进取，狷介的人有些事情不肯去做，他们都有一点长处，比那些似中庸而实

非中庸的乡愿好得多了。

按：此章言狂狷之人有可取处。

第二十二章

子曰："南人①有言曰：'人而无恒，不可以作巫医②。'善夫③！""不恒其德，或承之羞④。"子曰："不占而已矣⑤。"

① 南人，南方人。
② 巫医，古代以禳祷之术为人治病，这种人称为巫医。人而无恒，不可以作巫医，是南方人所说的话，意思是说，人若没有恒心，就连巫医都做不成的。
③ 夫，感叹语气词。孔子以为南人这两句话，说得好极了。
④《诗经·小雅·天保篇》"无不尔或承"，郑笺解"或"为"常"。承，受。"不恒其德，或承之羞"，是《易经·恒卦》九三的爻辞，意思是说，没有恒心的人，常会招致耻辱的。
⑤ 占，占卜吉凶。没有恒心的人，占卦只有凶，不会有吉。所以说，不要为他占卦了。

按：此章言人贵有恒。

第二十三章

子曰:"君子和而不同,小人同而不和①。"

① 和,和谐、中和。同,阿比、附和。君子重公义,故能融和异己的意见,而不盲从附和别人的意见;小人重私利,故须偏袒相同的意见,而不接受异己的意见。

按:此章言君子与小人存心公私不同。

第二十四章

子贡问曰:"乡人皆好之,何如①?"子曰:"未可也②。""乡人皆恶之,何如③?"子曰:"未可也④。不如乡人之善者好之,其不善者恶之⑤。"

① 好,音号(hào),喜爱。子贡不知个人之善恶是否取决于舆论,故问于孔子,意思是说,全乡的人都喜爱他,这个人怎么样?
② 全乡的人都喜爱他,他可能是真正的"善人",也可能是害德的"乡愿"(见《阳货篇》第十三章、《孟子·尽心下篇》)。若他正是"乡愿",却以为他是"善人",那就错了,所以孔子说:"不可以就说是善人。"
③ 恶,音误(wù),厌恶。子贡又问道:"全乡的人都厌

恶他，这个人怎么样？"

④ 乡人习俗，善恶不同。如互乡（见《述而篇》第二十八章）的人都厌恶他，他未必就是坏人。

⑤ 全乡的舆论，既不足以为善恶的标准，所以全乡人都喜爱他，或全乡人都厌恶他，倒不如乡中的"善人"喜爱他，乡中的坏人厌恶他，这样倒可以证明他真正是个"善人"。

按： 此章言人之善恶，应以善人之见为准。

第二十五章

子曰："君子易事而难说也①。说之不以道，不说也②；及其使人也，器之③。小人难事而易说也④。说之虽不以道，说也⑤；及其使人也，求备焉⑥。"

① 说，同"悦"。君子之心公正而宽恕，故容易服事他，但难博得他喜欢。

② 君子重义，要讨他喜欢，必须用正当的方法，若不用正当的方法，他就不会喜欢。

③ 使，用。器之，是就其才器而使用之。这是说，君子爱惜人才，当他用人的时候，是依着各人的才器去分配职务。

④ 小人之心自私而刻薄，故不容易服事他，但容易博得

他喜欢。

⑤ 小人重利，要讨他喜欢，虽然不用正当的方法，他也会喜欢的。

⑥ 备，与《微子篇》第十章"无求备于一人"之"备"同，当"全备"解。这是说，小人心理刻薄，当他使用人的时候，求全责备，处处都要人做得好。

按：此章言君子与小人用人态度不同。

第二十六章

子曰："君子泰而不骄，小人骄而不泰①。"

① 泰，安舒。骄，骄傲。君子坦荡荡，心地平和，敬慎自持，故泰而不骄。小人骄矜凌人，肆无忌惮，故骄而不泰。

按：此章言君子小人气度不同。

第二十七章

子曰："刚、毅、木、讷，近仁①。"

① 刚，刚强。毅，坚决。木，朴实。讷，音 nè，说话迟钝。仁者圆融，最不易说，孔子在此，但从其近似处

言之。《中庸》引孔子曰："力行近乎仁。"力行必须刚毅。《学而篇》第三章："子曰：'巧言令色，鲜矣仁。'"刚毅的人决不会有令色，木讷的人也决不会有巧言。由此可知，刚、毅、木、讷之近于仁了。

按： 此章言近仁四德，教人着意求仁。

第二十八章

子路问曰："何如斯可谓之士矣①？"子曰："切切偲偲，怡怡如也，可谓士矣②。朋友切切偲偲，兄弟怡怡③。"

① 子路不知如何方可称之为士，故问于孔子。
② 偲，音思（sī）。切切偲偲，切磋责善的样子。怡怡，和顺的样子。孔子之意，以为人能互相切磋，批评规劝，并且和睦相处，就可以称之为士了。本篇第二十章子贡问曰："何如斯可谓之士矣？"与此章子路之问相同，而孔子所答各异。因为子贡以辞令见长，衔命周旋于列国之间，故孔子教他"行己有耻，使于四方，不辱君命"，以勉其成。子路则以勇敢著称，"暴虎冯河，死而无悔"（见《述而篇》第十章），故孔子教他"切切偲偲，怡怡如也"，以救其失。由此可见孔子之因材施教了。
③ 朋友之间，以道义相尚，故须互相切磋，批评责善；兄弟之间，以恩情为主，故须谦顺欣悦，和睦相处。

按：此章言士人待兄弟朋友之道。

第二十九章

子曰："善人教民七年，亦可以即戎矣。"①

① 古人三载考绩，七年是言其时间之久。即，就。戎，兵戎。即戎，当"去打仗"解。善人在位，教民有方，若经过七年之久，则孝弟忠信，务农讲武，莫不深中于民心，人民能亲其上，死其长，就可以使他们赴汤蹈火，去为国打仗了。

按：此章言善人教民之效。

第三十章

子曰："以不教民战，是谓弃之。"①

① 以，用。不教民，未经受过训练的人民。战，作战。弃，抛弃。古时军队，明耻教战，注重训练，训练成熟以后，才能调往前方。若将未经过训练的人民调去作战，那就等于抛弃他们了。

按：此章言治国当重戎事。

宪问篇第十四

第一章

宪问耻①。子曰:"邦有道,谷;邦无道,谷,耻也②。"

① 宪,原宪,已见《雍也篇》第三章,此章不书姓,但书名,疑为原宪自记。耻,耻辱。
② 谷,俸禄。古时做官,俸禄都是给谷米,故以谷为俸禄之代称。孔子的意思是说,国家政治清明时,应该做官领俸禄。国家政治黑暗时,做官领俸禄,这就是耻辱。《泰伯篇》第十三章有云:"天下有道则见,无道则隐。邦有道,贫且贱焉,耻也;邦无道,富且贵焉,耻也。"可与此文之意互相发明。

按:此章言做人须有为有守。

第二章

"克、伐、怨、欲,不行焉,可以为仁矣①?"子曰:"可以为难矣②,仁则吾不知也③。"

① 克,好胜。伐,自夸。怨,怨恨。欲,贪欲。《经传释词》:"矣,犹乎也。"《史记·孔子世家》作"可以为

仁乎？"原宪问："此四种心理毛病，都不曾表现过，是否可以说这种人就是仁人呢？"据《史记·仲尼弟子列传》，此文上有"子思曰"三字，只是阑入原宪之下，《论语》则编在《宪问篇》中，可以证明此是原宪发问之辞。
② 难，难能可贵。因此四种毛病，人皆有之，若能克制不发，自是难能可贵。
③ 仁者以仁存心，凡事顺其自然，天理流行，故能仁德昭著，若是克制不发，便是内心先有此四种毛病，不足以为仁了。

按：此章言克制私欲，未能尽仁之义。

第三章

子曰："士而怀居，不足以为士矣。"①

① 怀，怀恋。居，安居。《左传》僖公二十三年载：晋文公流亡在齐国时，有妻妾，有家财，文公安之。其妻姜氏因对他说："行也！怀与安，实败名。"正可说明此处"怀居"二字之义。孔子的意思是说，士人当志于道，敦品励学以为世用，若只怀恋生活安逸，便够不上为士人了。

按：此章言士人当有大志，不图苟安。

第四章

子曰:"邦有道,危言危行①;邦无道,危行言孙②。"

① 危,《广雅》云:"正也。"行,音杏(xìng),行为,名词。这是说,在国家政治清明时,则须言语正直,行为正直,以行其道。
② 孙,同"逊",谦顺。这是说,在国家政治黑暗时,则须行为正直,言语谦逊,以免招祸。

按:此章教人处世之方。

第五章

子曰:"有德者必有言,有言者不必有德①。仁者必有勇,勇者不必有仁②。"

① 有道德的人,和顺积于中,而英华发于外,故必能说出有价值的言语。但说出有价值言语的人,可能是利口辩给,不一定能有道德。
② 仁人心无私累,见义必为,故曰:"无求生以害仁,有杀身以成仁。"(见《卫灵公篇》第八章)可见仁人必有勇敢。只有勇敢的人,可能是血气方刚,意气用事,不一定能有仁德。

按：此章言仁为一切道德之本。

第六章

南宫适①问于孔子曰："羿善射②，奡荡舟③，俱不得其死然④。禹稷躬稼而有天下⑤。"夫子不答⑥。南宫适出⑦，子曰："君子哉若人！尚德哉若人⑧！"

① 适，音瓜（guā）。南宫适，即南容，解见《公冶长篇》第一章注。
② 羿，音诣（yì）。羿，夏代有穷国的君主，善射箭，灭夏后相而篡其位，其臣寒浞又杀羿而代之。见《左传》襄公四年。
③ 奡，音傲（ào），字又作"浇"，是夏代寒浞的儿子，后为夏后少康所杀。荡舟，顾炎武《日知录》云："古人以左右冲杀为荡。陈其锐卒，谓之跳荡；别帅谓之荡主。荡舟盖兼此义。"奡荡舟，犹今言奡善用舟师冲锋陷阵。
④ 然，同"焉"，句末语气词。俱不得其死然，是说羿被寒浞杀死，奡被少康杀死，他们俩都不能得到好死。
⑤ 稷，周代的始祖，在虞舜时为后稷，教民耕种，树艺五谷，然后人民才吃米粮为生。躬稼，亲身耕种。禹稷躬稼而有天下，是说禹和稷亲自耕种，却得到了天下。南宫适的意思，是说羿和奡恃其强力，结果都不能得到好死；禹和稷对人民有大功德，结果能得到天下，可见

统治天下，功德比武力重要多了，他问孔子以为如何？

⑥ 孔子不答复他。

⑦ 出，退去。

⑧ 若，此。君子哉若人，尚德哉若人，等于说此人真是好君子！此人真是尊尚道德！

按：此章言孔子贵道德而贱武力。

第七章

子曰："君子而不仁者，有矣夫①！未有小人而仁者也②！"

① 《里仁篇》第五章云："君子去仁，恶乎成名。"可知君子之所以称为君子，正是"仁"故。但仁涵盖众德，博大圆满，光辉灿烂，君子之人所作所为，有时偶或偏差，所以说，君子之中不仁的人也会有吧！

② 小人但知自利，处处损人以利己，毕竟都是不仁的。所以说，小人之中是不会有仁德的。

按：此章言君子与小人皆当用力于仁。

第八章

子曰："爱之，能勿劳乎①？忠焉，能勿诲乎②？"

① 之,指人。劳,勤劳。爱之,能勿劳乎?等于说爱护他,能不使他勤劳吗?《国语·鲁语下篇》云:"夫民劳则思,思则善心生,逸则淫,淫则忘善,忘善则恶心生。沃土之民不材,淫也;瘠土之民莫不向义,劳也。"可为此文注脚。
② 焉,用法与"之"字同。诲,教诲。忠于国君,若君主有过失时,则应教导他,使他能知过改过,否则便是长君之恶,不是忠了。

按:此章言爱民忠君之道。

第九章

子曰:"为命①,裨谌草创之②,世叔讨论之③,行人子羽修饰之④,东里子产润色之⑤。"

① 命,辞令、辞命,此处指外交辞令。为命,制定外交辞令。《左传》襄公三十一年载:郑国将有诸侯之事,子产使子羽为辞令,并与裨谌谋可否,事成,乃使子太叔应对宾客,可与此文相参证。
② 谌,音辰(chén)。裨谌,郑国的大夫。草创,起草。之,指外交辞令,下并同。
③ 世叔,即《左传》的子太叔,名游吉,也是郑国的大夫。讨论,郑康成解为"整理"的意思。

④ 行人，官名，即古代的外交官。子羽，公孙挥的字。修饰，修改其字句。
⑤ 东里，地名，在今河南郑州市，为子产所居之地，故称东里子产。润色，润饰文词，增加文采，使辞令更美满。

按：此章言郑国制定外交辞令之审慎。

第十章

或问子产①。子曰："惠人也②。"问子西③。曰："彼哉！彼哉④！"问管仲⑤。曰："人也⑥。夺伯氏骈邑三百⑦，饭疏食⑧，没齿无怨言⑨。"

① 有人向孔子请问子产是怎样的人物。
② 惠，爱。惠人，宽厚慈爱的人。《左传》昭公二十年："子产卒，仲尼闻之，出涕曰：'古之遗爱也。'"正是此文"惠人"之意。
③ 春秋时有三个子西，一是郑国的公孙夏，生当鲁襄公之世，是子产的同宗兄弟，子产就是继他而主持郑国之政的。二是楚国的斗宜申，生当鲁僖公之世，因谋反被杀。三是楚国的公子申，生当鲁定公、哀公之世，而死在孔子之后。《论语》记载孔子评骘人物，多为齐晋郑卫各国之士，且多在定公哀公以前。这人所

问的子西,当是公孙夏。

④ 彼,指子西。彼哉!彼哉!是表示轻视之词。等于说"他呀!他呀!"

⑤ 这人问子产和子西之后,又问管仲是怎样人物。

⑥ 人也,是说他是个人才。

⑦ 伯氏,齐国的大夫。骈邑,是伯氏的食邑,在今山东临朐县柳山寨。三百,三百户。管仲为齐相,而伯氏犯罪,他便削夺了伯氏在骈邑三百户的采地。

⑧ 食,音 sì。饭疏食,是说使伯氏吃粗粮过活。

⑨ 齿,年齿。没齿,犹言终身。没齿无怨言,是说使伯氏到死对管仲都没有怨恨的话。

按:此章孔子批评子产子西管仲之为人。

第十一章

子曰:"贫而无怨难①,富而无骄易②。"

① 凡人贫穷,便往往会口出怨言;欲无怨言,则必须安贫而乐道,但安贫而乐道,是很难做到的,所以说贫穷而无怨言,很难做到。

② 凡人富贵,便往往会心生骄傲;欲无骄傲,则必须恭敬而好礼,但恭敬而好礼,是比较容易做到的,所以说富贵而不骄傲,比较容易做到。

按：此章言人能乐道而好礼，自无骄怨。

第十二章

子曰："孟公绰为赵魏老则优①，不可以为滕薛大夫②。"

① 孟公绰，鲁国大夫，与孔子同时而稍早，《史记·仲尼弟子列传》说他是孔子所尊敬的人，《左传》襄公二十五年曾记载他的一段事。赵魏，是晋国两个大夫的姓。老，古代大夫的家臣称老，也称室老。优，绰有余裕。孟公绰清静寡欲，以德行著称，若叫他做赵氏魏氏的家臣，则绰有余裕。
② 滕薛，两个小国名。滕的故城在今山东滕县西南十五里，薛的故城在今滕县西南四十四里。孟公绰才干不足，故不可以做滕薛的大夫。

按：此章言才德偏缺，难任要职。

第十三章

子路问成人①。子曰："若臧武仲之知②，公绰之不欲③，卞庄子之勇④，冉求之艺⑤，文之以礼乐⑥，亦可以为成人矣⑦。"曰⑧："今之成人者何必然⑨？见利思义，见危授命⑩，久要不忘平生之言⑪，亦可以为成人矣⑫。"

① 成人，完人，即道德完备的人。子路不知如何才是完人，故问于孔子。

② 臧武仲，即鲁国的大夫臧孙纥。知，同"智"。臧武仲很聪明，他逃到齐国之后，能预知齐庄公要被杀，便设法辞去庄公给他的田地。事见《左传》襄公二十三年。

③ 公绰，即孟公绰，鲁国大夫。不欲，清静寡欲。

④ 卞，鲁国邑名，庄子为卞邑大夫，故称卞庄子。《史记·陈轸传》记他刺虎事；《荀子·大略篇》记齐人畏他，不敢伐鲁；《韩诗外传》卷十、《新序·义勇篇》则记他赴敌死难事，都足以证明他的勇敢。

⑤ 艺，多才多艺。《雍也篇》第六章云："求也艺。"

⑥ 文，文饰，动词。文之以礼乐，是说以礼节之，以乐和之。

⑦ 孔子的意思，是要把上述四人的长处合而为一，再加上礼乐的文饰，才可以算是完人。

⑧ 此下亦是孔子语，只是稍停再说，故加"曰"字以别之。说见俞樾《古书疑义举例》卷二。

⑨ 然，如此。今之成人者何必然，是说现在的完人哪里定要如此？

⑩ 授命，致命。见利思义，见危授命，是说看见个人利益时，便考虑该不该得；遇到国家危难时，便能付出生命。《礼记·曲礼上篇》云："临财毋苟得，临难无苟免。"可为此文注脚。

⑪ 要，《广雅·释言》云："约也。"久要，旧时的约定。平生，少小的时候。久要不忘平生之言，是说其人存心

信义，虽是小时的期约，久久还能不忘旧时的诺言。
⑫ 这是现在的完人，也算是次一等的完人。

按：此章言成人之品德。

第十四章

子问公叔文子于公明贾曰①："信乎？夫子不言、不笑、不取乎②？"公明贾对曰："以告者过也③。夫子时然后言，人不厌其言；乐然后笑，人不厌其笑；义然后取，人不厌其取④。"子曰："其然？岂其然乎⑤？"

① 公叔文子，卫国大夫，姓公孙，名拔，亦作公孙发，文是谥号，《礼记·檀弓篇》载有他的故事。公明贾，姓公明，名贾，卫人。子问公叔文子于公明贾，是说孔子向公明贾问到公叔文子。
② 夫子，指公叔文子。当时人们传说公叔文子不言不笑不取，孔子不相信，因问于公明贾是否属实。
③ 以，当"此"解，说见杨树达《词诠》。以告者过也，是说这是传话的人说错了。
④ 这是说，公叔文子在应说话的时候才说话，别人不会厌恶他的话；他在快乐的时候才笑，别人不会厌恶他的笑；他在应该有取于人的时候才取于人，别人不会厌恶他的取。

⑤其然？岂其然乎？等于说果真如此？难道果真如此吗？这是赞美之词。

按：此章言公叔文子言行可法。

第十五章

子曰："臧武仲以防求为后于鲁①，虽曰不要君，吾不信也②。"

①防，臧武仲的采邑，在今山东费县东北六十里之华城。为后，立后代。鲁襄公二十三年，臧武仲为孟孙所谮，出奔邾，自邾至其采邑防城，因请立后，鲁立其子臧为，武仲才往齐国。臧武仲以防求为后于鲁，是说臧武仲凭借着他的采邑防城请求为他在鲁国立后代。

②要，音腰（yāo），要挟。臧武仲卑辞请立其后，在表面上不像是要挟国君，但他据着防城而请求，鲁君若不允所请，势必使他据防叛变，实则等于要挟。所以孔子说，纵使有人说他不是要挟国君，我是不相信的。

按：此章言臧武仲要挟国君以立后。

第十六章

子曰："晋文公谲而不正，齐桓公正而不谲。"①

① 晋文公，名重耳，齐桓公，名小白，是春秋时五霸中最有名的两个霸主。谲，音决（jué），诡诈。正，正直。如《左传》僖公二十八年载：晋文公召天子而使诸侯朝之，以臣召君，不可以训，所以说"谲而不正"。又如《左传》僖公四年载：齐桓公以诸侯之师入蔡，因遂伐楚，责其苞茅不入贡于周室，义正词严，所以说"正而不谲"。

按：此章言齐桓晋文心地不同。

第十七章

子路曰："桓公杀公子纠，召忽死之，管仲不死。①"曰②："未仁乎③？"子曰："桓公九合诸侯④，不以兵车⑤，管仲之力也⑥。如其仁⑦！如其仁！"

① 齐桓公和公子纠都是齐襄公的弟弟，齐襄公无道，两人恐祸及，桓公便由鲍叔牙侍奉逃往莒国，公子纠由管仲和召忽侍奉逃往鲁国。及襄公从弟子无知弑公自立，而齐人又杀无知，齐国一时遂无君主，人心莫定，齐桓公先入齐国，立以为君，便派兵伐鲁，大败鲁师，逼迫鲁国杀公子纠，召忽因此自杀，管仲被囚送返齐国，因得鲍叔牙之荐，齐桓公便释了管仲，并用他为宰相。事见《左传》庄公八年和九年，《史记·齐世家》。
② 此"曰"字还是子路说，只是叙完上述的话后，稍停

再说，故加"曰"字以别之。

③ 未仁乎，是问管仲忘主事仇，没有仁德罢?

④《史记》称齐桓公纠合诸侯，有兵车之会三次，乘车之会六次；但据《左传》，实有十四会；《穀梁传》则言衣裳之会十一次。古书记载，实有不同。此处"九"字乃是虚数，不过言其次数之多而已。桓公九合诸侯，是说齐桓公很多次会合诸侯。

⑤ 以，用。不以兵车，是说齐桓公不用兵车威胁诸侯来与会。

⑥ 齐桓公对于管仲，言听计从，一切措施，完全信赖。管仲之力也，是说九合诸侯，完全是管仲的力量。

⑦ 如，乃。其，指管仲。如其仁，等于说正是管仲的仁德。

按：此章言管仲功在国家，足称仁德。

第十八章

子贡曰："管仲非仁者与①？桓公杀公子纠，不能死，又相之②。"子曰："管仲相桓公，霸诸侯，一匡天下，民到于今受其赐③。微管仲，吾其被发左衽矣④。岂若匹夫匹妇之为谅也？自经于沟渎而莫之知也⑤！"

① 子贡以为管仲忘主事仇，不是仁人，他的意思和前章子路的意思相同。

②相,读去声,音xiàng,辅相,动词。之,指桓公。
③霸,伯、诸侯之长,此处为动词,当"称霸"解。一,皆、尽。匡,正,动词。朱注云:"尊周室,攘夷狄,皆所以正天下也。"赐,恩赐。这是说,管仲辅相桓公,称霸于诸侯,使天下得到匡正,人民到如今还受到他的恩赐。
④微,无。被,同"披"。古时夷狄之俗,都不梳头,但披着发,故曰"被发"。衽,音任(rèn),衣襟。古时中国人的衣服向右开襟,夷狄则向左开襟,故以"左衽"为夷狄之代称。微管仲,吾其被发左衽矣,是说若果没有管仲,我们都要披散着头发、衣襟向左边开,沦为夷狄了。
⑤谅,小信。自经,自缢。渎,音独(dú),沟。沟渎,犹言沟壑。岂若匹夫匹妇之为谅也,自经于沟渎而莫之知也,是说他难道要像普通老百姓那样守着小节小信,在山沟中自杀而死,没有人知道他们吗?

按: 此章言管仲不顾小节,能立大功。

第十九章

公叔文子之臣大夫僎与文子同升诸公①。子闻之②,曰:"可以为'文'矣③。"

①臣,家臣。僎,音撰(zhuàn)。刘宝楠《正义》云:"家

臣之中，爵秩不同，尊者为大夫，次亦为士。故此别之云'大夫僎'，明僎为家臣中之为大夫者也。"升，登。诸，于。公，公朝。这是说，大夫僎由于文子的推荐，和文子一起在朝中做官。

② 孔子知道了这件事。

③ 可以为"文"矣，是说文子忘己推贤，有此美德，真可以谥为"文"了。

按：此章言公叔文子忘己推贤之美德。

第二十章

子言卫灵公之无道也①。康子曰："夫如是，奚而不丧②？"孔子曰："仲叔圉治宾客③，祝鮀治宗庙④，王孙贾治军旅⑤，夫如是，奚其丧⑥？"

① 孔子与季康子谈及卫灵公为君无道。

② 夫，音扶（fú），发语词。奚，何。而，语词。丧，是失位。康子谓卫灵公既失君道，何以不失诸侯之位？

③ 仲叔圉，即孔文子，卫国大夫。治宾客，管理接待宾客的事。

④ 祝鮀，卫大夫，有口才，管理祭祀宗庙的事。

⑤ 王孙贾，卫大夫，习于军旅。

⑥ 言能用人如此，何至于失位。

按：此章言为政得人之重要。

第二十一章

子曰："其言之不怍，则为之也难。"①

①《说文》云："怍，惭也。"凡人做事，必须度德量力，才能胜任愉快。若大言不惭，自欺欺人，则做来就很困难了。

按：此章教人说话必须慎重。

第二十二章

陈成子弑简公①。孔子沐浴而朝，告于哀公②曰："陈恒弑其君，请讨之③。"公曰："告夫三子④。"孔子曰："以吾从大夫之后，不敢不告也。君曰'告夫三子'者⑤！"之三子告，不可⑥。孔子曰："以吾从大夫之后，不敢不告也。"

①陈成子，姓田，名恒。田、陈古同音，故又称陈恒，《史记·田敬仲完世家》作田常。他是齐国的大夫。齐简公，名壬，在位四年。简公初立时，以陈恒与监止为左右相，后监止得宠幸，陈恒杀他，简公出奔，陈恒之徒追杀简公于舒州。事见《左传》哀公十四年及《史记》。

② 此时孔子已告老还家，不问政事，但听到陈恒弑简公，大逆不道，因郑重其事，斋戒沐浴，然后上朝禀奏于哀公。
③ 讨，伐。之，指陈恒。
④ 夫，彼。三子，指三家。此时鲁国政权，操在仲孙、叔孙、季孙三家之手，故哀公命孔子走告他们三人。
⑤ 孔子的意思是说，因为我曾经忝为大夫，不敢不来报告，但国君不能自命于三子，却要我去给他们三人报告。言下有无限的愤慨。
⑥ 之，往。孔子承君命，又去向三子报告，却都不肯出兵讨伐陈恒。

按：此章孔子劝哀公讨伐陈恒，以正君臣之义。

第二十三章

子路问事君①。子曰："勿欺也，而犯之。"②

① 子路请问人臣事君之道。
② 欺，欺骗。犯，冒犯。孔子以为人臣应忠于国君，不可欺骗罔上，但可据理力争，犯颜直谏。《礼记·檀弓上篇》云："事君有犯而无隐。"可为此文注脚。

按：此章言人臣当以忠诚事君。

第二十四章

子曰:"君子上达,小人下达。"①

① 达,通达。君子循天理,故日进高明之域,小人徇私欲,故日趋污下之途。

按:此章言君子与小人所达不同。

第二十五章

子曰:"古之学者为己,今之学者为人。"①

① 为,读去声,音谓(wèi)。朱注引程子曰:"为己,欲得之于己也;为人,欲见知于人也。"古之学者为己,是说古代学者的目的在修养自己的学问道德。今之学者为人,是说现代学者的目的在要别人知道,以求得功名富贵。《荀子·劝学篇》云:"古之学者为己,今之学者为人。君子之学也,以美其身;小人之学也,以为禽犊。"杨倞注云:"禽犊,馈献之物也。"可为此文注脚。

按:此章言古今学者目的不同。

第二十六章

蘧伯玉使人于孔子①。孔子与之坐而问焉②,曰:"夫子何为③?"对曰:"夫子欲寡其过而未能也④。"使者出⑤。子曰:"使乎!使乎⑥!"

① 蘧伯玉,名瑗,谥成子,卫国的贤大夫。他是孔子所尊敬的人,孔子在卫国时,曾经住在他家里。蘧伯玉使人于孔子,是说蘧伯玉派一位使者来问候孔子。
② 之,指使者。孔子与之坐而问焉,是说孔子和使者同坐并且问他。
③ 夫子,指蘧伯玉。夫子何为,是说他老先生近来做些什么?
④ 夫子欲寡其过而未能也,这是使者的对话,意思是说,他老先生想要减少其过失却还未能做到。刘氏《正义》:"《淮南子·原道训》:'蘧伯玉年五十而知四十九年非。'观此,是伯玉欲寡过而常若未能无过,亦是实语。其平居修省,不自满假之意可见。使者直对以实,能尊其主,非只为谦辞。"
⑤ 使者辞出。
⑥ 使者据实以对,十分得体,而其主之贤愈显,故孔子赞美他。使乎!使乎!等于说这是一位很好的使者呀!很好的使者呀!

按：此章言蘧伯玉使者能知其主之志行。

第二十七章

子曰："不在其位，不谋其政。"

按：此章重出，已见《泰伯篇》第十四章。

第二十八章

曾子曰："君子思不出其位。"①

① 思，思虑。位，职位。君子的人，谨身自守，明辨慎思，凡所思虑，必能依职位，而不致有越分之想。《周易·艮卦·象辞》云："君子以思不出其位。"《礼记·中庸篇》云："君子素其位而行，不愿乎其外。"并可与此文相参证。

按：此章言君子敬业尽责。

第二十九章

子曰："君子耻其言而过其行。"①

① 耻，羞耻，动词。而，当"之"解。皇侃《义疏》本、

日本足利本，"而"字正作"之"。过，超过。孔子的意思是说，君子言行并顾，而以说话多过行为为可耻。

按：此章教人言行必须兼顾。

第三十章

子曰："君子道者三①，我无能焉②：仁者不忧，知者不惑，勇者不惧③。"子贡曰："夫子自道也④。"

① 君子道，为"君子之道"的省文。三，指下文"仁者不忧，知者不惑，勇者不惧"三事。君子道者三，是说君子之道有三桩。
② 我无能焉，是孔子自谦之辞，意思是说，我一桩也不能做到。
③ "仁者不忧"三句，已见《子罕篇》第二十八章。
④ 夫子，孔子。道，说。子贡以为孔子具备君子之道，这正是他自己的说明。

按：此章孔子谦言未能不忧不惧不惑。

第三十一章

子贡方人①。子曰："赐也贤乎哉②？夫我则不暇③。"

① 方人，向有二说：孔安国以为"方"是"比方"，方人，是比较人物，评其长短。郑玄注本"方"字作"谤"，方人，谓言人之过恶。此从孔说。子贡有知人之能，故常比较人物，批评长短。如《公冶长篇》第三章："子贡问曰：'赐也何如？'"《先进篇》第十五章："子贡问：'师与商也孰贤？'"又如《大戴礼记·卫将军文子篇》载他批评同门诸子，都是显例。
② 凡人不是十全十美的，君子贵能修身向道，反求诸己。孔子以为子贡当反己自修，不宜月旦人物，所以说"子贡已经够好了吗？"意思是说不必再努力自修了吗？
③ 孔子自言我的缺点还很多，没有空闲来比方人物。

按：此章教人当反己自修。

第三十二章

子曰："不患人之不己知，患其不能也。"①

① 患，害怕。其，指自己。孔子的意思是说，不害怕别人不知道我，却害怕自己没有能力。《学而篇》第十六章："子曰：'不患人之不己知，患不知人也。'"《里仁篇》第十四章："子曰：'不患无位，患所以立；不患莫己知，求为可知也。'"与此文语意略同，可相参证。

按：此章言人贵自立。

第三十三章

子曰:"不逆诈①,不亿不信②,抑亦先觉者,是贤乎③!"

① 逆,预料。不逆诈,是说不预料别人的欺诈。
② 亿,臆度。不亿不信,是说不猜测别人的不信实。
③ 抑,但。孔子的意思是说,虽然不逆、不亿,但别人对自己的情伪,能够及早发觉,这样的人是贤者罢!

按:此章言人心地光明,而能洞察情伪,才是贤者。

第三十四章

微生亩①谓孔子曰:"丘何为是栖栖者与?无乃为佞乎②?"孔子曰:"非敢为佞也,疾固也③。"

① 微生亩,复姓微生,名亩。朱熹以为他直呼孔子之名,而且言辞傲慢,大概是高龄硕德的隐士。
② 是,如此,副词。栖,音希(xī),栖栖,犹言惶惶,是"不安居"之意。孔子欲行其道,周游列国,席不暇暖,故曰"栖栖"。佞,口辩。微生亩对孔子说:"你为什么这样忙碌呢?岂不是要逞你的口才吗?"
③ 疾,憎恨。固,固蔽不明道理。孔子的意思是说,我不敢想要逞口才,谋取富贵,而是憎恨那些固蔽不明道

理的人，使得大道不能行于天下。

按：此章孔子自言周游列国，是欲行道以救世。

第三十五章

子曰："骥不称其力，称其德也。"①

① 《说文》云："骥，千里马也。"骥气力大，日行千里，并且品德驯调，能协人意。但骥之所以称为骥者，不是称赞它的气力，而是称赞它的品德。

按：此章孔子以骥喻人，当以品德为重。

第三十六章

或①曰："以德报怨，何如②？"子曰："何以报德③？以直报怨，以德报德④。"

① 或，或人，有人。
② 有人向孔子问道："用恩惠来报答别人对自己的怨恨，怎么样呢？"
③ 以德报怨，似乎忠厚，但有失事理之平，孔子不以为然，故反问他道："既是用恩惠来报答别人对自己的怨恨，那用什么来报答别人对自己的恩惠呢？"

④ 直,直道。孔子的意思是说,应该用公平正直的做法来报答别人对自己的怨恨,用恩惠来报答别人对自己的恩惠。

按:此章言酬恩报怨须得其当。

第三十七章

子曰:"莫我知也夫①!"子贡曰:"何为其莫知子也②?"子曰:"不怨天③,不尤人④,下学而上达⑤,知我者其天乎⑥!"

① 《史记·孔子世家》载孔子说这些话时,是在鲁哀公十四年西狩获麟之后,那时孔子已七十一岁了。孔子自知年老道穷,故感叹道:"没有人能知道我了吧!"
② 子,指孔子。子贡不明白孔子的意思,故反问他道:"为什么没有人知道您呢?"
③ 孔子知天命有穷有通,故虽不能行道以救世,也不埋怨上天。
④ 尤,责备。孔子知人事有否有泰,故虽不能见知于时君,也不责备别人。
⑤ 下学,是学人事。达,通。上达,是达天命。由下学而知人事有否泰,由上达而知天命有穷通,且尽人事即所以知天命,故学人事即可以达天命。
⑥ 知我者其天乎,是说没有人能知道我,知道我的,只

有天吧!

按：此章孔子自言为学之道，在究天人之际。

第三十八章

公伯寮愬子路于季孙①。子服景伯以告②，曰③："夫子固有惑志于公伯寮④，吾力犹能肆诸市朝⑤。"子曰："道之将行也与？命也；道之将废也与？命也。公伯寮其如命何⑥！"

① 公伯寮，复姓公伯，名寮，鲁国人。《史记·仲尼弟子列传》作"公伯缭"，云"字子周"。愬，音诉（sù），讲坏话。此时子路做季孙的家臣，公伯寮因向季孙毁谤子路。
② 子服景伯，姓子服，名何，谥景，字伯，鲁国的大夫。子服景伯以告，是说子服景伯把公伯寮向季孙毁谤子路的事告诉孔子。
③ 子服景伯说。
④ 夫子，指季孙。惑，疑惑。志，意。夫子固有惑志于公伯寮，是说季孙因公伯寮的毁谤，而对子路有所疑惑。
⑤ 肆，杀人而陈其尸体。古时杀死罪人，陈其尸以示众，大夫陈于朝廷，士陈于市集，因此市朝二字往往连用。吾力犹能肆诸市朝，是说我的力量还能使季孙杀掉公伯寮，陈其尸于市集以示众。

⑥ 道，指孔子之道，也就是孔子的政治主张。子路仕于季孙，冀能行孔子之道；若季孙疑惑子路，则孔子之道不能实行。孔子的意思是说，我的政治主张能实现吗？是由天命安排定的；我的政治主张不能实现吗？也是由天命安排定的。公伯寮怎能强过天命呢！

按：此章孔子自言道之废兴，皆由天命。

第三十九章

子曰："贤者辟世①，其次辟地②，其次辟色③，其次辟言④。"

① 辟，同"避"。贤者辟世，是说有些贤人在政治黑暗、社会浑浊之时，便遁世隐居，高蹈尘外。
② 辟地，马融注云："去乱国，适治邦。"其次辟地，是说次一等的贤人，逃避纷乱的国家，迁居安定的社会。
③ 辟色，朱熹集注云："礼貌衰而去。"其次辟色，是说又次一等的贤人，逃避别人对自己不好的脸色。
④ 其次辟言，是说又次一等的贤人，逃避别人对自己的恶言。

按：此章言贤人穷则独善其身。

第四十章

子曰:"作者七人矣。"①

① 作,起。作者七人矣,是说起而去隐遁的人,已有七位了。《论语》记孔子时之隐士,共有七人:即长沮、桀溺、荷蓧丈人、晨门、荷蒉、仪封人、楚狂接舆。此处所谓"七人",或即指此。

按:此章言乱世贤者,隐遁日多。

第四十一章

子路宿于石门①。晨门②曰:"奚自③?"子路曰:"自孔氏④。"曰:"是知其不可而为之者与⑤?"

① 宿,住宿。石门,鲁城外门。子路去鲁国,走到石门已晚,便在石门之外住了一夜。
② 晨门,管早晚开闭城门的人,即守门的人。
③ 奚,何。自,从。第二天清早,守门的人开了城门,见子路准备进城,便问他道:"你是从哪里来的?"
④ 孔氏,指孔子。子路答道:"从孔子家里来。"
⑤ 晨门是隐士,他反对孔子栖栖惶惶,热心救世,因此对子路道:"他就是那位明知做不到而硬要去做的人吗?"

按：此章记门吏言孔子不自量力，而欲行道以救世。

第四十二章

子击磬于卫①，有荷蒉而过孔氏之门者②，曰："有心哉，击磬乎③！"既而曰④："鄙哉，硁硁乎⑤！莫己知也，斯己而已矣⑥。深则厉，浅则揭⑦。"子曰："果哉！末之难矣⑧。"

① 磬，音庆（qìng），乐器。孔子在卫国时，有一天正敲着磬。
② 荷，音贺（hè），挑。蒉，音溃（kuì），盛土草器。这是说，当时有一个人挑着草筐子从孔子的门前走过。
③ 那人听磬声，便说道："很有救世的心肠哪！这个击磬的人呀！"
④ 既，已。既而曰，是那人过了一会儿又说。
⑤ 鄙，陋。硁硁，是坚确的石声。鄙哉，硁硁乎，意思是说，这个人真不够圆通呀！击磬声是那样坚确，性情是那样固执！
⑥ 斯，就。这是说，没有人能知道我，那就罢休算了。
⑦ 厉，是不脱衣裳涉水。揭，是撩起衣裳涉水。此二句见《诗经·邶风·匏有苦叶篇》。意思是说，水深时，索性连衣裳走过去，水浅时，无妨撩起衣裳走过去。比喻遭世混浊，随机应变。
⑧ 果，坚决。末，无。之，指荷蒉者。难，读去声，当"责

难"解。荷蒉是隐者,其忘世之意非常坚决,和孔子救世之心全然不同,孔子以为人各有志,不能相强,所以说,他真坚决呀!我是无法责难他的。

按: 此章记荷蒉讥孔子明知不可而为之。

第四十三章

子张曰:"《书》① 云:'高宗谅阴,三年不言。'何谓② 也?"子曰:"何必高宗,古之人皆然③。君薨④,百官总己以听于冢宰三年⑤。"

① 《书》,《尚书·无逸篇》。
② 高宗,商王武丁。阴,音暗(àn)。谅阴,又作亮阴、谅闇、梁闇,是天子居丧时所住的房子,又叫"凶庐"。因用一梁支持屋脊,屋檐着地,从旁边出入,没有窗户,故称梁闇。高宗谅阴,三年不言,是《尚书》里的两句话,意思是说高宗守孝,住在凶庐,三年不说话。子张不知它的真意,故问于孔子。
③ 这是说,守孝居住凶庐,岂但高宗如此,古人都是如此。
④ 薨,音轰(hōng)。古时天子死叫崩,诸侯死叫薨。君薨,是说君主死了。
⑤ 总己,总摄自己的职务。冢,音肿(zhǒng)。冢宰,

宰相。这是说，新君守孝，不问政事，朝廷百官，各摄自己的职事，完全听命于冢宰，共历三年之久。

按：此章言国君居丧之礼。

第四十四篇

子曰："上好礼①，则民易使也②。"

① 好，读去声 hào，爱好。礼是做人的规矩准绳；在上位的诚心诚意地愿意遵循礼法，在下的百姓自然亦愿意遵循礼法。
② 易，读去声 yì，容易。使，使令。百姓能遵循礼法，自然易于接受指挥，乐于为国家服务了。

按：此章言当以礼导民。

第四十五章

子路问君子①。子曰："修己以敬②。"曰："如斯而已乎③？"曰："修己以安人④。"曰："如斯而已乎？"曰："修己以安百姓⑤。修己以安百姓，尧、舜其犹病诸⑥！"

① 君子，指在上位的人。子路问欲居上位以治人，如何方可胜任。

② 修己，即是修身。敬，是专一而无懈怠。孔子谓能修身不懈，即可居位治民。

③ 已，止；犹言完了。子路以为居位治民必有许多办法，所以说："单是如此就够了吗？"

④ 人，指家族朋友。能修身，就能安家族朋友，这是自然的功效。

⑤ 百姓，指天下国家；安百姓即是治国家平天下，其根源亦是修己。

⑥ 病，犹言难。诸，之。以尧舜之圣，尚且以安百姓为难；只要修身不懈，就可收到安百姓的效果，如何可以轻视修身呢？子路意在驰求于外，孔子教以反求诸己。

按：此章言为政在修身。

第四十六章

原壤夷俟①。子曰："幼而不孙弟，长而无述焉，老而不死，是为贼②。"以杖叩其胫③。

① 原壤，鲁国人，孔子的老朋友。《礼记·檀弓篇》说他葬母而站在棺材上唱歌，可见他是放诞不羁的人。夷，箕踞。俟，等待。原壤夷俟，是说原壤见孔子来，便伸张两腿像八字般坐在地上等他。

②孙，同"逊"。弟，同"悌"。述，称述。贼，害虫。孔子深恶原壤无礼，故对他说："你小时候不懂得孝悌谦逊，长大没有一桩事可以称述，现在老了还是不死，简直是害人的寄生虫了。"
③叩，击。孔子说完，还用拐杖敲击他的脚胫。

按：此章言孔子深责原壤放诞无礼。

第四十七章

阙党童子将命①。或问之曰："益者与②？"子曰："吾见其居于位也③，见其与先生并行也④。非求益者也，欲速成者也⑤。"

①阙党，党名。《荀子·儒效篇》："仲尼居于阙党。"童子，古时未满二十岁的男子。将，送。将命，传达宾主的言语。阙党童子将命，是说阙党有一个童子为孔子及其客人传达言语。
②或，有人。之，指童子。有人不知此童子如何，因问孔子道："这童子是真求上进的人吗？"
③居，坐。位，席位。古礼，童子当隅坐，无席位，此童子坐于成人之席位，是不合于礼的。
④先生，指长辈。并行，并肩而行。古礼，童子随行，在长辈之后，此童子与长辈并行，也是不合于礼的。

⑤ 非求益者也,欲速成者也,是说此童子并非真求上进的人,只是希望很快地变为成人而已。

按: 此章言孔子以礼观人。

卫灵公篇第十五

第一章

卫灵公问陈于孔子①。孔子对曰:"俎豆之事,则尝闻之矣;军旅之事,未之学也②。"明日遂行③。在陈绝粮④,从者病⑤,莫能兴⑥。子路愠见曰:"君子亦有穷乎⑦?"子曰:"君子固穷,小人穷斯滥矣⑧。"

① 陈,今字作"阵",指军队数组。卫灵公欲兴征伐,故以军队数组之事问于孔子。
② 俎豆,二者都是古代盛肉食的器皿,行礼时用它,故用以表示礼仪之事。军旅,军队。《说文》云:"旅,军之五百人。"孔子之意,以为治国之道,应该注重政教,不应注重武力,因此对卫灵公道:"礼仪的事,我曾经听过;军队的事,我未曾学过。"
③ 孔子自知卫灵公不能见用,其言也不会被采纳,第二天便走,离开卫国,再往陈国。事见《史记·孔子世家》。
④ 孔子在陈国时,断绝了粮食。
⑤ 从,旧音纵(zòng)。从者,指跟随孔子的学生。病,饿病。
⑥ 兴,起。莫能兴,是说大家都爬不来。
⑦ 愠,怨愤。子路因此怨愤,来见孔子道:"君子也有穷困的时候吗?"
⑧ 固穷,固守其穷。滥,放肆。孔子慰解子路,便对他说:"君子穷困时,还能守道不变;小人穷困时,就无

所不为了。"

按：此章言孔子安时处逆，守道不变。

第二章

子曰："赐也，女以予为多学而识之者与①？"对曰："然，非与②？"曰："非也，予一以贯③之。"

① 赐，子贡名。女，同"汝"。识，音志（zhì），与《述而篇》第二十七章"多见而识之"的"识"同，当"记住"解。孔子教人博学于文，子贡便以为孔子是多学而能牢记住的，故孔子以此问他。
② 子贡回答孔子道："是的，难道不是这样吗？"
③ 贯，贯穿、贯通。《里仁篇》第十五章云："吾道一以贯之。"与此文意略同。《里仁篇》"一以贯之"，之指道，此文"一以贯之"，之指学，但道与学毕竟是一体的两面，可分而又不可分。所以孔子对子贡道："不是的，我是一个原则来贯通它。"

按：此章孔子自言学能一贯。

第三章

子曰："由！知德者鲜矣①。"

① 由，子路。鲜，音藓（xiǎn），少。德，即道德，是指人们的修养。这种修养，为人人所共由，叫做道；为我心所自得，叫做德。若非真有此种修养，则不能知其意味之深长。世人无德而奢言德，故真懂得德的人便很少了。

按：此章教子路须在德行上做功夫。

第四章

子曰："无为而治者①，其舜也与②！夫③何为哉？恭己正南面而已矣④。"

① 无为，无所作为。无所作为而天下平治，是因为任官得人，各能尽职的缘故。
② 与，通"欤"。
③ 夫，音扶（fú）。
④ 恭己，就是修己以敬。南面，面向南。正南面，就是正君位。人君南面而朝，百官各司其事，如此而天下自然平治了。

按：此章言舜恭己而天下治。

第五章

子张问行①。子曰："言忠信②，行笃敬③，虽蛮貊之邦行矣④。言不忠信,行不笃敬,虽州里行乎哉⑤?立则见其参于前也,在舆则见其倚于衡也⑥。夫然后行⑦。"子张书诸绅⑧。

① 行,行得通。据《史记·孔子世家》,子张从孔子,困于陈蔡之间,不知人究应如何,才能事事尽如人意,处处通达无阻,故问于孔子。
② 说话忠诚信实。
③ 笃,厚实。做人忠厚恭敬。
④ 貊,音莫(mò),同"貉"。蛮貊,古时除中国外,四方的异族,南方的叫蛮,北方的叫貊。这是说,若能做到上面两桩事,虽然去到异族的国家,也可以处处行得通了。
⑤ 古时二十五家为里,二千五百家为州。此言"州里",是指近处,犹今言本乡本土。这是说,若说话不忠诚信实,做人不忠厚恭敬,纵使在本乡本土,能够行得通吗?
⑥ 其,指忠信笃敬。参,参列。舆,车。衡,车前横木。孔子之意,以为无论何时何地,都要顾及忠信笃敬。所以说,站着时好像看见它们在我们的面前,在车上时好像看见它们靠在车前的横木上。
⑦ 夫,如此。夫然后行,是说能够如此,才可以处处行得通。
⑧ 书,写。绅,大带。子张听了,非常警惕,立刻把这些话写在大带上,惟恐忘掉。

按：此章言为人须忠信笃敬。

第六章

子曰："直哉史鱼①！邦有道，如矢②；邦无道，如矢。君子哉蘧伯玉③！邦有道，则仕，邦无道，则可卷而怀之④。"

① 直，正直。史鱼，卫国的大夫史䲡，字子鱼。他临死时，嘱咐他的儿子不要"治丧正堂"，以此进谏卫灵公用蘧伯玉而退弥子瑕，古人称之为"尸谏"，事见《韩诗外传》卷七、《新序·杂事一》《新书·胎教杂事》《孔子家语·困誓篇》。
② 如矢，如箭飞行之直。"邦有道，如矢；邦无道，如矢"，是孔子极言史鱼正直之辞，意思是说，国家政治清明的时候，他像箭一样直；国家政治黑暗的时候，他也像箭一样直。
③ 蘧伯玉，已见《宪问篇》第二十六章。君子哉蘧伯玉，等于说蘧伯玉真是一个君子呀！
④ 怀，藏。卷而怀之，是不仕而隐之意。此是孔子称赞蘧伯玉深识时务之辞，意思是说，国家政治清明时，则做官；国家政治黑暗时，则收藏起来。

按：此章言史鱼与蘧伯玉二人之贤良。

第七章

子曰:"可与言而不与之言,失人①;不可与言而与之言,失言②。知者不失人,亦不失言③。"

① "可与"下,省去"之"字,"之"指人。失人,等于说错过了人才。
② "不可与"下,也省去"之"字。失言,等于说白费了语言。
③ 知,同"智"。聪明人能把握机会,故不会错过人才,也不会浪费语言。

按: 此章教人进言之术。

第八章

子曰:"志士仁人,无求生以害仁,有杀身以成仁①。"

① 朱注云:"志士,有志之士;仁人,则成德之人也。"儒家重视生,故讲论如何求生;更重视死,故讲论如何去死。其生死之际,一以仁为断,合于仁则生,故有避患以求生;不合于仁则死,故有杀身以成仁。这样生命才有崇高的意义与价值。

按: 此章言生死应以仁为准。

第九章

子贡问为仁①。子曰:"工欲善其事,必先利其器②。居是邦也,事其大夫之贤者,友其士之仁者③。"

① 子贡问培养仁德的方法。
② 工,工人,古时为四民之一。工欲善其事,必先利其器,乃比喻之辞,意思是说,工人要把工作做好,一定先要磨快他所用的工具。
③ 事,尊事。友,交友。二"其"字,均指"是邦"。这是说,我们住在这个国家,便要尊事那些贤良的大夫,且与那些有仁德之士做朋友,这样陶淑身心,夹辅德业,就可以培养自己的仁德了。

按: 此章教子贡为仁之方。

第十章

颜渊问为邦①。子曰:"行夏之时②,乘殷之辂③,服周之冕④,乐则《韶》《舞》⑤。放郑声⑥,远佞人⑦,郑声淫,佞人殆⑧。"

① 为邦,治国。颜渊向孔子请问治理国家的方法。
② 三代时的历法,有夏正殷正周正之分。夏正是夏朝用

的历法，以建寅之月（旧历正月）为每年的正月，殷正是商朝的历法，以建丑之月（旧历十二月）为每年的正月。周正是周朝的历法，以建子之月（旧历十一月）为每年的正月，并且以冬至日为元日。其中夏正最合于农时，故孔子主张用它。汉武帝以后，历代都遵照孔子之说，采用夏正。行夏之时，是说采用夏朝的历法。

③辂，字亦作"路"，天子所乘的车子。周朝的辂车，饰以金玉，殷辂木辂，最是质朴，故孔子主张用它。乘殷之辂，是说乘坐商朝的车子。

④冕，祭祀时所戴的冠。祭祀时尚须穿着礼服，此处言冕，是包礼服言之。《周礼·春官宗伯·司服》有"六冕"，华贵而不奢靡，故孔子主张用它。服周之冕，是说戴用周朝的礼帽。

⑤乐，音阅（yuè），音乐。《韶》，舜时的音乐。舞，同"武"，武王时的音乐。乐则《韶》《舞》，是说音乐则用《韶》和《武》。

⑥放，禁绝。郑声，与郑诗异，郑诗指其文辞，郑声指其乐曲。《礼记·乐记篇》云："郑音好滥淫志。"故须禁绝郑声。

⑦远，读去声，"使之远离"之意，动词。佞人，朱注云："卑谄辩给之人。"犹今言小人，故须远而去之。

⑧淫，靡曼淫秽。殆，阴狠危险。郑国的乐曲淫秽，佞人居心危险。此二句是说明"放郑声，远佞人"的理由。

按：此章言治国之道，重在风俗教化。

第十一章

子曰："人无远虑，必有近忧①。"

① 虑，《说文》云："谋思也。"犹今言计划。忧，忧患。孔子的意思是说，人们若无远大的谋虑，必有切近的忧患。

按：此章教人须有远虑。

第十二章

子曰："已矣乎①！吾未见好德如好色者也②。"

① 已矣乎，是孔子感叹之辞，等于说"完了呵！"
② 吾未见好德如好色者也，解见《子罕篇》第十七章。

按：此章孔子叹时人未能移好色之心以好德。

第十三章

子曰："臧文仲其窃位者与①？知柳下惠之贤，而不与立也②！"

① 臧文仲，鲁大夫。窃位，居位而不尽职，有如盗窃。与，通"欤"。
② 柳下惠，鲁大夫展获，字禽，食邑柳下，谥曰惠。不与立，谓不举用并立于朝。

按：此章言臧文仲不能荐贤，故蒙窃位之讥。

第十四章

子曰："躬自厚而薄责于人①，则远怨矣②。"

① 躬，身。"躬自厚"下，省去"责"字。躬自厚而薄责于人，是说对自己责备很重，对别人责备很轻。
② 远，读去声，远而去之。怨，怨恨。则远怨矣，是说别人对自己就不会怨恨了。

按：此章教人立身处世贵能自责。

第十五章

子曰："不曰如之何、如之何者①，吾末如之何也已矣②！"

① 如之何，等于说怎么办。"如之何、如之何"，是用心考虑问题不能解决，向人恳切求教的问话。不曰如之何、如之何者，是说不开口向人请问。董仲舒《春

秋繁露·执贽篇》引本文后加以发挥说:"故匿病者不得良医,羞问者圣人去之。"即是以"如之何、如之何"为求教问人之辞。朱子注以"如之何、如之何"为心口自相审问商量之辞,说亦可通。

② 末,无的意思。吾末如之何也已矣,就是说:"这种人我没奈何了!"

按:此章言学者当慎思审问。

第十六章

子曰:"群居终日,言不及义,好行小慧,难矣哉!"①

① 许多人同住在一起,整天无赖,讲话不能及于正义,心地放僻邪侈,且又爱好卖弄小聪明,这样的人,是很难使他改变做好了。

按:此章教人言行要合义理。

第十七章

子曰:"君子义以为质①,礼以行之②,孙以出之③,信以成之④,君子哉⑤!"

① 质,本。义,处事之宜。义以为质,是说处理事情,

以义为本。

② 礼以行之，是说所作所为，依礼而行。

③ 孙，同"逊"。孙以出之，是说吐言出辞，谦虚恭顺。

④ 信，诚信。信以成之，是说以诚信来成就它。

⑤ 君子哉，等于说这样才真正是君子呀！

按：此章言君子做人处事之方。

第十八章

子曰："君子病无能焉，不病人之不己知也。"①

① 病，害怕。能，能力。君子凡事反求诸己，而厚于责己，故君子只愁自己没有能力，不愁别人不知道自己。《学而篇》第十六章云："不患人之不己知，患不知人也。"《里仁篇》第十四章云："不患莫己知，求为可知也。"《宪问篇》第三十二章云："不患人之不己知，患其不能也。"并可与此文相参证。

按：此章言君子贵能自立。

第十九章

子曰："君子疾没世而名不称焉。"①

① 疾，恨。没世，"死"的意思。称，称道。君子学以为己，不求人知，但儒家言孝，最后在于"立身行道，扬名于后世"（《孝经·开宗明义章》）。所以君子最痛恨的，是身死而其名不能传于后世。

按：此章勉人及时进德修业。

第二十章

子曰："君子求诸己，小人求诸人。"①

① 求，要求。诸，之于。君子安分守己，素位而行，凡事但反求自己。小人违道干誉，无所不至，凡事必要求别人。《礼记·中庸篇》云："正己而不求于人。"《荀子·大略篇》云："小人不诚于内而求之于外。"并可为此文注脚。

按：此章言君子与小人所求不同。

第二十一章

子曰："君子矜而不争①，群而不党②。"

① 矜，音今（jīn），庄敬自持。君子以庄敬自持，但无乖戾之心，故与人无争。

②群,和好相处。党,阿私偏袒。君子与人和好相处,但不阿私偏袒,故能周而不比,和而不同。

按: 此章言君子居心和平公正。

第二十二章

子曰:"君子不以言举人①,不以人废言②。"

①举,举用。《宪问篇》第五章云:"有言者不必有德。"故君子举用人才,重在有好的品德,不凭他话说得好便举用他。
②废,废弃。《诗经·大雅·板篇》:"询于刍荛。"刍荛之言,尚为圣人所择,故言有可取,君子亦不以其人无德而废弃其善言。

按: 此章言君子用人,言行并顾。

第二十三章

子贡问曰:"有一言而可以终身行之者乎①?"子曰:"其恕乎②!己所不欲,勿施于人③。"

①一言,一个字。子贡通达,学能知要,故以终身奉行的一个字请问于孔子。

② 其恕乎！等于说那只有一个"恕"字吧！

③ 不欲，不欲之事物。施，与。己所不欲，勿施于人，是解释"恕"字的意义，意思是说，自己所不想要的任何事物，都不要给予别人。孔子之学，重在为仁；为仁之方，分两方面：《雍也篇》第二十八章载孔子教子贡之言曰："己欲立而立人，己欲达而达人。"那是积极方面，但未必每个人都有条件去实行；此处"己所不欲，勿施于人"，却是消极方面，任何人都可以做到的。

按：此章孔子教子贡奉行恕道。

第二十四章

子曰："吾之于人也，谁毁谁誉①？如有所誉者，其有所试矣②。斯民也，三代之所以直道而行也③。"

① 毁，诋毁。誉，称赞。孔子安仁乐道，对于时人未尝随便加以毁誉。吾之于人也，谁毁谁誉，是说我对于别人，诋毁了谁？称赞了谁？

② 试，考验。如有所誉者，其有所试矣，是说如果我对他有所称赞，那必定是我曾经考验过他。上文并言"毁""誉"，此处但言"誉"，是包"毁""誉"二者言之。

③ 斯民，指孔子时所有的人。三代，指夏商周三个朝代。直道，孔子对人，经过考验以后，该毁则毁，该誉则誉，

便是直道。斯民也，三代之所以直道而行也，是说我对现在人们的毁誉，是采用直道的批评，夏商周三代的人都是如此，所以他们能够直道而行。

按：此章言孔子毁誉皆合正道。

第二十五章

子曰："吾犹及史之阙文也①，有马者借人乘之②，今亡矣夫③！"

① 史，史官。阙，同"缺"。文，字。古时良史，写作史书，倘字有疑义，则空缺着，便叫史之阙文。这是一件事，孔子小时犹及见之。
② 乘，骑。古时风俗淳厚，有马的人，将自己的马借给别人去骑。这是另一件事，孔子小时亦及见之。
③ 亡，同"无"。今亡矣夫，是说世风日下，上述这两件事，现在都没有了。

按：此章孔子慨叹当时风俗偷薄。

第二十六章

子曰："巧言乱德①，小不忍则乱大谋②。"

① 巧言，花言巧语。乱，败坏。花言巧语，颠倒是非，往往败坏道德，《里仁篇》第二十四章云："君子欲讷于言。"《学而篇》第三章云："巧言令色，鲜矣仁。"均可与此文相参证。

② 忍，忍耐。小不忍，是包括小的忿怒和小仁小恩而言，如不能忍小爱，则为妇人之仁；不能忍小暴，便是匹夫之勇。谋，计划。小不忍则乱大谋，是说小的事情不能忍耐，则不能使大的计划成功。

按：此章教人成就德业，要能忍耐慎言。

第二十七章

子曰："众恶之，必察焉；众好之，必察焉①。"

① 恶，音 wù，厌恶。好，音 hào，爱好。察，考察。被大家所厌恶的人，不必真坏，可能他是特立独行，必须加以仔细考察。如通国皆称匡章为人不孝，孟子却与之交游（见《孟子·离娄下篇》)，便是好例。被大家所爱好的人，也不必真好，可能他是矫情钓誉，必须加以仔细考察。如王莽在称帝前之恭谨俭约，卑躬下士，而赢得朝廷的一致称誉(《汉书·王莽传》)，便是好例。《子路篇》第二十四章："子贡问曰：'乡人皆好之，何如？'子曰：'未可也。''乡人皆恶之，何如？'子曰：'未可也。

不如乡人之善者好之，其不善者恶之。'"可与此文参阅。

按：此章言验人善恶，须细心考察，不宜但凭众人之毁誉。

第二十八章

子曰："人能弘道①，非道弘人②。"

① 弘，廓大，动词。道，人道。道由人起，而人行道。故曰"人能弘道"。
② 人道充满人间，无乎不在，其凝聚处为人伦之极则，就道而言是至道，就人而言是至德，故《中庸》云："苟不至德，至道不凝焉。"但道体无为，人们德业才学之成就，在乎人们自为之而自成之，故曰"非道弘人"。

按：此章教人要有弘道的大志。

第二十九章

子曰："过而不改，是谓过矣①。"

① 过，过错。人谁无过，若能自知其过，而改过自新，便回复于无过，只有不自知过，或知过而不能改过，结果铸成大错，那便真是过错了。《韩诗外传》卷三引孔子曰："过而改之，是不过也。"与此文意正相成。

按：此章教人要改过自新。

第三十章

子曰："吾尝终日不食，终夜不寝[1]，以思，无益；不如学也[2]。"

[1] 寝，卧。终夜不寝，是说整夜不眠。
[2] 思是用一己的谋虑，凭空揣想。学是集古圣贤的经验智慧来供给自己采择。凭一己的谋虑既属有限，又未必确实；依据圣贤的成果既广博，又可信赖，所以孔子说昼夜独思，不如学古有得。

按：此章言独思不如博学。

第三十一章

子曰："君子谋道不谋食[1]。耕也，馁在其中矣[2]；学也，禄在其中矣[3]。君子忧道不忧贫[4]。"

[1] 谋，图谋。道，道术，犹今言学问。食，衣食，犹今言生活。君子所志者大，故所图谋的，是学问而不是生活。
[2] 馁，音 něi，饥饿。这是说，若为衣食而耕田，往往

因天灾歉收，而陷于饥饿。

③ 禄，俸禄。这是说，若为道术而求学，往往因学优而仕，便可获得俸禄。

④ 耕田反而饥饿，求学可得俸禄，所以君子所忧虑的，是没有学问而不是生活贫穷。

按：此章教人专心求学。

第三十二章

子曰："知及之，仁不能守之，虽得之，必失之①。知及之，仁能守之，不庄以莅之，则民不敬②。知及之，仁能守之，庄以莅之，动之不以礼，未善也③。"

① 知，同"智"。下并同。"及之""守之"二"之"字，指治民之道。"得之""失之"二"之"字，指禄位。此四句的意思是说，在上位的人，其聪明才智能想到治民之道，而其仁心仁德实有欠缺，不能保持着治民之道，则虽得到禄位，必然会失去的。

② 庄，严肃。莅，临。莅之，临民。在上位者高高在上，治理在下的人民，故曰"莅之"。《为政篇》第二十章云："临之以庄则敬。"与此处"不庄以莅之，则民不敬"文意相同。此四句的意思是说，在上位的人，其聪明才智能想到治民之道，而其仁心仁德又能保持着治民

之道，若不以严肃的态度来治理人民，则人民对他是不会恭敬的。

③ 动，使之行动。动之，犹言使民。治理人民，而使其鼓舞振作，故曰"动之"。礼是节文之宜，治国之要，治国理民，若不能以礼使百姓鼓舞振作，还是未能算得尽善的。

按：此章言治民之道，以礼为最善。

第三十三章

子曰："君子不可小知而可大受也①；小人不可大受而可小知也②。"

① "小"指小才小艺，如一切纤巧技艺；"大"指大节大德，如托孤寄命，致君泽民等事。知是"受知"的意思，受是"承当"的意思。君子不一定兼长细务，而可以担当大事；所以君子不必以小才艺见知于人，而可担当大事重任。

② 小人，指没有大才德的人。小人或以小才小艺见长，却没有承当大事重任的气魄能力，故不可寄望他承当大任，却可以采取他一节之长。在上位的人如能因才任使，则君子小人均可尽其才用。《淮南子·主术训》云："是故有大略者，不可责以捷巧；有小智者，不可任以大功。"

可与此章印证。

按：此章言用人当因才任使。

第三十四章

子曰："民之于仁也，甚于水火①。水火，吾见蹈而死者矣，未见蹈仁而死者也②。"

① 水和火是人们日常生活中两种不可缺少的物质，而仁德更是重要，若无仁德，势必人人互相残杀，纵有水火，也是不能生存的。所以百姓需要仁德，比需要水火还要迫切。
② 蹈，践履。孔子的意思是说，我看见跳入水火之中而被溺死和烧死的人，却未见行仁而死的人。言外之意，谓水火可以养人，也可以害人，只有仁德对人们有利而无害，为什么人们不为仁呢？

按：此章勉人为仁。

第三十五章

子曰："当仁不让于师①。"

① 让，谦让。古代君、亲、师三者，地位都同样重要，

所以弟子对于老师非常敬重。但当着行仁的时候,便须勇往直前,纵然是老师也不必谦让。

按: 此章勉人行仁,对任何人都不必谦让。

第三十六章

子曰:"君子贞而不谅①。"

① 贞,正。谅,信。君子为人,守正不移,当必要时,就不拘泥于小信。《孟子·离娄下篇》云:"大人者言不必信,行不必果,惟义所在。"可为此文注脚。

按: 此章言君子贵守正道。

第三十七章

子曰:"事君,敬其事而后其食①。"

① 食,当"俸禄"解。人臣奉事君主,先应谨慎地做好自己的职责,而把食禄的事放在后面。《礼记·儒行篇》曰:"先劳而后禄。"可与此文参证。

按: 此章言事君应以尽忠职守为重。

第三十八章

子曰:"有教无类①。"

① 教,教育。类,类别。如贵贱贫富智愚善恶等等,都是类别。教育要能因材施教,而使人有所成就,故不应再分类别,有所歧视。《述而篇》第七章云:"自行束脩以上,吾未尝无诲焉。"

按:此章孔子自言设教之道。

第三十九章

子曰:"道不同,不相为谋①。"

① 道,犹《孟子·公孙丑上篇》"伯夷伊尹何如?曰:不同道"、《离娄下篇》"禹稷颜回同道""曾子子思同道"之"道",当"目的"解。为,读去声,替。谋,谋画。孔子的意思是说,目的不同,则各行其是,不必互相谋画。

按:此章言目的不同,不相为谋。

第四十章

子曰:"辞达而已矣①。"

① 辞，言辞，文辞。用口说的是言辞，用笔写的是文辞，二者皆达意为主，不宜过于文饰。《仪礼·聘礼篇》曰："辞多则史，少则不达。辞苟足以达，义之至也。"可为此文注脚。

按：此章言文辞贵能达意。

第四十一章

师冕见①，及阶②，子曰："阶也③。"及席，子曰："席也④。"皆坐⑤，子告之曰："某在斯，某在斯⑥。"师冕出⑦。子张问曰："与师言之道与⑧？"子曰："然，固相师之道也⑨。"

① 师冕，师是乐师，古代的乐官，通常都是盲人；冕是此人的名，故合称为师冕。师冕见，是师冕来见孔子。
② 阶，堂阶，是师冕走到堂阶。
③ 孔子说道："是堂阶呀！"因为师冕是盲人，故告诉他，使他注意。
④ 席，座位。古人席地而坐，故曰"席"。师冕走到座位时，孔子又说："是座位呀！"也是告诉他，使他注意。
⑤ 当时欢迎师冕的，除孔子外，还有孔子的弟子。皆坐，是说大家都坐下来。
⑥ 某，人称代词。孔子当时应举其姓名，记者略去，只通称某。孔子告诉师冕道："某人坐在这边，某人坐在那

边。"这样一一加以介绍。

⑦ 师冕辞了出来。

⑧ 子张不知孔子为何对师冕这样殷勤,故问孔子道:"这是和乐师讲话的方式吗?"

⑨ 相,音向(xiàng),帮助,动词。孔子答道:"是的,这本是帮助乐师的方式。"

按:此章记孔子对瞽者态度之诚恳。

季氏篇第十六

第一章

季氏将伐颛臾①。冉有、季路见于孔子②,曰:"季氏将有事于颛臾③。"

孔子曰:"求!无乃尔是过与④?夫颛臾,昔者先王以为东蒙主⑤,且在邦域之中矣,是社稷之臣也⑥,何以伐为⑦?"

冉有曰:"夫子欲之⑧。吾二臣者⑨,皆不欲也。"

孔子曰:"求!周任⑩有言曰:'陈力就列,不能者止⑪。'危而不持,颠而不扶⑫,则将焉用彼相矣⑬?且尔言过矣⑭!虎兕出于柙⑮,龟玉毁于椟中⑯,是谁之过与⑰?"

冉有曰:"今夫颛臾固而近于费⑱,今不取,后世必为子孙忧⑲。"

孔子曰:"求!君子疾夫舍曰欲之,而必为之辞⑳。丘也闻有国有家者㉑,不患寡而患不均㉒,不患贫而患不安㉓。盖均无贫,和无寡,安无倾㉔。夫如是㉕,故远人不服,则修文德以来之㉖。既来之,则安之㉗。今由与求也相夫子㉘,远人不服而不能来也,邦分崩离析而不能守也㉙,而谋动干戈于邦内㉚。吾恐季孙之忧,不在颛臾,而在萧墙之内也㉛!"

① 季氏,指季康子。颛,音专(zhuān),臾,音鱼(yú),颛臾,国名,今山东省费县西北八十里有颛臾村,当是古颛臾之地。本是鲁国的附庸,当时臣属于鲁。季氏贪其土地,想伐灭吞并它。
② 冉求、季路为季氏臣,来告孔子。

③ 事，指军事。这是说，季氏将派军队去讨伐颛臾。
④ 冉求不能劝止季氏兴师讨伐，孔子因此责备他道："冉求！这岂不是你的过失吗？"
⑤ 先王，指周之先王。东蒙，即蒙山，在今山东蒙阴县南四十里。主，主持祭祀。这是说，周室之先王当初以此地封颛臾，使他主祭蒙山。
⑥ 邦域，指鲁地。社稷，指鲁国。这是说，颛臾并且在鲁国境内，做鲁国的附庸臣子。
⑦ 为，句尾语助词。何以伐为，等于说为什么要讨伐他呢？
⑧ 夫子，指季康子。夫子欲之，是说季康子想兴师讨伐。
⑨ 吾二臣，指冉求自己和季路二人。者，句中语助词。
⑩ 周任，古代的良史官。
⑪ 陈，展。列，位。止，退。此言为人臣者，应施展其才能，以居其职位，否则当辞退。孔子引这两句话的意思是说，冉有等既有意见，就应力劝季氏罢兵，否则应辞职不干。
⑫ 危、颠义近，持、扶义同。言在危险时不为护持，在颠仆时不为扶助。
⑬ 相，音象（xiàng），扶相，即搀扶盲者行路之人，此处以喻辅佐季氏的冉有等。这是说，相人若不扶持盲者，还要那个相人做什么呢？言外之意，谓季氏欲伐颛臾，冉有等不去劝止，是失其辅佐之责。
⑭ 尔言，指冉有在上面所说的话。过，错误。

⑮ 兕,音sì。虎、兕皆猛兽。柙,音匣(xiá),笼。此言虎兕出笼以喻季氏之放肆。

⑯ 龟,贞卜所用;玉,祭祀所用;二者在古代皆为贵重之物。椟,音读(dú),柜。此言龟玉在柜中毁坏以喻颛臾在鲁境之内而受侵伐。

⑰ 此言虎兕出于柙,龟玉毁于椟中,都是看管人的罪过,以喻季氏伐颛臾是冉有等家臣的罪过。

⑱ 固,指颛臾城郭完整坚固。费,音闭(bì),季氏采邑,即今山东费县。颛臾距费仅七十里,故言"近于费"。

⑲ 季氏现在若不占领颛臾,将来一定会给子孙留下祸害。

⑳ 疾,憎恨。夫,彼。舍,舍弃。舍曰,犹言"不说"。此二句是说,君子憎恨那种不说自己贪得无厌,却一定另找借口的人。孔子之意,是责冉有回护季氏。

㉑ 有国,指诸侯。有家者,指卿大夫。

㉒ "寡"字当作"贫",说详俞樾《群经平议》。这是说,诸侯和卿大夫,不愁人民贫穷,而愁财富不平均。

㉓ "贫"字当作"寡"。不患寡而患不安,是说不愁人口稀少,而愁境内不安定。

㉔ 这是说,财富平均分配,则无所谓贫穷;境内和平团结,则不觉得人口少;上下相安无事,则国家不会倾覆。

㉕ 夫,若。夫如是,是说若能做到这样。

㉖ 故,则。则,即。文德,文教德化。来,归附。这是说,远方之人倘不顺服,便修文教德化使其归附。

㉗ 既然使其归附,则须加以安抚。

㉘相,辅佐。夫子,指季氏。

㉙邦,指鲁国。分崩离析,等于说四分五裂。守,固守。比喻鲁国积弱,大权旁落于三家之手。

㉚干,楯。戈,戟。二者是古代作战的武器。动干戈,指派兵伐颛臾。邦内,指鲁国之内。

㉛郑玄注云:"萧之言肃也。"萧墙,宫门外的小墙,相当于后世大门外的"屏风"。人臣谒见君主,行至此而肃然起敬,故称"萧墙"。萧墙之内,隐指鲁哀公。此时季氏把持鲁政,跋扈专横,鲁君势必忍无可忍,希望去掉季氏,收回大权,故孔子以为季氏的忧愁,不在颛臾,而在鲁君。

按:此章言季氏专横,恣意征伐之不当。

第二章

孔子曰:"天下有道,则礼乐征伐自天子出①;天下无道,则礼乐征伐自诸侯出②。自诸侯出,盖十世希不失矣③;自大夫出,五世希不失矣④;陪臣执国命,三世希不失矣⑤。天下有道,则政不在大夫⑥。天下有道,则庶人不议⑦。"

① 古时天下一统,政治清明,则制礼作乐,征伐无道,都由天子决定。

② 天下昏乱,王室衰微,诸侯强大,礼乐征伐,不待天

子赐命，而诸侯擅自行之。

③盖，大概。希，少。失，失政。这是说，礼乐征伐之事，若由诸侯擅自决定，大概传到十代，很少还能不失掉的。如齐国自桓公称霸，历孝公、昭公、懿公、惠公、顷公、灵公、庄公、景公、悼公、简公十代，至简公而为陈恒所杀，即其例证。

④大夫擅行礼乐征伐之事，如鲁国季孙氏，自季友专政，历文子、武子、平子、桓子四代，而桓子为阳货所执，即其例证。

⑤陪臣，大夫的家臣。陪臣把持国家的政权，如鲁季氏家臣公山弗扰、阳货等，皆当身而败，不曾到三世。究其原因，盖逆理愈甚，则失之愈速。

⑥政治清明时，政权操于天子，大夫自然不能专政。

⑦议，非议。

按：此章言不合理的政权不能长久。

第三章

孔子曰："禄之去公室五世矣①，政逮于大夫四世矣②，故夫三桓之子孙微矣③。"

①禄，爵禄。公室，指君主。禄之去公室，是说鲁国君权式微，不能封官赐爵，政权旁落于大夫之手。五世，

指鲁宣公、成公、襄公、昭公、定公五代。

② 政，政权。逮，及。四世，指季文子、武子、平子、桓子四代。政权下及于大夫，是变文言之，与上文"禄之去公室"同义。但上言"五世"，是从鲁君说；此言"四世"，是从季氏说。

③ 三桓，指仲孙、叔孙、季孙三家，皆出于鲁桓公，故称三桓。微，衰微。这是说，此三家的子孙，到定公时都衰微了。

按：此章言鲁国政权衰落经过。

第四章

孔子曰："益者三友，损者三友①。友直②，友谅③，友多闻④，益矣。友便辟⑤，友善柔⑥，友便佞⑦，损矣。"

① 益者三友，损者三友，是说有益的朋友有三种，有害的朋友有三种。

② 友，交友，动词。下并同。直，正直。和正直的人交朋友，能使自己纠正过失。

③ 谅，信实，和信实的人交朋友，能使自己不受欺骗。

④ 多闻，知识广博。和知识广博的人交朋友，能使自己学识增进。

⑤ 便，音骈（pián），辟，音僻（pì）。便辟，习于威仪

而不正直。

⑥ 善柔，工于媚悦而不信实。

⑦ 便，音胼（pián）。便佞，巧言辩给而无学问。

按：此章言友有损益，教人慎交。

第五章

孔子曰："益者三乐，损者三乐①。乐节礼乐②，乐道人之善③，乐多贤友④，益矣。乐骄乐⑤，乐佚游⑥，乐宴乐⑦，损矣。"

① 乐，音耀（yào），爱好。凡下句首"乐"字皆同。益者三乐，损者三乐，是说有益的爱好有三种，有害的爱好有三种。

② "礼乐"之"乐"，音岳（yuè）。节，节制。乐节礼乐，是说一切爱好，皆以礼乐为节制。

③ 道，说。乐道人之善，是说爱讲别人的好处。

④ 贤友，品学俱优的朋友。乐多贤友，是说爱结交很多好的朋友。

⑤ 骄乐，骄纵放肆的快乐。

⑥ 佚游，佚荡游玩。

⑦ 宴乐，饮食荒淫。

按：此章教人爱好当有选择。

第六章

孔子曰:"侍于君子有三愆[1]:言未及之而言,谓之躁[2];言及之而不言,谓之隐[3];未见颜色而言,谓之瞽[4]。"

[1] 侍,陪侍。君子,有德位者之通称。愆,过失。侍于君子有三愆,是说陪着君子坐谈,容易犯三种过失。
[2] 及,到。之,指侍于君子的人。躁,急躁。言未及之而言,谓之躁,等于说不该他说话,却先说了,叫做急躁。
[3] 隐,隐匿。言及之而不言,谓之隐,等于说该他说话,却不说话,叫做隐匿。
[4] 瞽,瞎眼睛。未见颜色而言,谓之瞽,等于说不察颜观色,便径自发言,叫做盲目发言。

按:此章教人侍尊师应对之道。

第七章

孔子曰:"君子有三戒[1]:少之时,血气未定,戒之在色[2];及其壮也,血气方刚,戒之在斗[3];及其老也,血气既衰,戒之在得[4]。"

[1] 戒,戒备。君子应警惕戒备的,有三种事情。

② 血气，指意志体气。色，女色。人在年轻时，血气还未定，而心知好色，不可浪费精力在女色上。
③ 刚，强。到壮年时，血气刚强好胜，便要警戒，切莫与人殴斗。
④ 到年老时，血气已经衰退，便要警戒，切莫贪得无厌。

按：此章教人养其志气，不可为血气情欲所动。

第八章

孔子曰："君子有三畏①：畏天命②，畏大人③，畏圣人之言④。小人不知天命而不畏也⑤，狎大人⑥，侮圣人之言⑦。"

① 畏，敬畏。君子有三桩敬畏的事。
② 天命，是天生万物的定理，它支配着宇宙间的一切，深微奥妙，变化无端，非顺应它不可，故对天命常存敬畏之心。
③ 大人，犹如《易经·乾卦·爻辞》"利见大人"、《孟子·尽心下篇》"说大人，则藐之"的"大人"，指在高位的人。大人为众人祸福之所系，故对大人常存敬畏之心。
④ 圣人研机知理，师表人伦，其言博大深远，平实精微，非常人智力所及，故对于圣人之言常存敬畏之心。
⑤ 小人懵懵荡荡，不知天命为何物，故不畏天命。
⑥ 狎，傲慢。小人不知大人为社会祸福之关键，故傲

慢大人。

⑦侮，欺侮。小人视圣人之言为空言无用，故轻视戏侮圣人之言。

按：此章教人应心有所敬畏。

第九章

孔子曰："生而知之者，上也①；学而知之者，次也②；困而学之，又其次也③；困而不学，民斯为下矣④。"

①生而知之，是说其知与生俱来，不待学而知，不待学而能。这种人是上等人。
②学而知之，是说学而后知，学而后能。这种人是次一等的。
③困，困难。困而学之，是说不为知与能而求学，等遇到困难然后去学。这种人是又次一等的。
④民，人。困而不学，是说遇到困难，仍不肯学，以致终身沦于无知无能之境。这种人是最下等的了。

按：此章言人的资质有差异。

第十章

孔子曰："君子有九思①：视思明②，听思聪③，色思温④，貌思恭⑤，言思忠⑥，事思敬⑦，疑思问⑧，忿思难⑨，见得思义⑩。"

① 思，思虑。君子所考虑的有九种事情。
② 看的时候，考虑看明白了没有。
③ 听的时候，考虑听清楚了没有。
④ 脸上的颜色，考虑是否温和。
⑤ 容貌和态度，考虑是否恭敬。
⑥ 说话的时候，考虑是否忠实。
⑦ 做事的时候，考虑是否敬慎。
⑧ 怀疑的时候，考虑如何向人请教。
⑨ 难，音 nàn，灾祸。忿怒的时候，考虑是否会有祸患。
⑩ 发现获得利益时，考虑是否合于正义。

按： 此章教人应随时自我省察。

第十一章

孔子曰："'见善如不及，见不善如探汤①。'吾见其人矣，吾闻其语矣②。'隐居以求其志，行义以达其道③。'吾闻其语矣，未见其人也④。"

① 此二句盖是古语，意思是说，看见别人为善，自己如同赶路落后的人，拼命追上前去，惟恐追赶不及，如此

见贤思齐，方能日进于善。看见别人为不善，自己如同用手指探试沸汤，立刻避开，如此见恶知避，方能日违于不善。《大戴礼记·曾子立事篇》云："见善，恐不得与焉；见不善，恐其及己也。"可为此文注脚。

② 孔子自言曾见过这样的人，亦曾听过这样的话。

③ 此二句盖亦是古话，意思是说，国家昏乱时，则避世隐居以求保全他的意志；天下太平时，则直道行义以求贯彻他的主张。这种人治乱异趣，穷达不同，确是"有猷有为有守"的人。

④ 孔子自言曾听过这样的话，却未曾见过这样的人。

按：此章言德业兼全的人最是难得。

第十二章

齐景公有马千驷①，死之日，民无德而称焉②。伯夷叔齐饿于首阳之下③，民到于今称之④，其斯之谓与⑤！"

① 驷，四匹马。千驷，四千匹马。《左传》哀公八年载：鲍牧用"有马千乘"来诱惑群公子争夺君位，可见"马千驷"是一笔很雄厚的财产。齐景公有马千驷，是说齐景公有雄厚的财产四千匹马。

② 齐景公虽遗下财产，却无德泽，故当他死的时候，人民对他的德行并没有什么可以称道。

③ 首阳，山名。伯夷叔齐隐居首阳山，后竟饿死。见《公冶长篇》第二十二章注。

④ 伯夷叔齐去国隐居，以全其志，而视富贵如浮云。其卓行孤怀，到孔子的时候，人们还称赞不已。

⑤ 其斯之谓与，等于说那就是这个意思吧！这句话上无所承，似有脱误。朱子《答江德功书》云："此章文势或有断续，或有阙文，或非一章，皆不可考。"

按：此章言有德行方能见称于后世。

第十三章

陈亢问于伯鱼①曰："子亦有异闻乎②？"对曰："未也③。尝独立④，鲤趋而过庭⑤。曰：'学《诗》乎⑥？'对曰：'未也⑦。''不学《诗》，无以言⑧。'鲤退而学《诗》⑨。他日⑩，又独立⑪，鲤趋而过庭。曰：'学礼乎⑫？'对曰：'未也⑬。''不学礼，无以立⑭。'鲤退而学礼⑮。闻斯二者⑯。"陈亢退而喜曰："问一得三⑰，闻《诗》，闻礼，又闻君子之远其子也⑱。"

① 陈亢，即陈子禽，已见《学而篇》第十章注。伯鱼，名鲤，孔子的儿子，已见《先进篇》第七章注。

② 子，古时男子之尊称。异闻，异于门徒之所闻。陈亢怀疑孔子教训其子，与教训门徒有所不同，故问于伯鱼。

③ 未也，等于说没有。

④尝,曾经。尝独立,是说孔子曾经独自站在庭中。

⑤古人对尊长自称称名,故伯鱼自称鲤。鲤趋而过庭,犹言我从庭中走过。

⑥《诗》,《诗经》。孔子问是否学过《诗经》。

⑦伯鱼回答道:"没有"。

⑧此二句是孔子之辞。《诗》有比兴,而本乎人情,古时重诗,专对会同,往往赋诗以见志,故孔子言不学《诗经》,便不能与人应对说话。

⑨鲤退而学《诗》,犹今言我回来就学习《诗经》。

⑩他日,后来有一天。

⑪又独立,孔子又独自站在庭中。

⑫礼,礼经。孔子问是否学习礼经。

⑬伯鱼回答道:"没有。"

⑭此二句亦是孔子之辞。礼是立身处世之本,人能熟习礼节,存心恭敬,则对人对己,都无遗憾,否则不能在社会上立足。

⑮鲤退而学礼,犹今言我回来就学习礼经。

⑯二者,指学《诗》和礼。自"未也。尝独立"以下至此,皆为伯鱼追述往事,以证其未有异闻之意。

⑰问一得三,是说问一件事,知道三件事。

⑱君子,指孔子。远,读去声,当"疏远"解。"远其子"是说并不特别亲厚他的儿子,有所偏私。孔子以学《诗》、学礼教其子伯鱼,无异于教门弟子,故陈亢以为孔子对其子伯鱼,并无丝毫偏私之意。

按：此章记孔子教学精神。

第十四章

邦君之妻，君称之曰夫人①，夫人自称曰小童②；邦人称之曰君夫人③，称诸异邦曰寡小君④；异邦人称之亦曰君夫人⑤。

① 此章章首无"子曰"或"孔子曰"，当是记者阙略。邦君，国君。邦君之妻，君称之曰夫人，是说国君的妻子，国君称她为夫人。《礼记·曲礼下篇》云："天子之妃曰后，诸侯曰夫人。"（按在"诸侯"下，系蒙上句省去"之妃"二字。）可与此文相参证。
② 夫人自称曰小童，是说国君的夫人对于国君，自称为小童。小童是谦辞。《礼记·曲礼下篇》云："夫人自称于其君曰小童。"郑注："小童，若云未成人也。"
③ 邦人称之曰君夫人，是说国人尊称国君的夫人为君夫人。
④ 诸，是"之于"二字的合音。称诸异邦曰寡小君，是说国人对外国人便称君夫人为寡小君。寡，寡德，谦辞。刘氏《论语正义》云："小君者，比于君为小也。"
⑤ 之，指君夫人。异邦人称之亦曰君夫人，是说外国人和国人一样，也称她为君夫人。

按：此章孔子述国君之妻的称谓。

阳货篇第十七

第一章

阳货欲见孔子①,孔子不见②。归孔子豚③。孔子时其亡也,而往拜之④。遇诸涂⑤。谓孔子曰:"来!予与尔言⑥。"曰⑦:"怀其宝而迷其邦,可谓仁乎⑧?"曰:"不可⑨。好从事而亟失时⑩,可谓知⑪乎?"曰:"不可。日月逝矣,岁不我与⑫。"孔子曰:"诺,吾将仕矣⑬。"

① 见,旧音现(xiàn)。阳货,即阳虎,季氏家臣,季氏几代以来把持鲁国之政,此时阳货又以陪臣而执国政,故欲使孔子来拜见他。
② 古者不为臣不见,孔子以君子之道自处,不去拜见阳货。
③ 归,同"馈",赠送。豚,小猪。据《孟子·滕文公下篇》的记载,阳货趁孔子不在家时,送一只蒸热的小猪给孔子,用意在使孔子来向他拜谢。
④ 时,《广雅·释言》:"时,伺也。"侦察等候的意思。亡,不在家。古礼,大夫有赐于士,不得受于其家,则往拜其门。孔子本不愿见阳货,但因碍于违礼,便探听阳货不在家时去回拜他。
⑤ 涂,同"途"。遇诸涂,是说孔子和阳货在路上碰着了。
⑥ 阳货对孔子道:"来!我和你谈谈。"
⑦ 此下三个"曰"字,都是阳货自问而自答,当着孔子说的。

⑧ 宝,指才学。仁者爱人,故须救人民,救国家,像孔子很有才学,却让鲁国这样昏乱,可以称为仁爱吗?

⑨ 不可以。

⑩ 从事,做事,做官。亟,音气(qì),屡次。这是说,自己爱做事做官却常常错过机会。

⑪ 知,同"智"。

⑫ 逝,逝去。与,给与。日月逝矣,岁不我与,是说光阴很快地过去,年岁不会再来!言外之意,谓孔子应及时从仕。

⑬ 孔子本想做官以行其道,但不愿跟阳货做官,因此婉转地答道:"好的,我想要做官了。"

按: 此章记孔子峻拒权势的情形。

第二章

子曰:"性相近也,习相远也①。"

① 性,天生的性情和气质。习,后来的习惯和俗尚。人们天生的本性是相近的,但因习染不同,才变成或善或恶,越来越相距悬远。

按: 此章言人性不同,由于习染。

第三章

子曰:"唯上知与下愚不移①。"

① 知,同"智"。移,转移。人的聪明才智,大概可以分为上、中、下三等。中等之人,习于善则善,习于恶则恶,皆可转移。只有上等的智者,是生而知之;下等的愚人,是困而不学,这两种人是不可以改变的。

按:此章言有两种性格不能改变。

第四章

子之武城①,闻弦歌之声②。夫子莞尔而笑③曰:"割鸡焉用牛刀④?子游对曰:"昔者偃也闻诸夫子曰:'君子学道则爱人,小人学道则易使也⑤。'"子曰:"二三子⑥!偃之言是也,前言戏之耳⑦。"

① 子游在武城做县长(已见《雍也篇》第十二章)时,孔子去到武城。
② 弦,指琴瑟。歌,唱歌。子游治武城,以礼乐为教,故其邑人皆弦歌,孔子听到弦歌的声音。
③ 莞,音晚(wǎn)。莞尔,微笑貌。孔子对子游微笑着说。

④割鸡焉用牛刀，等于说杀鸡何必用杀牛的刀？言外之意，谓治理武城这样小的地方，何必用礼乐之教？

⑤君子，指官吏。小人，指百姓。道，礼乐之教。此二句原是孔子之辞，子游引述之，以答复孔子。意思是说，官吏学习礼乐，就会爱护人民；百姓学习礼乐，就会听从差遣。子游之意，以为治理人民，无论在什么地方，都应用礼乐之教。

⑥二三子，指跟孔子去武城的学生们。

⑦前言，指"割鸡焉用牛刀"那句话。孔子的意思是说，偃的话很对，我刚才那句话只是跟他开玩笑而已。

按：此章言为政用礼乐之教。

第五章

公山弗扰以费畔①，召②，子欲往③。子路不说④，曰："末之也已⑤，何必公山氏之之也⑥？"子曰："夫召我者，而岂徒哉⑦？如有用我者，吾其为东周乎⑧！"

①公山弗扰，即《左传》之公山不狃。姓公山，名不狃，字子泄，为季氏的费邑宰。鲁定公五年，与阳虎共执季桓子；八年，又与阳虎谋杀之，未果，阳虎出奔，公山不狃则盘踞着费邑，举兵反叛。畔，同"叛"。

②召，说文云："評也。"公山不狃叫孔子去他那里，以

便共举大事。

③ 季氏跋扈专横，把持鲁国，孔子对他深恶痛绝，今公山不狃据费以叛季氏，又来见召，孔子以为他能除去三桓，而兴公室，故欲往。

④ 说，同"悦"。

⑤ 末，无。之，往。已，止。末之也已，是说没有地方去，那就罢了。

⑥ 第一个"之"字，语气词，无义。第二个"之"字，当"往"解，动词。此句是"何必之公山氏也"的倒装句，意思是说，何必去公山氏那里呢？

⑦ 夫，彼。徒，空。此二句的意思是说，他来召我，难道是白叫我吗？一定是要用我的。

⑧ 其，将。为，当"行"解。此二句的意思是说，假若有人用我，我将行文武之道于东方哩！但据《史记·孔子世家》，知道孔子虽然这样说，他毕竟不去公山不狃那里，原因是深知公山氏终不足与有为。

按：此章言孔子欲复兴周道于当世。

第六章

子张问仁于孔子①。孔子曰："能行五者于天下为仁矣②。"请问之③。曰："恭、宽、信、敏、惠④。恭则不侮⑤，宽则得众⑥，信则人任焉⑦，敏则有功⑧，惠则足以使人⑨。"

① 子张向孔子请问如何才是仁。
② 五者，指恭、宽、信、敏、惠五种美德。能够处处推行此五种美德，便是仁了。
③ 子张不知道孔子所言五者为何，故再向孔子请问。
④ 恭，恭敬。宽，宽厚。信，诚实。敏，敏捷。惠，慈惠。
⑤ 恭则不侮，是说对人恭敬有礼，就不会受到人家的侮辱。
⑥ 宽则得众，是说为人宽厚，就会得到大众的爱戴。
⑦ 信则人任焉，是说为人诚实，就会得到别人的信任。
⑧ 敏则有功，是说做事敏捷，就能使绩效卓著。
⑨ 惠则足以使人，是说对人慈惠，就可以使唤别人，令人悦服。

按：此章言为仁之道。

第七章

佛肸召①，子欲往②。子路曰："昔者由也闻诸夫子曰：'亲于其身为不善者，君子不入也③。'佛肸以中牟畔④，子之往也，如之何？⑤"子曰："然，有是言也⑥。不曰坚乎，磨而不磷；不曰白乎，涅而不缁⑦。吾岂匏瓜也哉？焉能系而不食⑧？"

① 佛，音弼（bì）。肸，音细（xì）。佛肸，是范中行氏

的家臣,中牟县长。赵简子挟晋侯以伐范中行氏,佛肸忠于范中行氏,据着中牟以抗拒赵简子,并且使人来召孔子。

② 孔子欲往佛肸那里。

③ 亲于其身,犹言亲身。此二句原是孔子之辞,意思是说,亲自做坏事的人那里,君子是不去的。子路之意,以为孔子不应往佛肸那里,故引述之以为质问孔子的依据。

④ 中牟,春秋时晋邑,在今河北省邢台和邯郸之间。畔,同"叛",谓抗拒赵简子。

⑤ 子,指孔子。这是说,您要去佛肸那里,怎能说得过去呢?

⑥ 是言,指"亲于其身"两句话。孔子对子路说:"是的,我说过这话。"

⑦ 磷,音吝(lìn),薄。涅,音蹑(niè),是黑色的染料,此处当"染黑"解,动词。缁,音资(zī),黑色。孔子自言我不是曾说过吗?真正坚固之物,不能磨薄;真正白色之物,不能染黑。言外之意,是说像孔子这样好的德行和人格,纵然去佛肸那里,对他也不会有丝毫染污。

⑧ 匏,音袍(páo),匏瓜,即瓠瓜。瓠瓜幼嫩时可食,老则皮坚瓤腐,可为笙瓠杓壶之用,不可以食。孔子欲仕于当世,行道以济斯民,所以说,我难道是匏瓜吗?怎能只悬挂着而不给人采吃呢?但孔子话虽这样说,他毕竟没有去佛肸那里的。

按：此章言孔子欲枉己以行道救世。

第八章

子曰："由①也！女闻六言六蔽②矣乎？"对曰③："未也。""居！吾语女④。好仁不好学，其蔽也愚⑤。好知不好学，其蔽也荡⑥。好信不好学，其蔽也贼⑦。好直不好学，其蔽也绞⑧。好勇不好学，其蔽也乱⑨。好刚不好学，其蔽也狂⑩。"

① 由，子路名。
② 六言六蔽，是古时成语，即下面说六桩事体。六言，是六个字，或六个名词，即下文仁、知、信、直、勇、刚。蔽，是蒙蔽、障蔽。六言都是美德好名词；不好学，便会发生障碍受蒙蔽。
③ 对曰，是子路对答。
④ 居，是跪坐，古人席地而坐叫做居。子路本侍坐在孔子之侧，孔子呼他的名发问，所以他依礼节起立对话（古礼，凡尊长有问，皆当起立作答，以表敬意）。孔子预备详细告诉他，故命他坐下。语，去声，音御（yù），告语。女，同"汝"。
⑤ 仁爱是美好的名词。学须明辨笃行，知行并进。如果只知道爱好仁名，却不肯好学，讲明仁的道理，但一味宽厚，对于事理看不清楚，必致受欺被骗，反成愚昧。例如春秋时宋襄公爱好仁名，与敌人交战，宽纵敌人，

结果兵败国危，就是"其蔽也愚"的绝好例证。

⑥荡，放荡。知是好名词，如果只晓得爱好这好名词，却不肯好学，讲明知的道理，但一味要逞聪明，这便是被知的名词蒙蔽，必致巧辞诡辩，漫无归宿，反成放荡。如《庄子·天下篇》所指斥的"鸡三足，卵有毛"之类。

⑦贼，伤害。信是好名词，如果只晓得爱好这好名词，却不肯好学，讲明信的道理，但一味要践前言，这便是被信的名词蒙蔽，必致窒碍难行，反成伤害。如尾生与女子期约在桥下相会，大水涨来，不肯离去，以致淹死，这便是"其蔽也贼"的例证。

⑧绞，急切。正直是好名词，如果只晓得爱好这好名词，却不肯好学，讲明直的道理，但一味直言任性，这便是被直的名词蒙蔽，必致伤害情谊，反成褊急。如《左传》先轸发现晋君行事有误，便直唾其面，这就未免褊急失态了。

⑨乱，祸乱。勇是好名词，如果只晓得爱好这好名词，却不肯好学，讲明勇的道理，但一味好勇斗狠，这便是被勇的名词蒙蔽，必致轻生肇事，反成祸乱。如游侠之士，以意气杀人之类。

⑩狂，妄动。刚是好名词，如果只晓得爱好这好名词，却不肯好学，讲明刚的道理，这便是被刚的名词蒙蔽，必致刚愎自用，反成狂妄。如春秋时晋国的阳处父以刚著称，但他强换掉狐射姑，而以赵盾为中军之帅，则未免流于狂了。

按：此章言好学明理，方能解蔽。

第九章

子曰："小子何莫学夫《诗》①？《诗》可以兴②，可以观③，可以群④，可以怨⑤。迩之事父，远之事君⑥；多识于鸟兽草木之名⑦。"

① 小子，犹今言学生们，是孔子称其弟子之辞。小子何莫学夫《诗》，等于说学生们为什么不研究《诗经》呢？
② 兴，兴起。诗本性情，而吟咏之际，能使人感兴奋起，激发意志。
③ 观，观察。诗反映着各国的民情风俗，政治得失，故观其诗，就可知其民风与政纪。
④ 群，合群。春秋时上自国君会盟，下至朋友宴享，举凡群居生活，莫不赋《诗》以见志，故以诗为合群之道。
⑤ 怨，怨恨。人有不平不满，就有怨言，但对于君父之过，则不可怨，而又不能不怨，因此用诗来发泄郁结，表露怨言，或讽刺，或谲谏，使闻者足戒，而言者无罪，自然非诗莫办了。
⑥ 迩，音耳（ěr），近。事父，是包事母而言。在《诗经》中言事父母则主于孝，言事君上则主于忠，故研究《诗经》可使人感悟，而以孝道事父母，以忠贞事君主。
⑦ 识，认识。在《诗经》中，鸟兽草木，名称繁多，研

究《诗经》，自然可以认识很多动物植物的名称。

按：此章教人须研读《诗经》。

第十章

子谓伯鱼①曰："女为《周南》《召南》矣乎②！人而不为《周南》《召南》③，其犹正墙面而立也与④！"

①子，孔子。伯鱼，孔子的儿子，已见《先进篇》第七章注。
②女，同"汝"。为，当"学习"解。《周南》《召南》，是《诗经·国风》首二篇名。《周南》之诗，有《关雎》《葛覃》《卷耳》《樛木》《螽斯》《桃夭》《兔罝》《芣苢》《汉广》《汝坟》《麟之趾》十一篇；《召南》之诗，有《鹊巢》《采蘩》《草虫》《采蘋》《甘棠》《行露》《羔羊》《殷其雷》《摽有梅》《小星》《江有汜》《野有死麕》《何彼秾矣》《驺虞》十四篇。《关雎序》说："《周南》《召南》，正始之道，王化之基。"由此可见二《南》在《诗经》中是何等重要，故孔子特别举出以问于伯鱼。女为《周南》《召南》矣乎，等于说你研习过《周南》和《召南》了吗？
③人而不为《周南》《召南》，等于说人们若不研习《周南》和《召南》。
④正墙面而立，面对着墙壁而立，比喻一物不可见、一

步不能行、一事不能做之意。其犹正墙面而立也与，意思是说，那像面对着墙壁站着，不可能有任何作为。

按：此章言《诗经》须先研习二《南》。

第十一章

子曰："礼云礼云，玉帛云乎哉①？乐云乐云，钟鼓云乎哉②？"

①玉，圭璋。帛，束帛。行礼时须用玉帛，但礼之本在敬，不在玉帛。当时的人讲礼，忘本逐末，重其玉帛之物而轻其敬意。孔子为此十分惋惜，所以说，我们所讲的礼，难道只是指着玉帛而说的吗？
②乐，音乐。奏乐时须用钟鼓，但乐之本在和，不在钟鼓。当时的人奏乐，贱本贵末，重其钟鼓之声而轻其和气。孔子亦为此十分慨叹，所以说，我们所讲的音乐，难道只是指着钟鼓而说的吗？

按：此章言礼乐衰微，遗本重末。

第十二章

子曰："色厉而内荏①，譬诸小人，其犹穿窬之盗也与②！"

① 厉，严厉。色厉，外表颜色严厉。荏，音忍（rěn），柔弱。内荏，内心柔弱。色厉而内荏，是说颜色严厉而内心怯弱的人。

② 小人，坏人。窬，音余（yú），洞穴。譬诸小人，其犹穿窬之盗也与，是说若用坏人来比喻，那就像挖洞穴偷东西的小偷吧！

按：此章言小人内心虚怯，假装严厉。

第十三章

子曰："乡原，德之贼也。"①

① 原，音愿（yuàn），同"愿"，谨"愿"、忠厚。乡原，等于说好好先生。乡里中的人多以为他忠厚，故称乡原。但实际上，他是矫情作态、同流合污，以博取忠厚之名，似忠厚而非忠厚的人。德之贼，德的败坏者。孔子的意思是说，假装忠厚的乡原，正是败坏道德的人。《孟子·尽心下篇》云："阉然媚于世也者，是乡原也。……非之无举也，刺之无刺也，同乎流俗，合乎污世，居之似忠信，行之似廉洁，众皆悦之，自以为是，而不可与入尧舜之道，故曰德之贼也。"可为此文注脚。

按：此章孔子斥责败坏道德的伪君子。

第十四章

子曰:"道听而涂说,德之弃也。"①

①道,道路。涂,同"途"。道听而涂说,是说在道路上听来的话,不问是非,不论真假,又在道路上随便说给人听。这种人,没有理智的判断,没有道德的修养,自然是道德中的弃物了。

按:此章教人慎言以畜德。

第十五章

子曰:"鄙夫可与事君也与哉①?其未得之也,患得之②。既得之,患失之③。苟患失之,无所不至矣④。"

①鄙夫,卑鄙龌龊的人。"与哉"之"与",同"欤"。也与哉,是在疑问中表感叹的语气词。鄙夫可与事君也与哉,是"可与鄙夫事君也与哉"之变式,意思是说,卑鄙龌龊的人,可以同他共事君主吗?言外之意是不可以,下文即申明其不可以之故。
②其,指鄙夫。二"之"字,并指职位。下"之"字并同。此二句的意思是说,当他没有得到职位时,生怕得不着职位。"患得之",意谓"患不能得之",王符《潜夫

论·爱日篇》云:"孔子疾夫未之得也,患不得之;既得之,患失之者。"《荀子·子道篇》云:"孔子曰:……小人者,其未得也,则忧不得;既已得之,又恐失之。"(《说苑·杂言篇》同)并是其证。

③ 既得之,患失之,等于说既然得职位,又怕失去那个职位。

④ 假若生怕失去那个职位,便无所不为,以求保着那个职位,因此也就无所不用其极了。

按:此章言鄙夫患得患失,不可共事。

第十六章

子曰:"古者民有三疾①,今也或是之亡也②。古之狂也肆,今之狂也荡③;古之矜也廉,今之矜也忿戾④;古之愚也直,今之愚也诈而已矣⑤。"

① 疾,毛病。三疾,指肆、廉、直三种毛病。古时的人有此三种毛病。

② 是,指"三疾"。亡,同"无"。现在风俗偷薄,人们连这种毛病都没有了。

③ 狂,志愿高大。肆,肆意直言。荡,行为放荡。这是说,古时的狂人肆意直言,有正义感;现在的狂人放荡无羁,无所不为。

④矜，谨慎自持。廉，方正不苟。忿戾，忿怒乖戾。这是说，古时矜持的人行为方正不苟，威严不可侵犯；现在矜持的人忿怒乖戾，无理取闹。

⑤这是说，古时愚笨的人坦白直爽，率性任真；现在愚笨的人欺罔诈骗，损人利己。

按：此章言末世习俗愈坏。

第十七章

子曰："巧言令色，鲜矣仁。"

按：此章重出，已见《学而篇》第三章。

第十八章

子曰："恶紫之夺朱也①，恶郑声之乱雅乐也②，恶利口之覆邦家者③。"

①恶，音务（wù），厌恶，下并同。朱是火红的颜色，古时用为正色，故极贵重。紫是朱青二色合成的颜色，古时称为间色。春秋时期，鲁桓公和齐桓公都爱穿紫色衣服，上行下效，一时风靡，于是间色的紫色几乎代替了正色的朱色，孔子为此深具不满之意。恶紫之夺朱也，

等于说间色取代了正色的地位,令人憎恶。

② 郑声,郑国淫秽的乐曲,已见《卫灵公篇》第十章注。雅乐,正乐,如周代的《武乐》是。恶郑声之乱雅乐也,等于说郑国淫秽的乐曲扰乱了典雅的乐曲,令人憎恶。

③ 利口,佞人。佞人辩给,以是为非,以非为是,以贤为不肖,以不肖为贤,人君倘悦而信之,就可以使国家颠覆败亡。

按:此章教人谨防邪僻害正道。

第十九章

子曰:"予欲无言①。"子贡曰:"子如不言,则小子何述焉②?"子曰:"天何言哉?四时行焉,百物生焉,天何言哉③?"

① 孔子教人,重视"身教",以为"身教"可以使人潜移默化,自进于道,比"言教"更为重要,所以说,我想不要说话,以言教了。

② 子,指孔子。小子,弟子自称。子贡以为学问广博,道体精微,倘不言诠,很难了悟,因此反问孔子道:"您假若不说话,那我们有什么可以传述的呢?"

③ 儒家尊天,以为"道之大原出于天"(见《汉书·董仲舒传》),故孔子以天为喻,以解子贡之疑。他的意思

是说，上天无言，而春夏秋冬四时运行不息，飞潜动植万物生生不已，这便是道之所在，也是学之所在，故能无为而物成，天又说了什么话呢？

按：此章言为学须自己领悟。

第二十章

孺悲欲见孔子①，孔子辞以疾②。将命者出户③，取瑟而歌，使之闻之④。

① 孺悲，鲁国人。《礼记·杂记下篇》云："恤由之丧，哀公使孺悲之孔子学士丧礼，《士丧礼》于是乎书。"可知孺悲亦为孔子弟子。此处言孺悲欲见孔子，当是始见时事。

② 孔子托言有病，拒绝接见孺悲，盖因其不由介绍，不合乎礼之故。故《仪礼·士相见礼篇》贾公彦疏云："孺悲欲见孔子，不由绍介，故孔子辞以疾。"（《孔子家语·致思篇》云："士不中间见，君子不以交，礼也。"《韩诗外传》卷二、《说苑·尊贤篇》并言之，可参阅。）

③ 将命者，传达言语的人。将命者出户，是说传命的人刚走出房门，要把孔子因病不能接见的话，去告诉孺悲。

④ 孔子便把琴拿来弹，并且唱着歌，故意使孺悲听见，知道孔子并不生病，只是自己或有不合理的地方，致使

孔子不接见而已。《孟子·告子下篇》云："教亦多术矣。予不屑之教诲也者，是亦教诲之而已矣。"可谓深得孔子之意。

按：此章记孔子用"不屑教诲"之法来教孺悲。

第二十一章

宰我[①]问："三年之丧[②]，期已久矣[③]。君子三年不为礼，礼必坏[④]。三年不为乐，乐必崩[⑤]。旧谷既没[⑥]，新谷既升[⑦]，钻燧改火[⑧]，期可已矣[⑨]。"子曰："食夫稻，衣夫锦，于女安乎[⑩]？"曰："安[⑪]。""女安则为之[⑫]：夫君子之居丧[⑬]，食旨不甘[⑭]，闻乐不乐[⑮]，居处不安[⑯]，故不为也。今女安，则为之。"宰我出。子曰：予之不仁也[⑰]！子生三年，然后免于父母之怀[⑱]。夫三年之丧，天下之通丧也[⑲]。予也有三年之爱于其父母乎[⑳]？"

① 宰我，名予，孔子弟子。
② 三年之丧，指父母之丧。父母死亡，子女服丧三年。
③ 期已久矣，是说三年的时期已过于长久了。
④ 三年不为礼，居丧期间不习礼。礼必坏，礼器必致损坏。
⑤ 乐必崩，乐器必致崩毁。
⑥ 没，尽。

⑦升,登、成。经过一周年,旧谷已食尽,新谷已成熟,言时之久。

⑧燧,取火的工具,有金燧木燧。金燧,可取火于日;木燧,用木钻火。周柄中《典故辨正》曰:"钻燧之法,书传不载。揭子宣《璇玑遗述》云:'如榆刚取心一段为钻;柳刚取心方尺为盘,中凿眼。钻头大,旁开窦寸许,用绳力牵如车,钻则火星飞爆出窦,薄煤成火矣。此即《庄子》所谓木与木相摩则燃者。古人钻燧之法,意亦如此。'"改火是每年到冬至改用钻燧取火之木。

⑨期,音基(jī),一周年。已,停止。期可已矣,是说服丧一周年可以停止了。

⑩夫,音扶(fú),语气词。稻是珍贵的谷类,锦是有文采之衣。居丧时,吃的是粗粝,穿的是素衣。孔子说:"假若期年便止丧,就要吃那稻米,穿那锦衣,你心里觉得安不安呢?"

⑪宰我回答说:"心里安稳过得去。"

⑫此句上省去"孔子曰"的字样,表示语势急迫。孔子道:"你说心安,你便去实行短丧罢。"

⑬居丧,是在父母丧期里。

⑭旨,指饮食美味。不甘,不觉得甘甜有味。

⑮上乐,指音乐。下乐,音勒(lè),快乐。

⑯居处,居平常时的寝处。不安,觉得过意不去。

⑰对父母薄情,所以责宰我不仁。

⑱人生三岁,才能离得开父母的怀抱。

⑲ 子女对父母服丧三年,是天下通行的丧礼。
⑳ 意谓宰予难道没有受他父母三年抚养的恩爱吗?如果受了,就不应当反对三年之丧了!

按: 此章言三年之丧,不可短损。

第二十二章

子曰:"饱食终日,无所用心①,难矣哉②!不有博弈者乎③,为之犹贤乎已④!"

① 无所用心,谓既不用心于学业,又不用心于事业。孟子说:"饱食暖衣,逸居而无教,则近于禽兽。"一个人"饱食终日,无所用心",亦就"近于禽兽"了!
② 难矣哉,意思是说对这种人很难有办法了!与"吾末如之何也已矣"语气相类。
③ 博,《说文》:"局戏也。"《列子·说符篇》释文引《古博经》曰:"博法,二人相对,坐向局,分为十二道,两头当中名为水。用棋十二枚,六白六黑。又用鱼二枚,置于水中。其掷采以琼为之……二人互掷采行棋。"清焦循说即今之双陆戏。弈,围棋。博弈都是古代的戏具。"不有博弈的人吗?"意谓尽有博弈的人。
④ 贤,胜过的意思。已,止而不为。博弈是游戏之人,知用其心,若做他事,当亦用心,故较无所用心的人为胜。

按：此章孔子警戒人当用心于德业。

第二十三章

子路曰："君子尚勇乎①？"子曰："君子义以为上②，君子有勇而无义为乱，小人有勇而无义为盗③。"

① 尚，同"上"，当"尊崇"解，动词。子路好勇，不知有道德的君子是否尊崇勇敢，故问于孔子。
② 此句是"君子以义为上"的变式，意思是说，有道德的君子以为义最重要。下文即申明此理。
③ 此处"君子"与"小人"对言，"君子"指官吏，"小人"指平民。这是说，在位的君子，若只有勇敢而无道义，就会造反叛乱；平民若只有勇敢而无道义，就会偷窃抢劫，沦为盗贼了。

按：此章言为人当贵义。

第二十四章

子贡曰："君子亦有恶乎①？"子曰："有恶②：恶称人之恶者③；恶居下流而讪上者④；恶勇而无礼者⑤；恶果敢而窒者⑥。"曰："赐也亦有恶乎⑦？""恶徼以为知者⑧；恶不孙以为勇者⑨；恶讦以为直者⑩。"

① 恶，音务（wù），憎恶。下并同。君子，指孔子。子贡以为孔子注重道德修养，既仁且智，优入圣域，未知是否亦有憎恨别人之事，故以此为问。
② 有恶，等于说有憎恨别人的事。《里仁篇》第三章云："唯仁者能好人，能恶人。"与此处语虽不同，意可互足。
③ 称，称述。"之恶"的"恶"，音鄂（è），过恶。恶称人之恶者，是说憎恨那些爱说别人毛病的人。
④ 下流，据阮元的《论语注疏校勘记》，和汉以前旧本，皆无此"流"字；据惠栋的《九经古义》和冯登府的《论语异文考证》，和晚唐以前旧本，亦无此"流"字。今参详文意，但言"下"即足，不应加此"流"字。刘氏《正义》云："今经文有流字，后人据误本加也。"可见"流"字为衍文，当据以删正。讪，音善（shàn）。《荀子·大略篇》云："为人臣下者，有谏而无讪。"杨倞注："谤上曰讪。"恶居下而讪上者，是说憎恨那些处于下位而毁谤在上位的人。
⑤ 恶勇而无礼者，是说憎恨那些只有勇敢而没有礼节的人。
⑥ 窒，窒塞不通。恶果敢而窒者，是说憎恨那些果敢决断而不通事理的人。
⑦ 赐，子贡名。赐也亦有恶乎。等于说您也有憎恨别人的事吗？此是孔子反问之辞。因此句语意与上文不同，故加一"曰"字以别之。见俞樾《古书疑义举例》"一人之辞而加曰字例"。

⑧ 徼，音绞（jiǎo），抄袭，即《礼记·曲礼篇》"毋剿说"之意。知，同"智"。恶徼以为知者，是说憎恨那些偷袭别人的说法而自以为聪明的人。自此以下，皆为子贡对孔子的答语。

⑨ 孙，同"逊"。恶不孙以为勇者，是说憎恨那些对人不谦虚而自以为勇敢的人。

⑩ 讦，音 jié，揭发别人阴私。恶讦以为直者，是说憎恨那些揭发别人阴私而自以为正直的人。

按：此章言小人恶行，虽圣贤亦不宽宥。

第二十五章

子曰："唯女子与小人为难养也①，近之则不孙②，远之则怨。③"

① 女子，指妾妇。小人，指仆人。养，当"对待"解。女子和小人胸怀狭小，不明大义，很难应付。

② 近，接近，动词。之，指女子和小人。下同。孙，同"逊"。近之则不孙，是说若亲近他们，则会对您没有礼貌。

③ 远，音院（yuàn），疏远，动词。远之则怨，是说若疏远他们，则会对您心怀怨恨。

按：此章言妾仆小人，难于驾驭。

第二十六章

子曰:"年四十而见恶焉①,其终也已②。"

① 人们未及四十岁,其德行犹日进不已,至四十不惑则为成德之年,故以"年四十"为言。恶,音务(wù),憎恶。见恶,被人厌恶。年四十而见恶焉,意思是说,一个人活到四十岁,若还没有好的德行,而被别人所厌恶。

② 终,终身。已,犹今言"完了"。其终也已,等于说这个人一辈子也就完了。

按: 此章孔子教人及时修德。

微子篇第十八

第一章

微子去之①,箕子为之奴②,比干谏而死③。孔子曰:"殷有三仁焉④。"

① 微子,名启,殷帝乙之子,帝辛(纣王)之庶兄,后受周封于宋。纣王无道,微子屡谏不听,便远离纣王,跑到别处去。
② 箕子,纣王的叔父。纣王淫乱,箕子谏不听,而又不忍逃去,以彰君之恶,因披发佯狂,以为奴隶。
③ 比干,也是纣王的叔父。他力谏纣王,纣王怒曰:"吾闻圣人之心有七窍,信有之乎?"因杀比干,剖视其心。
④ 此三人的行径虽不相同,而其忧国忧民、至诚至爱之心则一,孔子因此以"仁"评之,所以,殷朝有三位仁人。

按:此章言殷三仁人志同行异。

第二章

柳下惠为士师①,三黜②。人③曰:"子未可以去乎④?"曰⑤:"直道而事人,焉往而不三黜⑥?枉道而事人,何必去父母之邦⑦?"

① 柳下惠,即展获,见《卫灵公篇》第十三章注。士师,

典狱之官。这是说，柳下惠做鲁国的法官。

② 三，是虚数。黜，《说文》云："贬下也。"三黜，是几次都被罢黜。

③ 有人。

④ 子，古时男子之尊称。去，离去。柳下惠正直被黜，有人深为不平，便对他说："您不可以离开鲁国，去别国求仕吗？"

⑤ 柳下惠答道。

⑥ 直道，正直之道。焉，何。这是说，举世浑浊，各国都不容正直之人，若以直道为人服务，到哪里去不被人罢黜呢？

⑦ 枉道，不正直之道。父母之邦，指鲁国。柳下惠深爱鲁国，说，如果枉道去为人服务，那又何必离开自己的国家呢？

按：此章言柳下惠为人正直。

第三章

齐景公待孔子，曰①："若季氏，则吾不能②；以季孟之间待之③。"曰④："吾老矣，不能用也⑤。"孔子行⑥。

① 待，对待，待遇。鲁昭公二十五年，季氏得罪于昭公，昭公率师攻季氏，三桓因共攻昭公，昭公师败，奔于齐。

孔子亦于此时因鲁乱前往齐国，齐景公久闻孔子贤，此处是与臣下谈及他对待孔子的态度。

② 若季氏，则吾不能，是说对待孔子，要像鲁君那样尊宠季氏般，那我做不到。

③ 季，季孙氏。孟，仲孙氏。季孟之间，指叔孙氏。《左传》昭公四年，季孙为司徒，叔孙为司马，孟孙为司空。司徒是上卿，司空是下卿。又哀公二年《春秋》经文："季孙斯、叔孙州仇、仲孙何忌帅师伐邾。"此正是鲁国三卿的位次。以季孟之间待之，意思是说，我以对待叔孙氏的礼貌来对待孔子，这样比对季孙氏虽然不及，比对仲孙氏则有余了。

④ 此处也是齐景公说，但和上面的话不是同时说的，故加"曰"字以别之。

⑤ 鲁昭公二十五年，为齐景公三十一年，则齐景公此时大约是六十岁左右的人了。齐景公托言年老，意志消沉，不能重用孔子。

⑥ 行，离去。孔子欲行其道，今闻齐景公之言，知其不能用己，便离开了齐国。

按：此章记齐景公不用孔子的经过。

第四章

齐人归女乐①，季桓子受之，三日不朝②，孔子行③。

① 归，与"馈"通用，馈赠。乐，音岳（yuè）。孔子为鲁司寇，摄行相事，鲁国大治，齐人惧为所并，因选美女八十人，皆衣文衣而舞康乐，以赠鲁君。事见《史记·孔子世家》及《韩非子·内储说下篇》。
② 季桓子，即季孙斯。他是当时鲁国最有权力的人，使鲁定公接受齐国的女乐，于是怠于政事，三日不朝。
③ 孔子进谏不听，便离开了鲁国，到别处去。

按：此章言孔子离去鲁国的原因。

第五章

楚狂接舆歌而过孔子①曰："凤兮凤兮！何德之衰②？往者不可谏，来者犹可追③。已而已而④，今之从政者殆而⑤！"孔子下，欲与之言⑥。趋而辟之⑦，不得与之言⑧。

① 接舆，楚国贤人，佯狂避世，失其姓名，以其接于孔子之舆而歌，故称"接舆"。曹之升《四书摭余说》云："《论语》所记隐士，皆以其事名之。门者谓之'晨门'，杖者谓之'丈人'，津者谓之'沮''溺'，接孔子之舆者谓之'接舆'，非名亦非字也。"当时孔子去楚国，楚国的狂人接舆，唱着歌，走过孔子的车前。
② 古时传说，谓天下有道则凤鸟见，无道则隐。此处接舆以凤鸟比喻孔子。兮，语气词。德，德性。天下无道，

而孔子周游列国，栖栖惶惶，接舆责其不能像凤鸟那样，隐居避世，所以说，凤呀凤呀！为何你的德性这样败坏呢？

③谏，谏争劝阻。"不可谏"有不可挽回的意思。这是说，以前的事不必说了，以后的事还可追及。言外之意，谓孔子以前栖栖惶惶，不必再说，今后隐居，尚来得及。

④已，止。而，语气词。已而已而，等于说"算了罢！算了罢！"

⑤殆，危。此言乱世做官，最是危险。言外之意是劝孔子不要做官。

⑥孔子存心救世，听了他的歌，知道他是隐者，与自己的志趣不同，便下车来，欲开悟他，和他谈谈。

⑦趋，快走。辟，同"避"。之，指孔子。接舆见孔子下车，便赶快避开他。

⑧之，指接舆。

按：此章言孔子存心救世，为楚狂所讥评。

第六章

长沮、桀溺耦而耕①，孔子过之，使子路问津焉②。长沮曰："夫执舆者为谁③？"子路曰："为孔丘。"曰："是鲁孔丘与？"曰："是也。"曰："是知津矣④。"问于桀溺⑤。桀溺曰："子为谁？"曰："为仲由。"曰："是鲁孔丘之徒⑥与？"对曰：

"然。"曰:"滔滔者天下皆是也⑦,而谁以易之⑧?且而与其从辟人之士也,岂若从辟世之士哉⑨?"耰而不辍⑩。子路行以告⑪。夫子怃然⑫曰:"鸟兽不可与同群⑬,吾非斯人之徒与而谁与⑭?天下有道,丘不与易也⑮。"

① 长沮、桀溺,都是当时的隐士,而不是他们的真实姓名。耦,《周礼·冬官考工记·匠人》云:"二耜为耦。"耦而耕,是说二人各执一耜,一同耕田。
② 津,过河的渡口。孔子从那里经过,因不知渡口所在,故使子路去问他们。
③ 夫,那个。执舆者,执辔的人。执辔原是子路,因其下车,故孔子代为驾御。长沮不知那个驾车的是谁,故先问子路。
④ 是知津矣,是说他已知道何处有渡口了。言外之意,是讥讽孔子周游列国,自应熟识道路,不应再向别人打听渡口之所在。
⑤ 长沮不说渡口所在,子路不得已,再问于桀溺。
⑥ 徒,门徒。
⑦ 滔滔,水弥漫之貌,以喻社会之纷乱。滔滔者天下皆是也,是说像洪水弥漫般,社会纷乱,天下皆然。
⑧ 以,与。而谁以易之,是说你们同谁去改革它呢?
⑨ 而,你,指子路。辟,同"避"。人,指当时的坏人,如暴君污吏等。孔子逃避坏人,不同他们合作,故称之为"辟人之士"。辟世之士,即桀溺自谓,是隐居遁世的

人。桀溺的意思是,你与其跟从孔子东奔西走,怎比得上跟从我们隐居自得呢?

⑩ 耰,音忧(yōu),播种以后,以土覆之,叫做耰。辍,停。桀溺亦不言渡口所在,说完便不停地耕作。

⑪ 子路回来,把他们的事告诉孔子。

⑫ 夫子,孔子。怃,音舞(wǔ)。怃然,怅然失望貌。

⑬ 隐居山林,是与鸟兽同群。孔子志在行道以救世,不能像长沮、桀溺般隐居遁世,而与鸟兽同群。

⑭ 人,民。徒,徒众。斯人之徒,指当世的人群。与,有同群互助合作之意。此句是"吾非与斯人之徒而与谁"之变式,意思是说,我不和当世的人同群,还和谁同群呢?

⑮ 与,为。孔子的意思是说,若天下的政治清明,我就不须从事改变世道的工作了。

按:此章言孔子救世情殷,非隐者讥评所能动。

第七章

子路从而后①,遇丈人②,以杖荷蓧③。子路问曰:"子见夫子乎④?"丈人曰:"四体不勤,五谷不分,孰为夫子⑤?"植其杖而芸⑥。子路拱而立⑦。止子路宿⑧,杀鸡为黍而食之⑨,见其二子焉⑩。明日,子路行以告⑪。子曰:"隐者也⑫。"使子路反见之,至则行矣⑬。子路⑭曰:"不仕无义⑮。长幼之节,不可废也⑯;君臣之义,如之何其废之⑰?欲洁其身,而乱大伦⑱。君子之仕也，行其义也⑲。道之不行，已知之矣⑳。"

① 子路从而后，是说子路跟随着孔子，却远在后面，未能追及孔子。
② 丈人，老人。子路遇见一个老年人。
③ 荷，音贺（hè），肩负。蓧，音掉（diào），耘田的用具。以杖荷蓧，是说丈人用杖担着蓧，负荷在肩上。
④ 子，指丈人。夫子，指孔子。孔子先行，未知丈人曾否遇见他，故子路以此为问。
⑤ 四体，四肢。勤，《说文》云："劳也。"五谷，稻、黍、稷、麦、菽（豆）。分，辨别。丈人的意思是说，看你这人，四肢不劳动，五谷不认识，奔波周流，冒失地问，究竟谁是你的老师呢？
⑥ 植，插。芸，同"耘"，除去田中的草。丈人说完，便把拐杖插在田边而去除草。
⑦ 拱，叉手。子路拱手恭敬地站着，看他耘田。
⑧ 止子路宿，是说丈人见子路有礼，便留子路在他家中住宿。
⑨ 为黍，用黍米做饭。食，音似（sì），给饭吃。之，指子路。
⑩ 见，音现（xiàn）。见其二子焉，是说丈人命其二子出见子路。
⑪ 第二天，子路赶上了孔子，便把这事告诉他。
⑫ 隐者，隐居之士。

⑬ 孔子使子路回去再看他，到他家时，他已出门去了。
⑭ 子路见丈人不在，便留语给其二子，转告丈人。
⑮ 不仕无义，是说君子从仕，所以救世济民，亦所以尽其为人之道，若隐居不仕，而置社会人群于不顾，那是不合理的。
⑯ 长幼有序，是五伦之一。丈人命其二子出见子路，是他虽为隐者，尚知长幼之间的礼节不可废掉。
⑰ 君臣有义，亦是五伦之一。子路之意，以为长幼一伦，既不可废；君臣一伦，又怎能废掉呢！
⑱ 大伦，指君臣一伦。举世浑浊，丈人欲隐居不仕，洁身自好，如此反而违背君臣之间的伦理了。
⑲ 君子，隐指孔子。义，道。这是说，君子求仕，是为行道。
⑳ 这是说，不能行道于天下，孔子已经知道了。言外之意，谓孔子虽明知其不可为而亦为之，是欲尽其一己对于人群之责任而已。

按：此章子路详言孔子的救世精神。

第八章

逸民①：伯夷、叔齐、虞仲、夷逸、朱张、柳下惠、少连②。子曰："不降其志③，不辱其身④，伯夷、叔齐与⑤！"谓："柳下惠、少连，降志辱身矣⑥，言中伦，行中虑⑦，其斯而已矣⑧。"谓:"虞仲、夷逸,隐居放言⑨,身中清,废中权⑩。我则异于是,无可无不可⑪。"

①逸,同"佚",遗佚。逸民,是被世遗弃的人才。
②此七人皆是逸民。伯夷、叔齐,见《公冶长篇》第二十二章注。柳下惠,见《卫灵公篇》第十三章注。虞仲,盖即仲雍,见《泰伯篇》第一章注。夷逸见《尸子》,有人劝他做官,他不接受。少连,东夷人,孔子称其善居丧,见《礼记·杂记下篇》。朱张无考。
③不降其志,是说伯夷、叔齐志行高洁,隐居饿死,不降低其意志。
④不辱其身,是说不立于恶人之朝,不与恶人言,使其身体不受侮辱。
⑤伯夷、叔齐与,等于说这便是伯夷、叔齐吧!
⑥柳下惠曾仕于鲁,三见黜而终不去,这便是降志辱身。少连降志辱身事,今已无考。
⑦中,音仲(zhòng),符合,动词。言中伦,行中虑,是说他们说话符合道理,行为符合人心。
⑧其斯而已矣,等于说柳下惠、少连的为人,如此而已。
⑨放,弃。隐居放言,是说虞仲、夷逸二人,遁世隐居,绝口不再谈世事。
⑩清,纯洁。废,废弃。权,权宜。身中清,废中权,是说他们隐居独善其身,行为至为纯洁;他们处于乱世,自废弃以免祸害,亦是合于权宜之道的。

⑪ 是，指上述七人。孔子"圣之时"者，他要行道以救世，故其做人处世，和这些人全然不同。他以为没有什么是一定可以的，也没有什么是一定不可以的。

按：此章言逸民处世态度不合圣人时中之道。

第九章

大师挚适齐①，亚饭干适楚，三饭缭适蔡，四饭缺适秦②，鼓方叔入于河③，播鼗武入于汉④，少师阳、击磬襄入于海⑤。

① 大，音泰（tài）。大师，鲁国乐官之长。挚，大师之名。适，往。下并同。大师挚适齐，是说大师挚由鲁国逃往齐国。

② 亚，次。古时天子诸侯用饭时都得奏乐，所以乐官有"亚饭""三饭""四饭"之名。干，亚饭乐官之名。缭，三饭乐官之名。缺，四饭乐官之名。这是说，二饭乐师干逃往楚国，三饭乐师缭逃往蔡国，四饭乐师缺逃往秦国。

③ 鼓，打鼓的乐官。方叔，鼓师之名。鼓方叔入于河，是说鼓师方叔逃往黄河之滨去隐居。

④ 播，摇。鼗，音桃（táo），小鼓，两旁有耳，犹今日之"摇鼓"。武，摇鼗的乐官之名。播鼗武入于汉，是说摇小鼓的乐师武逃往汉水之涯去隐居。

⑤ 少师，乐官之佐。阳，少师之名。磬，乐器。襄，打磬的乐官之名。少师阳、击磬襄入于海，是说少师阳和击磬的襄二人都逃往海边去隐居。

按：此章言鲁国政衰，乐官四散。

第十章

周公谓鲁公^①曰："君子不施其亲^②，不使大臣怨乎不以^③。故旧无大故，则不弃也^④。无求备于一人^⑤。"

① 周公，名旦。鲁公，周公之子伯禽，受封于鲁。
② 施，与"弛"字通用，弃忘疏远的意思。君子不施其亲，是说在上位的人不可弃忘疏远他的亲族。
③ 以，用。不可使大臣怨国君不信用他。
④ 故旧，指鲁公为世子时的同学朋友。大故，大事故，指大的罪恶。不弃，应当录用，不可废弃。
⑤ 备，完全，具备。人才各有长短，不可在一人身上求全责备。

按：此章言为君用人之道。

第十一章

周有八士^①：伯达、伯适、仲突、仲忽、叔夜、叔夏、季随、季䯄②。

① 周代有八个贤士。
② 适、䯄，并音瓜（guā）。此八人，郑玄以为成王时，刘向、马融以为宣王时。相传是一个母亲接连生下来的四对双生子，所以依着伯、仲、叔、季的顺序排列，而且每对双生子的名字各自押韵。第一次生的，名叫伯达、伯适。第二次生的，名叫仲突、仲忽。第三次生的，名叫叔夜、叔夏。第四次生的，名叫季随、季䯄。但其详今已无考。

按：此章言周代人才之盛。

子張篇第十九

第一章

子张曰:"士见危致命①,见得思义②,祭思敬③,丧思哀④,其可已矣⑤。"

① 致命,犹《宪问篇》第十三章之"授命"。这是说,士人遇到国家危难时,便能付出生命。
② 遇见个人利益时,便考虑该不该得。
③ 在祭祀时,便考虑是否诚敬。
④ 丧,音桑(sāng)。这是说,在守丧时,便考虑是否悲哀。
⑤ 其可已矣,等于说那也就可以了。

按:此章言士人当察此四事,以立大节。

第二章

子张曰:"执德不弘①,信道不笃②,焉能为有?焉能为亡③?"

① 执,守。德在己,而为一己所独有,故曰"执"。弘,即今之"强"字,参见章太炎先生《广论语骈枝》。执德不弘,是说一个人持守道德不坚强。
② 信,信仰。道在外,而为众人所共由,故曰"信"。笃,

厚。信道不笃，等于说信仰真理不深厚。

③ 二"焉"字，均当"何"解。亡，同"无"。焉能为有，焉能为亡，是无足轻重之意，等于说，这种人，有他不为多，没有他不为少。

按：此章言人须笃信力行，方能有为。

第三章

子夏之门人问交于子张①。子张曰："子夏云何②？"对曰："子夏曰：'可者与之，其不可者拒之③。'"子张曰："异乎吾所闻④：'君子尊贤而容众，嘉善而矜不能⑤。'我之大贤与，于人何所不容⑥？我之不贤与，人将拒我，如之何其拒人也⑦？"

① 交，交友之道。子夏的学生不知交友之道究应如何，故问于子张。
② 子张反问道："子夏怎样说的呢？"
③ 拒，拒绝。此二句原是子夏之辞，他的学生引述来答复子张，意思是说，可以交的人便和他交，不可交的人便不和他交。
④ 异乎吾所闻，等于说这和我所听到的不同。
⑤ 容，宽容。嘉，赞美。矜，同情。此二句是子张所听到的交友之道，意思是说，君子尊敬贤人，也宽容一般人；称赞好人，也同情无能的人。言外之意，是任何人

都可以交的。

⑥ 之，是。与，同"欤"。子张之意，以为大贤之人，大德大量，无所不容，所以说，我是个大贤的人吗，那对什么人不能宽容呢？

⑦ 这是说，我是个不贤的人吗，那么，别人就要拒绝和我交，我怎能拒绝和别人交友呢？

按：此章言交友之道，子夏子张二人见解不同。

第四章

子夏曰："虽小道，必有可观者焉①；致远恐泥，是以君子不为也②。"

① 小道，小的技艺。观，观赏。此二句是说，虽是小的技艺，也必有可观可取的地方。

② 致，达到。泥，音腻（nì），滞泥不通。此二句是说，但恐为小的技艺所滞泥，而不能达到远大的目的，所以君子不去学它。

按：此章言君子不为小艺害大道。

第五章

子夏①曰："日知其所亡②，月无忘其所能③，可谓好学也已矣。"

① 子夏，即卜商，已见《学而篇》第七章注。
② 亡，无，读作"无"。亡是已所没有的；日知所亡，即是知新。
③ 能，平日所能。常常温习，经时累月，亦不遗忘。月无忘所能，即是温故。

按：此章言好学者日有新知而不失旧学。

第六章

子夏曰："博学而笃志①，切问而近思②，仁在其中矣③。"

① 博学，广泛地学习各种学问。笃志，坚守自己的志趣。
② 切问，切实地发问不明白的问题。近思，体认浅近的事物，以与学问相印证。
③ 博学守约，笃志力行，切问近思，认真体察，这是吃紧为人处，也是吃紧为学处，所谓仁德，就含蕴在这里面了。

按：此章言致知求仁之方。

第七章

子夏曰："百工居肆以成其事①，君子学以致其道②。"

① 肆，官府造作之处，犹今言"工场"。事，事业。百工必须在"工场"中造作，方能成就他们的事业。
② 致，极尽之意。君子必须专心学习，方能究极深奥的真理。

按： 此章言人须切实务学，方能有成。

第八章

子夏曰："小人之过也必文。"①

① 过，过失。文，文饰。凡人皆有过，君子知过改过，故终能无过；小人过而不改，并且自欺欺人，藉辞文饰，以加重其过，而终至于大过。这便是君子与小人的不同处了。

按： 此章教人有过要改。

第九章

子夏曰："君子有三变①：望之俨然②，即之也温③，听其言也厉④。"

① 变，变化。君子有三种不同的变化。
② 之，指君子。下并同。俨然，容貌庄严貌。望之俨然，

等于说远处望他,庄严可畏。

③ 即,接近。即之也温,等于说接近他时,温和可亲。

④ 厉,确切。听其言也厉,等于说听他说话时,则确切不苟。

按:此章言君子言语气象,令人敬畏。

第十章

子夏曰:"君子信而后劳其民①;未信,则以为厉己也②。信而后谏③;未信,则以为谤己也④。"

① 君子,指士大夫言,上有君,下有民。信,为民所信。劳其民,使民服务劳动。

② 厉,虐。厉己,是说虐待人民。己指所劳之民。

③ 谏,规劝谏诤其君。

④ 谤,毁谤。谤己,毁谤其君。己,指所事之君。

按:此章言信立而后可使民谏君。

第十一章

子夏曰:"大德不逾闲①,小德出入可也②。"

① 大德,大节。逾,越过。闲,《说文》云:"阑也。"

犹今言"界限"。大德不逾闲，是说人须守住重大节操，不能越出他的界限。

② 小德，小节。小德出入可也，是说小事情，放松一点，那是可以的。

按：此章教人要立大节。

第十二章

子游曰："子夏之门人小子①，当洒扫应对进退②，则可矣，抑末也③。本之则无，如之何④？"子夏闻之，曰："噫⑤！言游过矣⑥！君子之道，孰先传焉？孰后倦焉⑦？譬诸草木，区以别矣⑧。君子之道，焉可诬也⑨？有始有卒者，其惟圣人乎⑩！"

① 门人，弟子。小子，亦是门人。在《论语》中，"小子"二字，用法不一。如《先进篇》第十六章"小子鸣鼓而攻之"的"小子"，是孔子称其弟子之词；如《阳货篇》第十九章"子如不言，则小子何述焉"的"小子"，是弟子对孔子自称之词；如《公冶长篇》第二十一章"吾党之小子狂简"的"小子"，是孔子称其青年弟子之词。此处"门人小子"并言，当是指子夏门下较为年轻的弟子。

② 洒扫，是洒水扫地。应对，是应答，但"应"只是"应

诺"，不必说话；"对"则必须说话。进退，是接待宾客，周旋进退。凡此数者，皆为古时幼童应该学习的仪节。

③ 抑，但。末，微末。子游之意，以为子夏的学生，做上述这些工作是可以的，但这只是很小的事而已。

④ 本，指学问。子游讥评子夏失其教法，使其弟子熟习末节，不学本务，根本的学问连一点也没有，那怎么可以呢？

⑤ 噫，感叹词，等于说"唉！"

⑥ 言偃，字子游。子夏以为：子游说错了。

⑦ 传，传授。倦，与《述而篇》第二章"诲人不倦"之"倦"同，谓反复传授至于倦乏，亦传授之意。避上句"传"字重复，"后传"为"后倦"。这是说，君子的学问，哪一种应先给传授呢？哪一种留在最后传授呢？

⑧ 区，分。学问难易不同，必须区分类别，然后分别传授。譬如各种草木，生长情形不同，必须区分类别，然后方可栽植。

⑨ 诬，诬罔。这是说，无论本务或末节，莫不是君子的学问，怎能随便诬罔批评呢？

⑩ 卒，终。子夏之意，以为能有始有终，循循善诱，使人下学而上达的，恐怕只有圣人！

按：此章教人为学，当有本末先后之序。

第十三章

子夏曰:"仕而优则学,学而优则仕①。"

① 仕,做官。学,求学。优,有余力。古人学以求道,仕以行道,三者事虽不同,理实一致。若仕能有余力以求学,则所以资助其从仕者益深;若学能有余力以从仕,则所以验证其为学者益广。可见学仕二者,是相互为用,不可偏废的。

按:此章教人从政与为学须兼顾。

第十四章

子游曰:"丧致乎哀而止①。"

① 致,尽。致乎哀,极尽其哀,丧礼以哀为本,一切仪式制度都要表达出内心的哀思真情,不是虚伪的装饰,方合于礼。但也不宜哀毁不止,伤身灭性,像"子夏丧其子而丧其明"(《礼记·檀弓上篇》)那样,则为曾子所深责了。

按:此章言丧礼要尽哀而有节制。

第十五章

子游曰:"吾友张也,为难能也①,然而未仁②。"

① 张,即子张,姓颛孙,名师。子张为人,不自伐其功业,不自矜其位势,不虐待人民,不安逸自己(见《大戴礼记·卫将军文子篇》),确是难能可贵的。
② 然而未仁,等于说但还未能达到仁的境地。其"未仁"之故,此处子游并未说明,若据下章曾子对子张的批评,似乎子张志愿宏伟,好为高远,所以孔子批评他道:"师也过。""师也辟。"(见《先进篇》第十五章、第十七章)这就难得为仁了。

按:此章言子张才德美好而不及仁。

第十六章

曾子曰:"堂堂乎张也①,难与并为仁矣②。"

① 堂堂,高大开朗之意。《荀子·非十二子篇》说他"禹行而舜趋",则欲以天下为务,是其高大处。本篇第三章载子张之言曰:"君子尊贤而容众,嘉善而矜不能",是其开朗处。堂堂乎张也,等于说子张的为人,是很高大开朗的。

② 难与并为仁矣，等于说很难和他一同进入仁的境地。因为仁人先要反求诸身，克己复礼，然后才能立己立人，达己达人，若子张之但求务外，则外有余而内不足，自然难得和他并为仁了。

按： 此章言子张不能内修其德，难以为仁。

第十七章

曾子曰："吾闻诸夫子①：'人未有自致者也②，必也亲丧乎③！'"

① 诸，之于。夫子，指孔子。
② 致，尽到极点的意思。凡人平日多有尽情的事，但未必尽到极处。
③ 亲丧，父母丧事。人遇着父母死丧时，哀痛真情从中发出，必然不能自已。

按： 此章圣人直指人心之同然，使人自识其良心。

第十八章

曾子曰："吾闻诸夫子：'孟庄子①之孝也，其他可能也。其不改父之臣与父之政，是难能也②。'"

① 孟庄子，鲁大夫仲孙速。庄子父孟献子，名蔑，有贤德。
② 父之臣是前辈老臣，父之政是旧的制度。普通人情多喜用新进，不喜用老成；爱自作主张，不爱沿用旧制。孟庄子用人行政，独能谨守贤父作风，所以为难。

按：此章言孟庄子之孝行。

第十九章

孟氏使阳肤为士师①，问于曾子②。曾子曰："上失其道③，民散久矣④。如得其情⑤，则哀矜而勿喜⑥！"

① 阳肤，曾子弟子。士师，典狱之官。
② 阳肤问典狱之道于曾子。
③ 上，上位之人。失其道，失其治道，谓政治黑暗。
④ 散，离散。民散，谓人民不爱戴政府。
⑤ 如得其情，是说在判案时若获得他们犯罪的真情。
⑥ 哀矜，怜悯他们。勿喜，不要自鸣得意。

按：此章言治狱当审察民情。

第二十章

子贡曰："纣之不善，不如是之甚也①。是以君子恶居下流,天下之恶皆归焉②。"

① 纣,商纣,暴虐无道,为周武王所灭。纣之不善,不如是之甚也,等于说商纣的罪恶,并不像现在传说这样厉害的。
② 上"恶"字,音wù,厌恶。下"恶"字,音è,罪恶。下流,本是地形低下之处,众水皆流而归之,此处喻为置身于不善之地,天下的恶名都会归结到他身上了。

按:此章言君子不可置身于不善之地。

第二十一章

子贡曰:"君子之过也,如日月之食①焉。过也,人皆见②之;更也,人皆仰之③。"

① 过,过错。食,同"蚀"。君子有过,像日蚀月蚀般,虽出无心,终为遗憾。
② 君子有过,不加文饰,故为人所共见。
③ 更,改。仰,敬仰。君子知过改过,善能补过,既改之后,终亦不为其过所累,而为人们尊敬和瞻仰。

按:此章言君子有过必改。

第二十二章

卫公孙朝①问于子贡曰:"仲尼焉②学?"子贡曰:"文武之道③,未坠于地④,在人⑤。贤者识其大者,不贤者识其小者,莫不有文武之道⑥焉。夫子焉不学?而亦何常师之有⑦?"

① 公孙朝,卫国的大夫。在春秋时,鲁郑楚三国都有同名公孙朝的人,故此处加"卫"字以别之。
② 焉学,犹今言从哪里学来。卫公孙朝不知道孔子的学问那样渊博,到底是从哪里学来的,故问于子贡。
③ 文武之道,指文王、武王之谟训功烈,以及周代的礼乐文章。此即为孔子所讲礼乐刑政,六艺文章之所本。
④ 坠,落下。未坠于地,犹今言并未失传。
⑤ 在人,尚散布在人间。
⑥ 识,音志(zhì),记。二"其"字,并指文武之道。贤智的人得其大处,愚笨的人得其小节,没有人得不到文武之道的。
⑦ 夫子,指孔子。亦,又。常师,固定的老师。此二句的意思,孔子哪里不在学习,又何必有固定的老师传授呢?

按: 此章言孔子学无常师,故能成其大。

第二十三章

叔孙武叔①语②大夫于朝曰:"子贡贤于仲尼③。"子服景伯④以告子贡。子贡曰:"譬之宫墙⑤,赐之墙也及肩⑥,窥见室家之好⑦。夫子之墙数仞⑧,不得其门而入,不见宗庙之美、百官之富⑨。得其门者或寡矣⑩。夫子之云,不亦宜乎⑪?"

① 叔孙武叔,鲁大夫,名州仇。
② 语,音遇(yù),告诉。
③ 叔孙武叔在朝廷中对其他的大夫道:"子贡的贤明,胜过孔子。"
④ 子服景伯,鲁大夫,名何,见《宪问篇》第三十八章注。
⑤ 宫墙,围墙。譬之宫墙,等于说用围墙做比喻。
⑥ 及,到。肩,肩膀。
⑦ 子贡自言他的围墙很矮,人在墙外,可以探望房屋里面的美好。
⑧ 夫子,指孔子。仞,七尺为仞。数仞,几仞,极言其高。
⑨ 宗庙,祖宗的庙宇。百官,富贵之家,治事者众,故称百官。孔子譬如富贵之家,围墙高达数仞,其中宗庙之华美,百官之富盛,若不得其门入,就不能看见。
⑩ 孔子圣人,愚人不能了解;正如富贵人家,常人不能进入。所以说,能进入孔子的大门的人,实在太少了。
⑪ 夫子,指叔孙武叔。子贡以为叔孙武叔是普通人,不

能了解孔子，所以这样，就不足怪了。

按：此章子贡言孔子德业高深，非常人可知。

第二十四章

叔孙武叔毁①仲尼，子贡曰："无以为也②！仲尼不可毁也。他人之贤者，丘陵也，犹可逾也③；仲尼，日月也，无得而逾焉④。人虽欲自绝，其何伤于日月乎⑤？多见其不知量也⑥。"

① 毁，毁谤。
② 以，此。无以为也，等于说不要这样毁谤他。
③ 丘，小山。陵，大阜。逾，越过。别人好的，只是小贤，好像丘陵般，可以跨越过去。
④ 孔子是大圣，好像日月般，高不可测，无法攀缘上去。
⑤ 自绝，自己弃绝。毁人是自绝于人，毁谤孔子，等于自逃光明，自甘黑暗，而自绝于日月，对日月有何伤害，对于孔子有何伤害呢？
⑥ 多，适。适足以见其不知轻重的分量而已。

按：此章言孔子之明如日月，虽毁无损。

第二十五章

陈子禽谓子贡曰:"子为恭也,仲尼岂贤于子乎①?"子贡曰:"君子一言以为知,一言以为不知,言不可不慎也②。夫子之不可及也,犹天之不可阶而升也③。夫子之得邦家者④,所谓立之斯立⑤,道之斯行⑥,绥之斯来⑦,动之斯和⑧。其生也荣,其死也哀,如之何其可及也⑨?"

① 陈子禽,即陈亢,见《学而篇》第十章注。为恭,装作恭敬。陈子禽见子贡备极推崇孔子,因对他说:"你是装作恭敬逊让,尊崇孔子,实则孔子怎能比你好呢?"
② 一言,一句话。知,同"智"。君子善于知言,但闻其一语,就能知其人之智或不智,所以说话必须谨慎。言外之意,谓陈子禽妄说为不智。
③ 阶,梯。升,上。孔子大圣,高不可及,犹如天之不可用梯子上去一样。
④ 之,若。这是说,孔子若能大用于世,或得国而为诸侯,或得采邑而为卿大夫,就可以大行其道。
⑤ 立,犹《雍也篇》第二十八章"己欲立而立人"之"立"。之,指人民。立之斯立也,是说扶而立之,人民就能自立。
⑥ 道,犹《为政篇》第三章"道之以政""道之以德"之"道",当"教导"解。行,遵行。道之斯行,是说教而导之,人民就能遵行。

⑦绥,安。来,归附。绥之斯来,是说安而抚之,远方之人就来归附。

⑧动之斯和,是说鼓而动之,国内的人民就能和协。

⑨孔子盛德光辉,所存者神,所过者化。在他生时,大家都感到光荣;在他死后,大家都表示哀痛。像他这样的人,怎能赶得上呢?

按:此章言孔子圣德,关乎世运,非常人可及。

尧曰篇第二十

第一章

尧曰①："咨②！尔舜③！天之历数在尔躬④，允执其中⑤。四海困穷，天禄永终⑥。"舜亦以命禹⑦。曰⑧："予小子履⑨，敢用玄牡⑩，敢昭告于皇皇后帝⑪，有罪不敢赦⑫。帝臣不蔽，简在帝心⑬。朕躬有罪，无以万方。万方有罪，罪在朕躬⑭。"周有大赉，善人是富⑮。"虽有周亲，不如仁人⑯。百姓有过，在予一人⑰。"谨权量⑱，审法度⑲，修废官⑳，四方之政行焉㉑。兴灭国㉒，继绝世㉓，举逸民㉔，天下之民归心焉㉕。所重：民、食、丧、祭㉖。宽则得众㉗，信则民任焉㉘，敏则有功㉙，公则说㉚。

① 此为尧禅位时命舜之辞。
② 咨，嗟叹声。等于说"唉！"
③ 尔，你。尔舜，犹今言"你——舜呀！"
④ 历数，列次。古人以为帝王相继之次第，由于天命。天之历数在尔躬，是说天命的帝王，落在你身上。即天命舜为天子之意。
⑤ 允，信。中正之道。治理天下，要能不偏不倚，确实保持其中正之道。
⑥ 四海，指天下之民。天禄，君禄。终，止。为君之道，以民为重。若天下之民皆陷于困穷之境，则君禄亦将永绝了。
⑦ 命，教。舜为天子，在禅位时，也把尧这番话来命禹。

⑧ 此处是商汤说。据《墨子·兼爱下篇》和《吕氏春秋·顺民篇》，汤胜桀后，遭逢大旱，知此为汤向天祷雨，为民受罪之辞。

⑨ 予小子，是上古帝王自称之词。履，商汤名。

⑩ 敢，敬词。玄，黑色。牡，公牛。古人祭祀，必用牺牲。汤祭天求雨，用黑色的公牛为牺牲。

⑪ 昭，明。皇皇，光明而伟大之貌。后，君。后帝，天帝。

⑫ 商汤自言顺天奉法，有罪的人，不敢擅自赦免他。

⑬ 蔽，隐蔽。简，选择。天下的贤人，皆上帝之臣，商汤不敢隐蔽，都由上帝自心选择，定其所命。

⑭ 朕，我。以，与，无以，不相干涉。商汤为民受罪，故谓他若有罪，不要牵涉到天下万方；若天下万方有罪，都由他一身担承。

⑮ 赉，音赖（lài），赐予。富，盛。周武王受天大赐，身为天子，一时善人甚多。

⑯ 周，至。亲，近。武王用人惟贤，自言虽有至亲近戚，不如仁人之有助于治理天下。

⑰ 武王为民受罪，又言百姓倘有罪过，都由他自己担承。

⑱ 权，指衡量，如斤两。量，指容量，如升斗。谨权量，是谨慎权量的统一。自此以下，言治理天下之道，都是孔子之辞。

⑲ 法度，法律制度。审法度，是审察法度制度的异同，而使其一律。

⑳ 废官，赵佑《四书温故录》云："或有职而无其官，

或有官而不举其职,皆曰废。"修废官,是补充员额,整顿吏治。

㉑ 这是说,若能做到上述三桩事,四方的政令就容易推行了。

㉒ 兴灭国,是使已灭亡的国家兴复起来。

㉓ 继绝世,是为已绝祀的世族立后承续。

㉔ 举逸民,是把遁世隐居的贤人擢举任用。

㉕ 这是说,若能做到上述三桩事,天下的人民就诚心归附了。

㉖ 天子所注重的:是人民、粮食、丧礼、祭祀。因为国以民为本;民以食为天;丧礼尽哀,是对父母;祭祀主敬,是对鬼神:四者都是实际中最重要的事情。

㉗ 宽则得众,是说为人宽厚,就会得到人民的爱戴。

㉘ 信则民任焉,"民"字《阳货篇》第六章作"人"。意思是说,为人诚实,就会得到人民的信用。

㉙ 敏则有功,是说做事敏捷,就能使绩效卓著。

㉚ 说,同"悦"。公则说,是为人公正,处事公平,就能使百姓悦服。

按:此章言二帝三王之治,以民为重。

第二章

子张问于孔子曰:"何如斯可以从政矣①?"

子曰:"尊五美②,屏四恶③,斯可以从政矣。"

子张曰:"何谓五美?"

子曰:"君子惠而不费④,劳而不怨⑤,欲而不贪⑥,泰而不骄⑦,威而不猛⑧。"

子张曰:"何谓惠而不费⑨?"

子曰:"因民之所利而利之,斯不亦惠而不费乎⑩?择可劳而劳之,又谁怨⑪?欲仁而得仁,又焉贪⑫?君子无众寡,无小大,无敢慢,斯不亦泰而不骄乎⑬?君子正其衣冠,尊其瞻视,俨然人望而畏之,斯不亦威而不猛乎⑭?"

子张曰:"何谓四恶?"

子曰:"不教而杀谓之虐⑮;不戒视成谓之暴⑯;慢令致期谓之贼⑰;犹之与人也,出纳之吝谓之有司⑱。"

① 子张学干禄(见《为政篇》第十八章),故问从政之道。
② 尊,尊尚。五美,五种美德。
③ 屏,音丙(bǐng),屏除。四恶,四种恶政。
④ 恩惠施于人民,自己却不浪费,此是第一种美德。
⑤ 劳动人民,人民却不怨恨,此是第二种美德。
⑥ 自己虽有欲望,却不贪婪财色,此是第三种美德。
⑦ 身心安泰,却不骄傲,此是第四种美德。
⑧ 容貌威严,却不凶猛,此是第五种美德。
⑨ 此处子张但问"惠而不费"一事,其余四事,孔子一并答复。
⑩ 因,依。这是说,依着人民所能得到的利益,而使他

们得到，这不也就是惠而不费吗？

⑪ 这是说，选择可以劳动的人民和时间，而使他们劳动，又有谁会怨恨呢？

⑫ 欲有仁义与财色之异，欲仁义不算贪。倘自己欲得仁义而便得到仁义，那不就是有欲而无贪吗？

⑬ 在上位的君子，无论对方人多人少，无论事情或大或小，自己都不敢怠慢他们，这不也就是泰而不骄吗？

⑭ 尊，尊严，动词。瞻，《尔雅·释诂》云："视也。"俨然，庄严貌。为政的君子，衣冠整肃，瞻视尊严，庄严地使人望而生畏之心，这不也就是威而不猛吗？

⑮ 不先教导人民，便加以杀戮，那叫做虐。此是第一种恶政。

⑯ 不先告诫人民，便随时考察成绩，那叫做暴。此是第二种恶政。

⑰ 起初怠慢命令，后来限期要人完成工作，那叫做贼。此是第三种恶政。

⑱ 犹，均。出纳，是付出和收入，两个相反词连用，只有"付出"之意。此是第四种恶政，意思是说，同是把财物给人，而在付出之际，十分悭吝，那便叫做管事的小吏，而不足以担当大任了。

按：此章言从政有五美与四恶。

第三章

子曰:"不知命,无以为君子也①;不知礼,无以立也②;不知言,无以知人也③。"

① 命是"五十而知天命"的命。君子能修身以俟命。若人不知命,则见利必趋,见害必避,终究不能成为君子。
② 礼是人类的行为规范。凡人必须知礼,方能堂堂正正地做一个人,否则动静云为,皆违乎礼,就不能在社会上立足了。《泰伯篇》第八章:"立于礼。"《季氏篇》第十三章:"不学礼,无以立。"皆可与此文相参证。
③ 知言,是分析别人的言论,而辨其是非善恶之意。人的心意,往往形之于言。《周易·系辞下篇》:"将叛者其辞惭,中心疑者其辞枝,吉人之辞寡,躁人之辞多,诬善之人其辞游,失其守者其辞屈。"《孟子·公孙丑上篇》亦云:"诐辞知其所蔽,淫辞知其所陷,邪辞知其所离,遁辞知其所穷。"若不能分析其言语,自然不能知道其为人了。

按:此章教人当知命知礼,知言知人。